西安外事学院博士科研启动基金项目“绿化税制改革影响经济可持续发展的机理及效果研究”（编号XAIU2018070108）

绿化税制改革对经济社会可持续发展的影响研究

王赟杰 著

西安交通大学出版社
XI'AN JIAOTONG UNIVERSITY PRESS
国家一级出版社
全国百佳图书出版单位

图书在版编目(CIP)数据

绿化税制改革对经济社会可持续发展的影响研究 / 王赟杰著. — 西安 : 西安交通大学出版社，2020.10
ISBN 978-7-5693-0768-9

Ⅰ. ①绿… Ⅱ. ①王… Ⅲ. ①绿化-税收改革-影响-经济可持续发展-研究-中国 ②绿化-税收改革-影响-社会发展-可持续发展-研究-中国 Ⅳ. ①F812.422

中国版本图书馆 CIP 数据核字(2020)第 141832 号

书　　名	绿化税制改革对经济社会可持续发展的影响研究
著　　者	王赟杰
责任编辑	王建洪
责任校对	祝翠华

出版发行	西安交通大学出版社 (西安市兴庆南路 1 号　邮政编码 710048)
网　　址	http://www.xjtupress.com
电　　话	(029)82668357　82667874(发行中心) (029)82668315(总编办)
传　　真	(029)82668280
印　　刷	西安五星印刷有限公司

开　　本	700mm×1000mm　1/16　**印张** 12.25　**字数** 241 千字
版次印次	2020 年 10 月第 1 版　2022 年 3 月第 1 次印刷
书　　号	ISBN 978-7-5693-0768-9
定　　价	78.00 元

发现印装质量问题，请与本社发行中心联系、调换。
订购热线：(029)82665248　(029)82665249
投稿热线：(029)82665379　QQ：793619240
读者信箱：xj_rwjg@126.com

前 言

改革开放以来，中国经济高速增长，但与之相伴随的则是生态环境的持续恶化。日益严峻的环境污染问题引起了政府部门的高度重视，并利用综合手段对环境污染进行治理，其中基于庇古税理论以开征环境保护税为主要内容的绿化税制改革从理论与实践上均获得了认可。绿化税制改革是一种把资源节约和环境保护全面融入税收制度以提高税收制度绿化程度的改革理念。绿化税制改革的根本目的是保护生态环境，但在改革过程中是否会影响一国的经济增长和环境公平已然成为关注的焦点。因此，如何对现行税收制度进行有效绿化改革，形成环境保护长效机制，将能源资源节约和生态环境保护理念融入现行税收制度，以提高税收制度的绿化程度，最终实现经济社会可持续发展，就成为当前政界和学界共同面临的重要课题。

本书以绿化税制改革对经济社会可持续发展将产生怎样的影响为研究对象，旨在通过绿化税制改革对实现经济社会可持续发展的影响机理及其效果的规范与实证分析，探究中国绿化税制改革的路径与方向，最终为政府全面绿化税制改革提供决策参考依据。首先，从理论逻辑层面上基于可持续发展视角对绿化税制改革的目标、中介变量和影响机理进行分析，构建绿化税制改革对环境保护、经济增长和环境公平产生影响的理论逻辑分析框架。其次，分析评价中国现行税收制度的绿化功能作用，设计大、中、小三个不同口径统计指标，测算中国现行税收制度的绿化程度。再次，通过建立计量模型，实证分析与检验绿化税制改革对环境保护、经济增长与环境公平产生影响的方向和效果，进而验证绿化税制改革是否能够同时实现环境保护、经济增长与环境公平。最后，根据研究结论对中国以开征环境税为主要内容的绿化税制改革提出短期、中期、长期的政策建议。本书的主要创新与贡献如下。

(1)根据可持续发展视角下环境、经济与社会三位一体的分析思路，研究了绿化税制改革对环境保护、经济增长与环境公平的影响效果，拓展了税制改革的研究视角。在“政策工具-中介变量-政策目标”传导机制的理论分析视阈下，通过财政分权、环保投资与技术创新等变量将绿化税制改革这一政策工具与实现经济社会可持续发展这一政策目标联结起来，从理论上厘清了绿化税制改革影响环境保护、经济增长与环境公平的直接作用机制和间接传导机制。

(2)对中国现行税制的绿化作用进行了定性与定量分析。根据税种的生态环境保护功能强弱，设计的大、中、小三个口径的绿化程度指标测算显示，现行税收制度的绿化程度不高，税制结构的环境保护功能在宏观、中观和微观三个层次上失衡。宏观上，现行税制中环境税类收入在税收收入总额中的占比较低；中观上，现行环境税类中收入占比大的税种绿化调节作用较弱，而绿化调节作用较强的税种在环境税类中占比却很低；微观上，环境税类中现有税种的税制构成要素在环境保护方面尚有缺陷。税制结构在宏观、中观和微观层次上的失衡，表明增强中国现行税制的环境保护功能须推进绿化税制改革。

(3)构建计量回归模型，实证分析检验了环保投资、技术创新与财政分权在绿化税制改革中如何影响环境保护、经济增长与环境公平，尤其是对绿化税制改革影响环境公平的实证分析补充了现有研究的不足。已有研究认为，绿化税制改革很难实现经济增长与环境保护的双赢。本研究结论揭示，绿化税制改革与经济社会可持续发展并非简单的线性关系，绿化税制改革不仅对经济社会可持续发展产生直接影响，而且通过与环保投资、技术创新、财政分权的互动作用对经济社会可持续发展产生显著的间接影响，只有适宜强度的绿化税制改革才能实现经济社会可持续发展，除了重视绿化税制改革的直接作用机制外，还应该关注绿化税制改革通过中介变量的间接传导机制的作用。

由于作者水平所限，书中难免存在不足之处，敬请广大读者和同行专家批评指正。

王赟杰

2020 年 6 月

目 录

第1章

导言

1.1 研究背景与意义

1.1.1 研究背景与问题提出

1. 研究背景

改革开放四十多年来，中国经济高速发展，中国已成为经济总量全球第二的世界大国。然而，高投入、高消耗、高污染的粗放型经济增长模式，导致了严重的能源资源浪费和持续的生态环境恶化。1978—2015 年，中国名义 GDP 总量从 0.36 万亿元到 67.67 万亿元，增长了近 187 倍，与国内生产总值高速增长相伴随的是中国能源生产与消费总量的超高速增长。2015 年，中国能源消费总量和生产总量分别为 362000 万吨标准煤和 430000 万吨标准煤，占世界一次能源消费总量的 20%。传统能源资源从生产到使用都会产生严重的环境污染，尤其是中国以煤为主的能源消费与生产结构，环境污染现象更为严重。2015 年，全国工业废气排放总量 68.52万亿立方米，工业废水排放总量 199.5 亿吨，工业固体废弃物排放总量33.11 亿吨，工业二氧化硫排放总量 1556.7 万吨，工业烟(粉)尘排放量 1232.6 万吨，工业化学需氧量排放总量 293.45 万吨①，工业污染形势不容乐观。随着中国工业化、城镇化的持续推进，资源消耗势必不断增加，工业环境污染将因此变得愈发严重，这将不断提高中国的生态超载率②。当前中国生态超载率接近 150%，远超世界平均生态超载率 50%左右的水平，是全球生态超载率最严重的国家之一③。2014 年，中国对 161 个地级以上城市开展空气质量新标准检测，结果显示，仅 16 个城市空气质量达标④，达标率仅为 9.9%，可见当前中国空气污染问题非常严峻。严重的环境污染映射了当前中国对环境的管制以及污染的治理能力都相对较弱。

愈发严重的环境污染给经济社会造成的损失难以估量。环境污染造成的经济损失可以用环境污染治理投资额来衡量，2015 年，我国的环境污染治理投资总额为 8806.3亿元，占当年 GDP 的 1.28%⑤。考虑到环境污染治理投资额只是针对部分污染物进行治理，有的污染源并没有得到有效治理，所以环境污染造成的经济损失

① 工业污染物排放量数据均来自 2016 年《中国环境年鉴》。

② 生态超载是人类生态需求超过自然生态系统再生能力时出现的，从本质上讲，当人类生态足迹超过地球的生态恢复程度，生态圈入不敷出时就处于超载状态。

③ 世界自然基金会. 中国生态足迹报告 2012：消费、生产与可持续发展.

④ 空气污染指数小于等于 100 时即为空气质量达标。

⑤ 数据来源于 2016 年《中国统计年鉴》。

将远远超过用污染治理投资额所衡量出来的数值。相比污染造成的经济损失可以用具体指标进行衡量,环境污染所造成的社会损失则难以估量,尤其是环境污染对人类健康所造成的影响。Ebenstein 证实,环境污染已经成为威胁人类健康的重要因素[1]。严重的环境污染对中国居民健康产生了极大的危害。杨继生等[2]通过构建经济增长的环境社会健康成本测度模型,发现中国环境污染的健康成本大约占实际 GDP 的 8%～10%,经济发展在总体上实际降低了全社会的居民健康水平。不仅如此,环境污染还会通过国民健康对经济增长产生负面影响[3],以致影响劳动供给与劳动生产率[4]。

日益严峻的环境污染引起了中国政府部门的高度重视。2002 年党的十六大首次将生态文明建设上升到战略高度,生态文明建设思想体系不断得以升华。2006 年,中央政府首次将降低能源强度和减少污染物排放作为国民经济和社会发展的约束性指标。2007 年,中央政府出台《主要污染物总量减排考核办法》,为地方政府官员转变政绩观注入一针“强心剂”。“十二五”规划提出绿色发展战略后,为解决日益严峻的环境污染问题,中央政府便着力构建环境保护制度的总体架构。十八大报告提出了以绿色、循环、低碳发展为核心的生态文明建设,十八届三中全会进一步提出加快实行生态文明制度建设,十八届四中全会提出“用严格的法律制度保护生态环境”,十八届五中全会通过的《中共中央关于制定国民经济与社会发展第十三个五年规划的建议》又提出坚持绿色发展,着力改善生态环境,同时把绿色发展与创新发展、协调发展、开放发展、共享发展并列为五大发展理念。2016 年“十三五”规划对环境保护提出了新目标,要求建立改善环境质量与控制污染总量的双重体系,更体现了中央政府推进环境保护制度顶层设计的决心和努力。习近平同志在十九大报告中指出,加快生态文明体制改革,建设美丽中国。习近平说,人与自然是生命共同体,人类必须尊重自然、顺应自然、保护自然。

绿色发展理念强调节约资源和保护环境,即建设良好的生态环境,“良好的生态环境是最公平的公共产品”。在建设良好的生态环境进程中,税收制度无疑发挥着重要作用,特别是基于庇古理论开征的环境税无论从理论上还是实践中都获得了较多的认可。虽然中国早在 1978 年便开始施行环境污染排污收费制度,但总体效果却并不令人满意。在此背景下,对中国现行税收制度不断进行绿化改革就显得尤为紧迫。因此,与政府不断推出的生态文明建设顶层设计相对应,中国的税收制度绿化过程也在逐步、持续推进。2010 年,中国在“十二五”规划中首次提出开征环境保护税的计划。2013 年党的十八届三中全会通过了《中共中央关于全面深化改革的若干重大问题的决定》,明确要求“推动环境保护费改税”。2014 年国务院发布的《能源发展战略行动计划(2014—2020)》中,明确提出构建中国绿色税制。2015 年 6 月 10 日公布了《中华人民共和国环境保护税法(征求意见稿)》,标志着环境保护税的开征被提上了议事日程,推动中国环保领域的税制改革走向体系化。

2016 年 8 月，作为绿色发展先行军的“环境保护税法（草案）”提请全国人大常委会首次审议并于当年 12 月表决通过，《中华人民共和国环境保护税法》于 2018 年 1 月1 日正式施行，将生态环境保护上升到制度和法律层面，践行了十八届四中全会提出的“用严格的法律制度保护生态环境”。创新、协调、绿色、开放、共享是中国“十三五”时期提出的五大发展理念，贯彻绿色发展理念、建设生态文明是国家治理的大事，税收在此过程中必然也必须扮演重要角色，这就要求在当前中国税制改革方案设计时不可避免地体现绿色发展要求，将资源节约和环境保护理念全面融入税制改革的方方面面，从而有效促进生态文明建设。但令人遗憾的是，中国现行税收制度中并没有独立的环境保护税种，也没有形成完善的环境税收体系，只有一些针对环境保护的零散规定散见于各税种，这意味着通过税收手段治理环境污染还有很大的提升空间。

2. 问题的提出

经济增长是人类社会发展的永恒主题，环境作为经济增长的一种投入要素，如果被过度使用就会带来环境污染，尤其是作为发展中国家的中国，长期在高投入、高消耗、高排放为特征的粗放型发展模式下，将环境资源作为廉价生产要素投入生产污染密集型产品之中，排放大量污染物导致环境质量不断恶化。这种一味追求经济增长而放任破坏生态环境的模式已经被证明是不可持续的。那么，如何在保持经济稳定增长的同时实现对生态环境的保护，实现经济社会可持续发展，即在经济增长与环境保护之间寻找平衡点，既不一味追求环境保护而不顾经济增长速度的下滑，又不以牺牲生态环境为代价换取经济增长，就成为政界和学界共同关注的热点问题。源于庇古税理论基础上的绿化税制改革无疑是解决这一矛盾的有效途径，也是实现全球经济社会可持续发展的必然趋势。尤其是中国经济迈入以“三期叠加”①为特征的经济新常态后，更加强调粗放型发展模式必须转化为绿色发展模式。从“既要金山银山，也要绿水青山”到“绿水青山就是金山银山”，凸显了中央政府保护生态环境的决心与努力。

然而，政府治理环境污染的结果却并不如人意。实践中，近年来动辄席卷大半个中国的雾霾，充分表明当前中国以行政手段为主的环境规制并没有取得预想的政策效果，甚至可能加重了环境污染。这就需要政府改变当前以行政手段治理环境污染为主的思路，建立以市场手段为主的环境规制政策，如源于庇古税理论基础的以开征环境保护税为主要内容的绿化税制改革就成为治理环境污染并协调经济增长的可选措施。一方面，绿化税制改革是将外部成本内化到企业生产成本中，通

① 三期叠加是当前中国经济的阶段性特征，具体指增长速度换挡期、结构调整阵痛期和前期刺激政策消化期。

过增加企业生产成本来改变生产者以及消费者的行为选择进而减少环境污染物的排放数量，以达到实现环境污染治理的目标；另一方面，绿化税制改革也会提高排污企业的生产成本，这势必降低企业市场竞争力，从长远看将影响一国经济增长。因此，如何在税收制度绿化改革过程中有效协调经济增长与环境保护，制定有效的环境政策形成环境保护长效机制，将能源资源节约和生态环境保护理念融入现行税收制度，提高税收制度的绿化程度，影响环境保护、经济增长与环境公平并最终实现经济社会可持续发展，便成了中国当前政界和学界共同面临的重大课题。

通过绿化税制改革影响环境保护、经济增长与环境公平，并最终实现经济社会可持续发展必须解决以下三个问题：一是以开征环境保护税为主要内容的绿化税制改革是否可以减少环境污染物的排放数量、降低环境污染程度；二是绿化税制改革会不会由于增加了企业排污成本降低企业市场竞争力，进而抑制一国经济增长；三是绿化税制改革对不同经济主体与不同地区的影响是否相同，会不会产生累退效应而导致税负不公平，进而造成环境收益与环境成本之间的非均衡。对以上三个问题的研究是决策部门进行以开征环境保护税为主要内容的绿化税制改革的决策依据，也是本书最初的研究动机。特别是在当前中国经济进入下行轨道、开征环境保护税箭在弦上的背景下，如何推行以开征环境保护税为主要内容的绿化税制改革，兼顾实现环境保护、经济增长与环境公平三个目标的相关研究显得更为迫切。本书正是基于可持续发展视角，对绿化税制改革影响环境保护、经济增长与环境公平的方向和效果进行实证研究，验证以即将开征的环境保护税为主要内容的绿化税制改革能不能同时实现环境保护、经济增长和环境公平，并最终实现经济社会可持续发展。

1.1.2 研究意义

有效解决经济增长中出现的能源资源浪费和生态环境破坏问题，实现经济社会可持续发展是政府长期的重要工作任务。本书试图通过将能源资源节约和生态环境保护理念融入现行税收制度中，深化税收制度绿化改革，构建中国环境税收体系并提高现行税收制度绿化程度，发挥税收对资源浪费和环境污染的调节作用，改变生产者与消费者行为选择，减少资源浪费和环境污染，同时实现环境保护、经济增长与环境公平三个目标，并最终实现经济社会可持续发展。

1.理论意义

第一，探讨绿化税制改革对环境保护、经济增长与环境公平的影响机理，拓展了税制改革相关理论。绿化税制改革是税制改革理论中的重要组成部分，现有税制改革关注的重点是流转税和所得税中主体税种的改革问题，对现行税制中绿色税费的改革关注不够，即使有，所涉及也只是对环境税制度设计进行的零散研究，并没有对税收制度绿化改革在环境、经济以及社会等方面的系统研究。因此，研究绿化税制改革对经济社会可持续发展的影响，既是对原有税制改革理论的拓展，也对税制改革提出了新的方向。

第二，阐明可持续发展视角下绿化税制改革的效应，丰富了可持续发展的相关理论。可持续发展问题受到了学术界的长期关注，但对可持续发展的系统研究，尤其是通过税收手段实现可持续发展的系统研究还有待进一步挖掘。可持续发展是一种新的经济增长模式，它的实现需要改变传统的生产方式和消费方式。税收除了筹集财政收入外，也具有重要的调节作用，税收手段可以改变人们的行为选择，从而朝着有利于可持续发展的方向迈进。通过阐明绿化税制改革对可持续发展的直接作用机制以及环保投资、技术创新和财政分权对可持续发展的间接影响机制，既有助于可持续发展理论的完善，又可以为政府部门通过税制改革实现可持续发展提供理论依据。

2. 现实意义

第一，本书的研究对于提高税收制度绿化程度具有现实指导意义。中国现行税收制度改革在“营改增”全面完成后，面临新的改革突破口。尽管 2018 年我国已经正式施行环境保护税，但对税收制度的全盘绿化来说是远远不够的。面对日益严重的环境污染问题，对现行税收制度绿化改革将成为未来税制改革的方向与常态，但面对这一可能增加企业生产成本、抑制经济增长的改革措施，无论是政界还是学界都有一定的顾虑，尤其是在当前经济下行阶段，这样的顾虑甚至可能动摇政府税制改革的信心和决心。本书关于绿化税制改革影响环境保护、经济增长和环境公平的理论和实证研究表明，只要通过绿化税制改革将税收制度绿化程度提高到适宜的区间内，绿化税制改革便可以同时实现环境保护、经济增长与环境公平的目标，在保护环境的同时不会抑制经济增长，从而可以打消绿化税制改革可能不利于经济增长的顾虑。因此，本书的研究对于通过绿化税制改革来提高税收制度绿化程度具有重要意义和参考价值。

第二，本书的研究对于如何通过税收制度改革实现经济社会可持续发展具有重要的现实指导意义。从 2010 年财政部、国家税务总局和环境保护部三部委将拟定的中国环境税方案递交国务院进而拉开绿化税制改革的大序幕开始，到 2016 年第十二届全国人民代表大会常务委员会第二十五次会议通过《中华人民共和国环境保护税法》决定 2018 年 1 月 1 日在中国正式施行环境保护税结束，环境保护税千呼万唤始出来。但是，对环境税能否有效减少环境污染和会不会抑制经济增长的疑虑始终存在。本书基于可持续发展视角，通过理论和实证研究分别得到了绿化税制改革对环境保护、经济增长和环境公平的影响方向和效果，有助于识别绿化税制改革在实现上述三个目标中的总体表现和科学合理评价绿化税制改革的总体影响效果，为决策部门通过税制改革实现经济社会可持续发展提供可行的路径选择。

1.2 主要概念界定

1.2.1 可持续发展

可持续发展的定义有很多，Moran[5]将可持续发展定义为“在生态环境的承载能力以内实现较高的福利水平”。其中，“可持续”是指人类社会经济活动不能超过生态环境承载能力，“发展”则是指人类福利水平要不断提升(经济增长和福利水平的提高高度正相关)。可持续与发展互为统一，可持续是发展的前提与保障，发展则是可持续的目的与意义。对于一国经济社会来讲，既不能为了发展而舍弃可持续，以环境污染换取经济增长；也不能为了可持续而舍弃发展，以经济衰退来保障环境清洁。总体上看，可持续发展就是环境保护和经济增长两种力量妥协或矛盾的统一。当然，可持续发展本身也蕴含着代内以及代与代之间的社会公平正义因素，因此可持续发展经常被表述为环境保护、经济增长、社会公平的三重底线发展。

任何经济增长都会带来两方面的影响。一方面，为满足人类的物质需求，一定程度的经济增长是必要的；另一方面，经济增长往往会将损害转移给其他行为主体。因此，必须把握好两者之间的权衡关系，如果掌握不得当，就会导致经济增长超越生态环境所承受的阈值，导致生态环境的不可持续。但是，经济增长又是人类物质需求得以满足的必要手段，所以也不能为了保护生态环境而放弃经济增长。如果单纯强调生态环境则可能会使经济社会停滞不前，结果同样是经济社会的不可持续。可持续发展从实质上看并不否定经济增长，只有经济增长才能为解决生态危机提供必要的物质基础。同时，可持续发展除了应该关注经济增长数量外，更应该追求经济增长质量，探索在经济增长的同时最大程度保护生态环境，实现环境公平。因此，可持续发展道路的内涵应该扩展为构建“环境-经济-社会”相和谐的发展模式。可持续发展视角下的任何一项政策法规都需要综合考虑对环境保护、经济增长和社会公平的影响效果，税收制度绿化改革也不例外。

1.2.2 绿化税制改革

绿化税制改革是针对当前日益严重的环境污染问题而提出的一种税制改革思路，是利用税收调节作用来解决环境污染问题。因此，绿化税制改革绝不是简单开征一个独立的环境保护税税种，而是要对税收制度进行全盘绿化。具体讲，绿化税制改革就是要把资源节约和环境保护这样的绿色思想全面融入税制改革方方面面的一种思路，其具体路径是通过绿化税制改革提高税收制度绿化程度。税收制度绿化程度指一国税收制度发挥能源节约与环境保护功能的总体水平，可以用绿色税费收入占 GDP 的比重来衡量。提高税收制度绿化程度就是要对税收制度进行绿化改革，通过税种构成要素、税种结构以及税制结构的不断绿化，提高绿色税费收入总额在税收收入总额中的占比。税收制度绿化程度其实是环境规制强度的一个表征变量①，因而绿化税制改革从本质上讲就是环境规制的一种手段，绿化税制改革持续推进的过程就是环境规制强度不断提高的过程。绿化税制改革的最终目标就是通过将资源节约和环境保护融入税收制度中来影响环境保护、经济增长与社会公平，从而实现经济社会可持续发展。

中国当前之所以要对税收制度进行绿化改革，原因是财税理论界及实务界一直呼唤建立"绿色税收体系"，而从中国的实际情况看，将环境保护、生态文明建设理念全面融入税收制度改革是大势所趋[6-7]。尤其是当前中国环境污染形势愈发严峻，对税收制度进行绿化改革的呼声越来越高，这就要求对现行税收制度进行系统绿化改革，把税制改革与绿色发展紧密结合起来，构建并完善中国的绿色税制体系。西方发达国家 20 世纪掀起的绿化税制改革浪潮取得了显著的成效，其基本路径便是围绕绿色税制体系建设展开的。因此，中国必须在可持续发展视角下进行绿化税制改革，将绿色发展作为"十三五"规划的五大发展理念之一，从国家层面将环境问题的重要性提到顶点。

1.2.3 环境税与环境税系

环境税，也叫生态税或者绿色税，是 20 世纪末期税收学界兴起的一个概念。国际财政文献局《国际税收词典》(第二版)中将环境税定义为对污染企业或污染物所征收的，或对投资于防治污染与环境保护的纳税人所减免的税收总称。在经济合作与发展组织(Organisation for Economic Co-operation and Development, OECD)与欧洲经济区(European Economic Area, EEA)的经济政策数据库中，环境税定义为政府征收的具有强制性和无偿性并针对与环境相关税基的任何税收。当前关于环境税的认识基本趋于一致，"与环境相关的税收"定义得到了大多数国际组织的认同。根据以上定义，将一种税定义为环境保护税是根据其是否具有实际的和潜在的环境保护影响而论，这一定义是以效果为导向的，而不管政府开征某一税种的初衷是什么，这也是界定广义环境税范围的基础标准。

国内关于环境税的定义一直有广义与狭义两种。广义环境税是能够实现环境

① 环境规制强度的衡量方法有很多，比较常见的有单位 GDP(或人均)消耗的能源资源数量、单位 GDP(或人均)工业污染物排放数量、工业污染物排放量综合利用率等，还有用工业污染治理投资额或工业污染治理投资额占 GDP 比重来表示的，也有用对每吨工业污染物排放征收的排污费作为环境规制强度的代理变量。

保护目标所征收的与资源利用、环境污染行为相关的各个税种的总称。狭义环境税则专门以环境保护为目的、针对环境污染与生态破坏课征的独立税种。广义环境税的范围相当宽泛，凡是能够节约能源资源和保护生态环境的税种都在其研究范围之内，即只要是具有调节与环境相关经济活动并具有环境保护作用的税种及税收措施都属于广义环境税。狭义环境税的范围相对较窄，只包括直接针对环境污染和生态破坏行为征收的一些税种，特指以环境保护为目的而开征的独立环境保护税，它是一种典型的特定目的税。特定目的税的正当性并不在于开征此税的目的是否具有正当性，而是在于开征目的能不能实现，如果开征目的并未达成或者根本无法达成，那么此税就失去了获得公众继续支持的正当性。开征环境保护税的目的是通过改变纳税人行为选择减少环境污染物的排放数量，而不是为政府筹集财政收入，如果通过开征环境税无法减少污染物的排放，那么环境税的开征从总体上讲就是失败的。因此，环境保护税的功能应该定位于调节功能而不是收入功能。开征环境保护税的关键不在于其能否为政府带来财政收入，而在于其能否对污染性和非污染性生产行为分别进行有效限制和鼓励。绿化税制改革只有有效改变污染性和非污染性生产行为之间的相对价格，才可能激励生产者向着资源节约型和环境友好型生产方式转变。广义环境税又被称为环境税制度或环境税体系，我们通常所说的环境税制就是广义上的环境税，它是与货物劳务税制、所得税制并列的一个税类。所以，本书涉及的环境税实际上指的是环境税制，即广义上的环境税①，而本书也将对中国现行税种进行重新归类，尝试构建中国的环境税制并将其作为研究对象进行分析②。

1.3 相关文献综述

绿化税制改革是环境污染日益严重情况下的必然选择，也是实现经济社会可持续发展的必然要求。长期以来，中国经济增长一直是粗放型发展模式，持续高速

---

① 如不特殊说明，本书所涉及的环境税都是指广义环境税，而对狭义环境税本书使用了“独立的环境保护税”这一术语。

② 需要强调的是，目前关于二氧化碳是否纳入环境税征税范围并没有达成一致结论。一种观点认为二氧化碳也是一种环境污染物，应该将其作为污染物纳入环境税征收范围；还有一种观点则认为，二氧化碳与其他一般污染物相比在性质上是不同的，不应该将其纳入环境税的征税范围。本书采用后一种观点，尽管有人认为碳税才是长期环境规制的政策选择（魏守道，2015），二氧化碳排放会导致温室效应从而引致全球气温上升，但是与其他诸如二氧化硫、氮氧化物以及化学需氧量等污染物相比，其属于气候问题而不是环境污染问题，所以本书在讨论环境税体系问题时并不包含对二氧化碳排放征收的碳税。

经济增长是由大量能源、资本和劳动投入来支撑的，这种增长方式被有些国外学者描述为“不可持续的增长”[8-9]。随着中国工业化、城镇化的持续推进，如不及时采取有效措施，中国的生态环境将进一步恶化，并最终产生不可逆转的后果。

1.3.1 关于税收制度绿化程度的研究

环境污染是经济增长过程中产生的负外部性，是一种典型的市场失灵，单纯依靠企业来解决环境污染是不现实的，也是不可行的。因为当前很多企业还不可能主动致力于清洁生产以减少资源配置对周边环境的压力，也不可能自愿改变生产方式来促进两型社会的形成，因此，在市场失灵的条件下政府必须通过调节企业行为选择来促进经济社会可持续发展。Kolstad[10]认为政府的环境规制政策对保护生态环境会起到积极的促进作用，建议政府应该实施一些不可逆的污染控制政策。王俊[11]认为基于庇古税理论基础上的环境税和基于科斯产权理论基础上的污染排放权交易制度都可以通过市场行为引致厂商转向绿色技术创新和生产，而且并不会扭曲经济资源配置效率，两者均能产生清洁技术偏向效应。但在中国全国性污染排放权交易市场尚未建立的情况下，基于庇古税理论基础上的税收制度绿化改革就成了当前政府影响环境保护、经济增长和环境公平的可行选择。Marconi[12]曾指出，单方面的环境保护税制度对于增加技术改进速度与缩短污染治理时间具有明显的促进作用。

遗憾的是，中国现行税收制度绿化作用严重不足，对这一问题的分析大致可以分为两种方法。一是对中国现行税制中现有税种的环境保护作用进行定性分析，二是通过构建统计指标测算税收制度绿化程度对中国现行税制的环境保护作用进行定量分析。

对中国现行税制环境保护作用定性分析的结果其实是统一的，都认为现行税制环境保护作用严重不足。这主要是由于我国目前并没有开征独立的环境保护税种，也尚未构建起环境税收体系，现有税收政策的环境保护激励不够。杜放[13]认为中国生态税收还只是一个“雏形”，没有专门针对环境保护的税种导致税收对生态环境的保护作用大打折扣，涉及环境保护的税种太少而且其收入占税收收入的比重还在不断下降。持相同观点的还有安体富、蒋震[14]，李升[15]等人。由于环境保护税种的缺失，中国对企业排污行为规制的经济手段主要是排污收费制度[16]，而排污收费对环境保护能产生多大作用效果至少从目前来看并没有达成一致认识。国内学者大多认为中国排污收费制度不太合理，减排效果不佳[17]，而国外学者则认为排污费实际征收率对企业污染行为影响显著[18]。除了排污收费制度外，消费税也是中国现行税制中具有环境保护作用的税种。由于目前世界各国消费税的征税范围已经覆盖到诸如烟草、能源、驾驶等领域，可以看出其课税对象大多属于在生产或消费过程中会产生负外部性的消费品或消费行为，因而消费税的开征同样可以像庇古税一样内化污染成本，从而具有一定的环境保护功能和“绿化”作用[19]。资源税从本质上看也体现了庇古税的环保思想，如果目前对可耗竭资源的开采和利用对后代人产生了负外部效应，那么通过资源税的征收来提高当期资源利用成本便可以实现外部成本内部化[20]。总体上看，中国目前环境税费制度并不完善，即使存在一些具有环境保护作用的税种也由于其本身并不以促进环境保护为目标，且零散分布在各个税类中，导致其环境保护作用甚微。另外，现行税制中的环保性税收优惠措施零乱、手段单一，环保政策信号混乱甚至相互冲突，都导致中国现行税收制度环境保护功能不足。

对中国现行税制绿化程度的定量研究是通过构建可以衡量税收制度绿化程度的统计指标来完成的，主要使用绿色税费收入占税收收入总额或者 GDP 的比重来表示。税收制度绿化程度和环境税负担在计算时使用了相同的测算方法，不同学者研究结果的区别仅表现在现行税制中到底哪些税种应该归属于绿色税收。具有环境保护功能的绿色税费选择不同将导致税收制度绿化程度和环境税负担的大小不同，即现行税制中哪些税种应该属于环境税决定了一国税制绿化程度的大小。从结论看，尽管已有文献对绿色税费包含的税种有分歧，但大都认为中国现行税制绿化程度总体偏低。王金南等[21]首先通过资源税、消费税、城市维护建设税、土地使用税、车船使用税、固定资产投资方向调节税的收入占税收总额的比例计算了税收制度绿化程度，1994—1996 年这一比例大约为 8%。随后，武亚军[22]和贾康、王敏[23]分别计算了中国税收制度的绿化程度，除了消费税、资源税、土地使用税和车船使用税外，前者的环境税还包括耕地占用税以及排污费等，而后者则包括了城市维护建设税与固定资产投资方向调节税。尽管环境税范围不同，二者的结果却是一致的，即中国税收制度绿化程度是明显下降的。赵丽萍[24]在对中国环境税负担进行测算时将其口径界定为资源税、交通设备消费税、成品油消费税、城市维护建设税、车辆购置税、车船税及排污费收入之和，并根据这一口径计算出我国 2002—2010 年环境税收入占税收收入与 GDP 的比重，2010 年这两个比重分别为 9.8%与 1.91%。吴健等[25]将交通燃料税、其他燃料税、机动车辆税、电力税、自然资源税、其他环境产品税、污染费和附加税纳入环境税的统计口径，计算出 2007—2009 年环境税占 GDP 和税收收入的比重分别为 3.15%～3.68%和 17.37%～21.06%，且呈逐渐递增趋势[26]。苏明[27]总体上测算 2000—2008 年中国环境保护方面的税费占税收收入和 GDP 的平均比重仅为 4.62%和 0.72%，而从 OECD 国家环境保护税收入平均占税收总收入的 6%～7%的比重以及占 GDP 2%～2.5%的水平来看，中国环境保护税收规模即绿色税收规模明显偏小。

1.3.2 关于绿化税制改革影响经济社会可持续发展机制的研究

1. 绿化税制改革影响经济社会可持续发展的直接作用机制

通过征收环境保护税进而对税收制度进行绿化改革来保护生态环境的理论基础主要有两个:公共物品理论和外部效应理论。无论是环境还是环境保护都由于自身的不可分割性导致产权难以界定,因而都属于公共物品范畴或者说至少具有一定公共性,在一定程度上具有非竞争性和非排他性,正是这种公共物品属性导致了对环境资源的过度使用[28],从而出现了大量的资源浪费和环境污染。日益严重的环境污染问题是由经济活动的外部性引起的,环境污染实质上是一种典型的负外部性。外部性是在分析市场运行效率时普遍存在的一种行为,负外部性是一个市场主体的经济活动行为降低了其他主体的福利水平,却没有通过市场交易进行反映。外部性最早由英国经济学家马歇尔在《经济学原理》中提出,之后由经济学家庇古进行了系统阐述[29]。从本质上讲,外部性就是微观经济主体的某一活动对与之无关的其他经济主体造成了影响,这一影响又无法包含在价格之中通过市场机制解决,因而必须由政府通过规制政策来加以纠正。政府的环境规制手段有很多,与传统“命令-控制”式手段相比,环境保护税作为一种基于市场的管制手段,无疑是最稳定也最持久的环保政策工具[30],以开征环境保护税为主要内容的绿化税制改革的理论基础正是英国经济学家庇古提出的“庇古税”。庇古[31]认为环境污染的根源是经济活动的负外部性,要解决这种负外部性就必须将经济行为的各种外部成本内部化。庇古通过分析边际私人净产值和边际社会净产值之间的背离阐明了外部性,指出外部性实质就是私人收益率和社会收益率的差额,建议可以通过征税与补贴来实现外部效应内部化,即为“庇古税”。庇古税的核心思想是通过征税将外部成本内化到企业的私人成本中,使私人成本和社会成本相一致。尽管对通过开征环境税保护生态环境的效果仍然存在较多分歧,但在实践中环境税却被许多国家所运用,而且国内外学者从实证方面对此进行了大量研究。庇古税减少环境污染的途径就是将生产与消费过程中产生的负外部性内化到企业生产成本中,通过提高企业生产成本来改变纳税人的行为选择进而减少环境污染物的排放数量。企业生产成本的提高会影响到企业市场竞争力,长此以往将抑制一国经济增长速度[32-41]。

2. 绿化税制改革影响经济社会可持续发展的间接传导机制

1)绿化税制改革通过财政分权影响经济社会可持续发展

财政分权是实现环境保护、经济增长与环境公平的一个重要制度因素。度量财政分权的指标有很多,既可以用财政收支指标,用下级政府的收支份额来刻画财政分权程度;也可以用自有收入的边际增量来表示[42-53]。最常见的是用地方政府财政收入(或财政支出)占中央政府财政收入(或财政支出)的比重来衡量[54]。因此,绿化税制改革可以通过提高地方政府财政分权程度来影响环境保护、经济增长与环境公平。这主要是由于中国现行税收制度中绿色税种大部分属于地方税收入,资源税、车船税、城市维护建设税、城镇土地使用税、耕地占用税等收入本身就是地方税收入。消费税和车辆购置税虽然属于中央税收入,但随着营改增的完成,对消费税进一步改革的思路就是要将消费税中一些税目的纳税环节由生产环节变为销售环节,将其划给地方政府以增加地方政府税收收入。即使是即将开征的独立环境保护税,由于环境污染一般具有地域性并与特定行为相联系,其收入归属也会基于排污费收入归属的现状而归入地方政府[55]。因此,绿化税制改革的进一步推进势必会增加地方政府财政收入,从而提高地方政府财政分权程度。

但较高的财政分权程度是否可以激励地方政府提供良好的生态环境、降低环境污染程度却并没有达成共识。从已有文献可以看到,大部分学者认为财政分权的结果是地方政府在过度追求经济增长的同时忽视了社会公平和环境保护,财政分权很难同时实现环境保护、经济增长与环境公平。甚至有人认为造成中国严重环境污染的根源就是财政分权,这是因为中国的环境问题在很大程度上是由于长期采用粗放型经济增长模式导致的,从根源上看是"中国式分权"下地方政府行为所导致的[56]。中国是典型的中央集权制,税收立法权高度统一,地方政府都受中央政策约束,地方政府在税收征管方面的权利极其有限,即使如此,各地方政府间仍然存在严重的横向竞争关系[57]。第一,财政分权改革过程中,地方政府在个别税种的税率、纳税地点的确定以及税收减免方面拥有一定的自主权[58],而在具体地方事务方面,地方政府也拥有较大的自主权,如果没有建立起有效的激励相容机制,地方政府为了经济增长而相互展开竞争,甚至不惜以环境污染为代价,而环境污染具有典型的负外部性,地方政府由于"搭便车"行为常常会牺牲生态环境换取经济增长。第二,财政分权与基于经济绩效的升职锦标赛互相强化,导致地方政府更努力地促进经济增长[59],但与经济增长相伴随的却是对民生发展与环境保护的忽视。Jia[60]发现地方官员的晋升在关键时期经常会为了提高经济增长速度而牺牲环境,朱平芳等[61]通过研究同样证实中国地方政府的确会通过降低环境标准来吸引 FDI 流入以刺激地方经济增长。第三,财政分权给地方政府带来了财政激励,强化了地区间环境规制的策略互动,从而形成环境规制非完全执行的激励因素,进而弱化环境治理的实际效应,地方保护以及由此引致的资源错配对微观环境福利绩效具有显著的抑制效应[62]。综上,财政分权程度提高的结果就是经济增长与环境保护、社会民生之间的背离,造成这一结果的根源是因为中国实行政治集权、经济分权的特殊体制[63]。由于中国传统的官员晋升考核指标中经济增长要比环境保护更重要,上级政府对下级官员的考核一般都是以经济建设为核心,因此地方政府及官员以牺牲生态环境来换取经济增长也就不足为奇了[64-65]。

不过，随着经济增长水平的持续提高，社会公众收入水平增加的同时，其环保意识也逐渐增强，对环境污染的防治提出了更高的要求和期待，在一定条件下，财政分权也可以同时实现环境保护、经济增长与环境公平。其原因是中央政府对地方政府官员的考核依据越来越重视地方节能减排与环境保护。Zheng 等[66]发现在社会公众对地方政府加强环境保护的诉求与期待下，环境保护和经济增长一样已经成为地方政府官员晋升考核的依据。不过，财政分权同时实现环境保护、经济增长与环境公平是有条件的，即只有在地方经济增长较好、发展经济压力较小的条件下才会出现，因为分权化治理在为中国地方政府创造经济繁荣提供充沛动力的同时，势必会带来生态环境持续恶化的后果。

2)绿化税制改革通过环保投资影响经济社会可持续发展

环保投资是一项针对环境保护的专项投资，绿化税制改革势必导致环保投资的增加。这主要是由于，以环境保护税为代表的绿色税收都具有专款专用属性，政府取得绿色税收或环境相关税收后，本着专款专用原则将会增加绿色项目与绿色产业的投资支出，将增加环保投资的规模。

绿化税制改革增加了政府环保投资规模，能不能同时实现环境保护与经济增长，从理论上看是完全可能的。由于环保投资是一项针对环境保护的专项投资，其主要目的是通过环保投资降低污染排放强度进而改善生态环境，因此，环保投资的增加应该有助于减少环境污染物排放量。首先，从污染源头看，环保投资对生产所需能源的选择本身倾向于清洁能源，促使企业尽可能多地使用清洁能源而放弃化石能源，以此来优化能源消费结构。其次，从生产过程看，环保投资可以促使生产者改进生产技术来降低每单位产出所需的能耗量，从而在现有排污标准下降低能源消耗强度。最后，从污染治理看，环保投资有助于排污企业购买污染处理设备和修建污染处理设施，提高污染处理技术，对排放的污染物进行直接处理。可见，环保投资可以于污染源头优化能源消费结构，污染过程降低能源消耗强度，污染末端提高污染处理技术，从而在整个生产过程中不断降低污染排放强度。环保投资在降低环境污染强度的同时也可以带动经济增长，因为环保投资也属于政府投资范围，任何一项投资都具有带动经济增长、提供新的就业空间的效果。

不过，这一结论并没有得到实证研究的充分支持。有的学者发现中国环保投资严重不足，其增长速度远远低于环境污染物排放速度，虽然环保投资能够在一定程度上减少污染物排放，但这种作用十分有限。持相同观点的其他学者从不同视角对这一问题进行了分析。黎文靖、郑曼妮[67]认为地方政府的环保举措在很多情形下都是为了迎合上级政府部门的治理监督与要求，环保投资对提升环境质量没有太大的作用。王勇、刘厚莲[68]通过对环保投资进行分类进而构建面板 VAR 模型发现，清洁生产投资和“三同时”投资对行业内的绿色转型具有显著影响，但是工业污染治理投资对工业行业内的绿色转型影响不明显。刘伟明[69]则发现通过增加工业污染治理投资额进行环境污染末端治理同时实现环境保护与经济增长的思路并不可行,如果维持环境标准与执行力度不变,用工业污染治理投资额占GDP的比重表示的环保投资对经济增长存在着明显的负向影响,表明环境污染治理成本对经济增长具有明显的拖累作用。

3. 绿化税制改革通过技术创新影响经济社会可持续发展

绿化税制改革将提高企业绿色技术创新能力,这主要是从两个方面来完成的。一是绿化税制改革对绿色技术创新的直接推动作用。绿化税制改革通过征税和补贴“一奖一罚”的制度安排优化资源配置,实现经济与资源环境协调发展。一方面,政府可以利用税收返还或税收减免等方式鼓励和支持企业进行绿色技术创新,或采取差别税率方式体现政府对不同技术水平企业采取不同的政策态度,以提高企业绿色技术创新的积极性和主动性,促进企业加快绿色技术创新的速度和提高绿色技术创新的水平;另一方面,政府可以将部分环境税收收入直接投入绿色技术研发中,借助于政府力量和公共资源推进绿色技术进步,特别是促进基础科学的研究与创新,从而为企业的绿色技术创新提供外部支持。二是绿化税制改革对绿色技术创新的间接推动作用。绿化税制改革会增加企业生产经营成本,进而影响企业市场竞争力。随着政府环境保护力度的加大,绿色税负将逐渐增加,企业利润空间越来越小,此时企业治污后的利润将大于不治理污染而缴纳环境税时的利润。因此,为了消化绿化税制改革带来的生产经营成本上升,企业会主动增加绿色技术引进和研发投入,借助于技术创新来提高能源资源的开采和利用效率,提高企业市场竞争力,拓宽企业利润空间,这其实是“波特假说”所暗含的意思。环境规制的“波特假说”[70]认为环境规制强度的提高有助于企业技术创新,合理而严格的环境规制可以刺激被规制企业通过改进技术水平与优化资源配置效率来提高自身生产率和竞争力。环境规制的波特假说得到了实证方面的证实[71],不过也有人认为实现波特假说是有条件的,王班班、齐绍洲[72]就认为市场型政策工具有助于诱发节能减排技术创新,但要受能源价格市场化条件的制约。由此可以看出,通过绿化税制改革同时实现环境保护与经济增长的关键在于绿色技术创新补偿效应的大小,即很大程度上取决于绿化税制改革能否促进企业进行绿色生产技术创新。从已有研究来看,绿化税制改革会对企业的环境相关技术创新带来正面影响,不过这一正面影响是正、负两方面影响综合比较后的净结果。而正面影响和负面影响并不同步,绿化税制改革对技术创新的正面影响往往滞后于负面影响。因此,在短期内绿化税制改革的遵循成本占优,从而降低企业的绿色技术创新;在长期内绿化税制改革的创新补偿效应占优,从而提高企业的绿色技术创新。不过实证研究却证实了绿化税制改革这样的环境规制手段是可以诱发企业进行绿色技术创新的。蒋为[73]研究发现较高环境规制强度约束下的企业绿色创新技术的研发力度更大,表明环境规制对制造业企业的技术创新具有显著正向影响。王锋正、郭晓川[74]通过引入政府治理实证分析了地方政府治理在环境管制对企业绿色工艺创新影响中的作用,研究发现地方政府治理质量和环境管制均显著影响着企业绿色工艺创新。

绿色技术创新是不是可以同时实现环境保护、经济增长与环境公平呢?从已有文献来看,绿色技术创新是减缓中国环境污染的主导因素[75]。至少从理论上看,绿化税制改革这样的环境规制政策是可以诱发绿色技术创新的,绿色技术创新又会减少环境污染物的排放,环境污染程度随着绿色技术水平的提高单调递减[76]。Anderson[77]通过分析水污染和空气污染治理过程中技术进步的贡献,发现技术进步能够有效减少环境污染物的排放数量。梁伟等[78]通过构建 CGE 模型分析发现,无论是在生产环节还是在消费环节征收环境税都会使企业持续研发治污减排的绿色环保技术并进而带动其他相关领域的技术进步,最终提高能源效率并减少污染物排放。王兵等[79]认为人均 GDP、FDI 以及环境管理能力等因素对环境效率的影响并不相同。宋马林、王舒鸿[80]则认为,在对环境规制通过技术进步影响环境污染的分析过程中,仅停留在理论与定性分析层面是远远不够的,必须引入定量分析与实证检验。将绿化税制改革与绿色技术进步相结合进行定量分析,可以使研究结果更贴近现实,而这也正是本书的研究目的。已有关于环境规制和技术进步对环境污染影响的大部分文献都是单独进行的,将二者结合起来进行定量分析尤其是分析绿化税制改革如何通过技术创新影响环境污染和经济增长的文献仍然不多。

1.3.3 关于绿化税制改革影响经济社会可持续发展效应的研究

1. 绿化税制改革对环境保护的影响

通过开征环境保护税解决资源环境问题的呼声在过去数十年不断高涨,国内对这一问题的研究可以追溯到 20 世纪 90 年代,一些学者如王金南等[81]把 OECD 国家实施环境保护税的经验教训介绍到国内。此外,李振京等[82]分析了发达国家环境税的特点,并结合我国经济与税收制度的实际情况提出了可行性建议。还有一些学者探讨了环境保护税的税制构成要素,并分析了环境税与经济增长的联系,如吕志华等[83]研究了中国环境税的税制设计与经济增长的关系。那么,以开征环境保护税为主要内容的绿化税制改革能否有效降低环境污染程度呢?从国内外已有文献看,对绿化税制改革有利于减少环境污染的观点几乎没有大的争议,但也仍然有一些不同的甚至是完全相反的观点。

Wissema[84]在对爱尔兰的研究中发现碳税的征收可以有效实现污染减排目标,如果碳税税率为每吨二氧化碳 15 欧元,那么碳税的征收在有效实现治污减排目标的同时,尽管会导致社会福利降低,但下降比例并不大。Mori[85]针对美国华盛顿州开征碳税的研究发现，当碳税税率为每吨二氧化碳 30 美元时，与基准情景相比较可以实现 8.4%的减排。国内部分学者也同样认为绿化税制改革能够取得显著环境保护效应。童锦治、沈奕星[86]基于 CGE 模型研究环境税优惠政策的环保效应，指出环境税的开征会使能源产品供应显著下降，在无税收减免情形下，降幅达到了 67.5%，极大地减少了能源消耗，可取得环境保护效果。陈工、邓逸群[87]基于个体异质性 OLG 模型研究中国环境税政策效应，指出征收环境税对环境质量的改善力度很明显。李旭红、郑贞[88]通过实证分析发现征收排污费确实是环境治理的有效手段。

但并非所有学者都认为绿化税制改革能产生明显的环境保护效应。王娟、王伟域[89]通过实证研究发现税收规模与人均环境污染排放量具有正向关系，提高税收规模并不利于改善环境质量。不过这里需要指出的是，王娟、王伟域在运用重点城市动态面板数据实证分析时使用了税收收入占 GDP 的比重衡量税收规模，即使运用了分税种对人均环境污染排放量进行回归，但却只使用了增值税、营业税、城市维护建设税、个人所得税和企业所得税五个税种，而没有使用具有环境保护作用的绿色税种对人均环境污染排放量进行回归，因而得出各税种收入在税收总额中的占比与人均环境污染排放量正相关也就不足为奇了。而专门针对绿色税收与环境污染关系的研究甚少。伍红[90]对中国绿色税种的节能减排效应进行了分析，遗憾的是，在分析过程中绿色税收采用了资源税、消费税、增值税和企业所得税四个税种，由于纳入了增值税和企业所得税导致绿色税收收入比重过高，而且分析方法采用的是时间序列分析方法，导致其结果具有一定的局限性。此外，徐晓亮[91]、薛钢和孙雪[92]等都对绿色税收对环境保护的影响进行了分析，尽管他们的研究结果不同甚至相反，但却有一个共同点，即只分析了资源税这一单一税种的环境保护效应。

总体上看，通过对税收制度进行绿化改革来减少环境污染物排放数量无论在理论上还是实践中都已经取得共识。对绿化税制改革影响环境保护的实证研究目前比较少见，即使有也都是基于个别绿色税种或者税收收入总额来进行分析，导致其研究结论的可靠性令人存疑。

2. 绿化税制改革对经济增长的影响

绿化税制改革能够降低环境污染程度无论在学界还是政界都基本上达成了共识，但令许多人担忧的是，政府实施严格的环境规制措施可能会抑制经济增长速度。这一担忧并非没有原因。基于庇古税理论基础上的绿化税制改革给企业会造成额外的减排成本与治污成本，降低企业市场竞争力。所以，近年来关于以开征环境保护税为主要内容的绿化税制改革对环境保护与经济增长影响的定量研究始终吸引着国内外众多学者的研究目光。与此同时，关于绿化税制改革对经济增长的影响方向也出现了两种完全相反的观点：一种观点认为实施严格的环境规制将对一国经济增长不利，因为绿化税制改革在治理环境污染的同时会加重企业生产成本并降低其市场竞争力[93-94]；另一种观点认为适当的环境规制将有利于经济增长，因为绿化税制改革会刺激企业进行技术创新以促进经济长期增长[95-96]。此外，还有一种观点认为环境规制对经济增长的影响方向取决于环境规制强度，较低强度的环境规制阻碍企业生产率提高，而超过一定强度的环境规制则会倒逼企业提升生产效率。徐保昌、谢建国[97]运用中国制造业的微观数据对排污费征收影响企业生产率的效果进行了检验，结果发现排污征费与制造业企业生产率呈U形关系。当然，也有一些学者认为诸如绿化税制改革这样的环境规制对经济增长的影响方向本身是不确定的，具体影响结果是由环境规制方式所决定的[98]，因为并不是任意的环境规制都可以提高生产率，事实上环境规制政策能够引致企业技术创新要求以环境管制政策本身是适宜的为前提。

建立在庇古税理论基础上的以开征环境税为主要内容的绿化税制改革与经济增长关系的研究有着较为清晰的理论演进脉络。Gradus 和 Smulders[99]先后在AK 模型和 Lucas 模型的基础上引入了环境质量因素，在经济增长理论框架下考虑环境保护与长期经济增长的关系。Bovenberg 和 Smulders[100]随后在 AK 模型和 Lucas 模型中直接引入了环境税收因素，发展了一个考虑治理环境污染的技术变迁内生增长模型。此后，Bovenberg 和 De Mooij[101]发现环境税通过外部效应和转移效应影响经济增长。具体到绿化税制改革如何影响经济增长的研究则有两种代表性观点：一种被称为“成本补偿说”。其认为绿化税制改革不利于经济增长，因为绿化税制改革的目的是通过将企业外部成本内部化来减少环境污染，在减少环境污染的同时会提高企业生产经营成本，从而抑制经济增长。同时，由于排污企业生产经营成本上升，会降低企业生产率和利润率并降低企业市场竞争力，从而对经济增长产生不利影响。另一种被称为“技术创新说”。其认为绿化税制改革有利于经济增长，因为绿化税制改革会增加排污企业生产成本，企业会在纳税成本和治污成本之间进行权衡。如果税收成本过高，企业会进行技术创新，减少污染物排放，不仅可以防止环境污染，还可以降低其生产成本，实现自身结构和产业结构的升级，从而促进经济增长。

国内外学者针对环境规制影响经济增长的方向与效果进行了理论分析与实证检验[102-103]，其中不少实证结果都认为，环境税收对经济增长具有显著负影响[104-106]。实证检验的方法大概可以分为两类：一是将污染排放视为非期望产出，采用方向性距离函数核算环境效率。例如，涂正革[107]采用中国 30 个省 1998—2005 年的工业数据研究发现，环境规制对中国经济增长尤其是工业增长并不具有明显的抑制作用。陈诗一[108]对中国工业行业 38 个二位数数据进行研究发现，中国近三十年实行的节能减排政策对改善工业绿色生产率起到了有效的推动作用。二是采用回归分析方法评估了环境规制对经济增长的影响。例如，Millock 和 Nauges[109]通过构建一个微观面板数据随机效应模型，发现开征环境税有利于提高经济增长率。Fullerton 和 Kim[110]综合考虑了环境、环境税收和长期经济增长三者之间的关系，认为开征环境税对长期经济增长的影响并不确定。李胜文等[111]采用中国1986—2007年省际数据发现环境规制提高了东部地区生产率。沈能[112]采用中国工业行业二位数数据对环境规制和环境效率的研究发现，环境规制在短期内会降低污染密集型行业的生产率，但在长期却提高了污染密集型行业的生产率。李树、陈刚[113]用倍差法系统评估了APPCL 2000①的修订对提高空气污染密集型行业的全要素生产率具有明显的正向影响，表明严格的环境规制对经济增长并不具有抑制作用，反而可能使中国经济同时收获环境质量的提高和生产效率的增长效果。

此外，运用CGE模型模拟环境规制对中国经济增长的影响，检验绿化税制改革能否取得"双重红利"②也是已有文献中使用较多的一种研究方法，但研究结论却莫衷一是。第一种观点认为存在环境税"双重红利效应"。环境保护税的开征在取得环境税收入的同时可以减少对劳动和资本等生产要素的征税，这样不仅可以减少环境污染物的排放数量，也可以通过降低征税对劳动和资本等生产要素配置时产生的扭曲，增加就业，加快经济增长速度。这一观点就是Pearce[114]提出的"双重红利理论"，即可以用绿色税收收入替代具有扭曲性的税收从而间接增加社会福利，也就是说绿化税制改革在改善环境质量的同时能够获得第二份红利，从而产生双重红利。持相同观点的学者有Tullock[115]、Kneese和Bower[116]、Nichols[117]、Terkla[118]、Lee和Misiolek[119]等人。除此之外，Bye[120]认为小型开放经济体征收碳税存在长期强式双重红利，也就是说碳税这一绿色税收的征收不会抑制经济增长。Takeda[121]在收入水平不变情况下通过对日本碳税替代资本税的效应进行了研究，得出了相同的结论。Glomm等[122]则研究了给定税收水平下美国汽油消费税替代资本税的效应，发现这样的替代在降低资本税扭曲效应的同时可以实现经济增长。国内学者的研究也支持环境税的"双重红利效应"。李洪心和付伯颖[123]的研究结果显示环境税能够产生"双赢"效应，实现经济增长和环境保护的协调，而且这一结论也得到了中国相关数据的支持。廖朴、郑苏晋[124]基于中国数据的模拟运算显示最优环境税政策确实能够兼顾环境治理和经济增长。第二种观点则认为环境税"双重红利"是不存在的，至少不是绝对存在。Bovenberg、De Mooij[125]认为只有环境保护税的收入循环效应大于税收交互效应时，第二重红利才会产生。刘晔和周志波[126]认为开征环境保护税并不必然改善环境质量，也就是说第一重红利也不存在。后来的研究则主要集中在中国实施环境税对宏观经济的影响方面。何建武和李善同[127]的研究发现，对能源消费和污染排放征税对宏观经济将产生负面影响。

---

① APPCL 2000指2000年中国对《中华人民共和国大气污染防治法》的修订。

② 双重红利还可以进一步划分为强双重红利和弱双重红利。弱双重红利主张征收的环境税收入可以用来缩减劳动税与资本税等，有利于激励劳动与资本投入，从而产生第二重红利。强双重红利则从实施环境税对整体税制效率的影响方面来说，如果环境税的实施能够降低税制超额负担就会产生第二重红利。

李钢等[128]评估了中国征收环境保护税对宏观经济的影响，发现环境税的开征对经济增长会产生负面影响，如果要使工业污染达到法律要求的最低标准，经济增长将降低1%左右，出口量下降1.7%左右。为什么在国外可能产生的环境税“双重红利效应”在中国很难出现，主要是因为只有劳动所得税等直接税在一国税收收入中占比较高的前提下，环境税的“双重红利效应”才能实现。而中国征自劳动要素的社会保险费与个人所得税等直接税（费）收入在税收收入中的占比都较低，因此，当前中国还不具备实现环境税“双重红利”的税制环境[129]。

3. 绿化税制改革对环境公平的影响

关于环境不公平问题的研究主要起始于能源资源生产者与消费者在空间上的分离。一般认为，能源资源在开采加工环节将产生巨大的环境污染，事实上能源消费过程中也将产生严重的环境污染。即使是能源资源生产过程中产生的环境污染也有很大一部分应该由能源资源消费者承担，这是因为能源资源的生产本身就是为了满足能源资源的最终消费。Bin 和 Dowlatabadi[130]对美国居民能源消费及二氧化碳排放状况进行了分析，结果显示供消费者使用的能源资源在生产过程中产生的二氧化碳要大于消费者在消费能源资源过程中产生的二氧化碳①。这表明，如果消费者消费最终产品，那么消费者也应该为该最终产品生产过程中产生的环境污染负责[131]，而消费品的生产地如果在另一个区域，那么环境负担就由最终产品消费者所在地转移到了生产者所在地。这就是通常所说的“环境成本转移”，是由 Muradian 和 Martinez-Alier[132]从发展中国家维度所提出的，认为自由贸易会促使经济发达国家通过进口发展中国家的污染密集型产品把污染物留给发展中国家。对环境成本转移的实证研究也表明环境污染在国与国之间以及一国内部区域之间确实存在。张友国[133]的研究表明，二氧化碳的排放具有明显的地域转移效应。李方一等[134]发现，通过地区间商品贸易，中国环境污染由东部经济发达地区转移到了西部经济欠发达地区。中国各区域间污染转移的事实导致中西部资源富集区环境污染日益加重。但也有学者认为西部地区污染严重是由于高耗能、高排放的重化工业逐渐从东南沿海向中西部地区转移所导致的[135]。这表明居民消费是导致环境污染排放增加的主要因素之一，东部地区居民消费通过产品贸易方式将部分污染物排放转移到中西部地区，导致中国存在地区间环境不公平现象。张友国[136]通过构建投入产出模型对这一问题进行了实证分析，发现东部地区是污染输出地区而中西部地区则是污染输入地区。究其原因，可能是由于中国资源价格构成不合理导致能源产出地对能源短缺地经济的实际补贴，即中西部地区在牺牲生态环境的同时从经济上补贴东部沿海发达地区，进一步拉大了区域不平衡。

---

① 可以用能源资源消费者直接消费产生的二氧化碳和间接消费产生的二氧化碳来表述。直接污染物排放指居民消费能源资源引发的污染物排放，间接污染物排放指生产居民所消费的非能源资源消费品所排放的污染物。

中西部地区丰富的能源资源没有为这些地区带来与之相匹配的经济发展,中西部地区的资源优势并没有实质性地转化为财政优势和经济优势。结果是中西部地区气候环境愈发脆弱,自东向西气候环境综合脆弱度逐渐增大,发展水平更高的地方对环境变化的适应能力更高[137]。

导致地区间环境不公平的原因主要是地区间获取的环境收益与承担的环境成本不匹配,绿化税制改革可以调节环境收益与环境成本在各地区之间的分配,从而在一定程度上降低区域间环境不公平现象。对地区间环境不公平的调节,已有文献更多的是从生态补偿机制、纵向转移支付制度与横向转移支付制度的建立来解决的[138]。通过对能源资源环境税费改革进而全面绿化现行税收制度来调整环境收益在各地区之间的分配格局也逐渐成为学者的共识,孙钢[139]、马衍伟[140]等都对这一问题有相同的结论,尽管他们提出的解决方式不尽相同。具体讲,就是通过绿化税制改革增加中西部地区的环境收益而增加东部地区的环境成本,将能源资源开采过程中产生的收益进行合理分配,构建合理的资源开采收益分割机制,诸如能源资源开采企业所交税收纳税环节的选择,改革现行能源矿产资源税费制度,中央和地方之间对能源资源绿色税费分享比例的确定等[141]。

对环境不公平研究的另一条思路主要是担心环境保护税等绿色税种的开征与完善会对收入再分配产生影响,致使低收入者的社会福利受损,也就是认为以开征环境保护税为主要内容的绿化税制改革具有社会收入分配的累退效应。West[142]使用美国消费者支出数据对汽车排污税的公平性效应进行了研究,发现汽车排污税的征收会加剧低收入者生活负担,扩大居民收入差距并导致居民收入分配的不公平。国内学者对这一问题也进行了相关研究。樊勇、张宏伟[143]针对碳税收入分配效应进行研究发现,开征碳税会对居民收入水平产生明显影响,尤其是对居民生活用燃料征收的碳税具有明显的累退效应。李峰、王文举[144]通过实证分析也发现汽车碳税的征收不仅会在整体上增加城镇居民可支配收入分配的不公平性,也会降低低收入者税后收入相对水平而提升高收入者税后收入相对水平,具有明显的累退性。

1.3.4 文献述评

通过对上述国内外研究文献的梳理发现,绿化税制改革已经成为国内外广泛关注的热点,国内外学者对这一问题进行了广泛的研究。在已有研究中取得了以下对本书产生指导意义的结论。首先,面对日益严重的环境污染,基于庇古税理论以开征环境保护税为主要内容的绿化税制改革是可供政府选择的一种有效环境规制手段;其次,无论是对中国现行税收制度进行定性分析,还是通过测算现行税制绿化程度的定量分析,都表明中国现行税制在能源资源节约和生态环境保护方面存在不足;再次,尽管现有文献对以开征环境税为主要内容的绿化税制改革是否可以同时实现环境保护与经济增长尚未取得统一认识,但对开征环境税可以减少环境污染物的排放基本达成了共识；最后，财政分权、环保投资与技术创新对经济社会可持续发展都会产生一定的影响。

但现有研究对认知绿化税制改革也存在一些问题与不足。第一，尽管认为绿化税制改革可以有效治理环境污染，2016 年 12 月《中华人民共和国环境保护税法》已经审议通过，环境保护税开征在即，但还没有真正形成绿色税收体系，研究层面就个别税种论税种，并未放在绿色税收体系下进行研究，导致研究结论具有片面性。第二，关于绿化税制改革影响经济社会可持续发展的现有研究大都分析了绿化税制改革的直接作用机制，忽视了绿化税制改革对环境保护、经济增长和环境公平影响的间接传导机制分析。第三，尽管绿化税制改革对经济社会可持续发展的影响已有一些实证研究，但始终没有将环境保护、经济增长和环境公平三者置于统一的分析框架下进行系统研究。第四，尽管都认为财政分权、环保投资与技术创新会对经济社会可持续发展产生影响，却并没有进行绿化税制改革影响环境保护、经济增长和环境公平的实证检验，而关于绿化税制改革对环境公平影响的实证研究几近空白。因此，本书将在以下几方面进行进一步研究。

第一，关于中国现行税收制度绿化功能的研究，大多是零散的定性分析而缺少系统的定量测算，在方法上有待进一步系统深化。一方面，到底应该将现行税制中哪些税种划归环境税更合适，已有文献并没有达成共识。本书对中国现行税收制度从税系结构、税种结构与税种构造三个层面进行系统分析，打破现行税种原来的归属分类，尝试着构建一个由现行税制中具有绿色调节作用税种构成的环境税系。另一方面，构建环境税体系并不是简单对其包含税种存在的问题进行定性分析，而是建立大、中、小三个不同口径统计指标来测算现行税制的绿化程度，深入分析现行税制的绿化功能到底有多大。

第二，关于绿化税制改革对环境保护、经济增长以及环境公平产生影响的研究，缺乏一个将三者融为一体的分析框架。如前所述，绿化税制改革的环境公平效应接近空白，现有绿化税制改革的环境保护效应与经济增长效应也是单独进行研究。这就需要一个理论分析框架能够将环境、经济与社会三个因素有效联系起来，可持续发展理论恰好应和了这一需求。因而本书在可持续发展视角下通过构建将环境、经济与社会有效融为一体的分析框架，并在此框架下研究绿化税制改革对环境保护、经济增长与环境公平的影响效果。

第三，关于绿化税制改革对环境保护、经济增长和环境公平影响的机理分析，缺乏一个相对完整的传导机制，在内容拓展和影响机理上均有待于进一步完善。首先，已有文献对以开征环境税为主要内容的绿化税制改革对环境保护、经济增长和环境公平的影响都有研究，但仅限于对绿化税制改革影响它们的直接作用机制方面的研究。另外，现有文献关于财政分权、环保投资与技术创新等变量对环境保护、经济增长以及环境公平的影响也有研究，但也都是单独进行的，并没有用这些变量将绿化税制改革与环境保护、经济增长和环境公平联系起来，缺少对绿化税制改革影响环境保护、经济增长和环境公平间接传导机制的研究。因此,有必要通过财政分权、环保投资与技术创新等变量将绿化税制改革这一政策工具和同时实现环境保护、经济增长与环境公平这一政策目标联结起来,研究绿化税制改革影响环境保护、经济增长与环境公平的直接作用机制和间接传导机制。

第四,关于绿化税制改革影响环境保护、经济增长和环境公平的实证研究都只对绿化税制改革的直接作用机制进行检验,忽视了绿化税制改革对环境保护、经济增长和环境公平影响的间接传导机制的实证分析。已有文献都是直接建立绿化税制改革这一核心解释变量与环境污染、经济增长或环境公平等被解释变量间的回归方程对结果进行分析解释,即使有将财政分权、环保投资与技术创新等引入回归方程的研究,也仅仅是将其作为控制变量。本书为了分析绿化税制改革影响环境保护、经济增长和环境公平的间接传导机制,不仅将以上三个变量作为解释变量引入方程,而且还在方程中引入了绿化税制改革与三个变量的交互项,以分析绿化税制改革通过财政分权、环保投资与技术创新对环境保护、经济增长和环境公平产生的影响方向和效果。

1.4 研究目标、思路与方法

1.4.1 研究目标

本书的总体研究目标是在可持续发展视角下,通过分析绿化税制改革对环境保护、经济增长与环境公平的影响机理,探讨中国绿化税制改革对环境保护、经济增长与环境公平的影响方向和效果,从而为当前税制改革尤其是环境保护税的开征提供理论和实证依据。为实现总体研究目标,本书将主要在以下三个方面展开研究。

第一,测算评价中国现行税收制度绿化程度。面对日益严峻的环境污染形势,政府尝试了多种手段,基于庇古税理论基础上的绿色税收,是可供政府用来治理环境污染的有效规制手段之一。为了减轻环境污染程度,就必须将资源节约与环境保护绿色理念融入税收制度的方方面面。因此,有必要对中国现行税收制度的环境保护功能进行总体测算,通过测算税收制度绿化程度来定量描述中国现行税收制度的绿化功能,便于对中国不同时期税收制度绿化功能进行历史比较或者与世界其他国家税收制度绿化功能进行横向比较,进而对中国现行税收制度的环境保护功能进行总体评价。

第二,构建"环境-经济-社会"分析框架,探讨绿化税制改革对环境保护、经济增长与环境公平影响的传导机制。绿化税制改革的最终目标是同时实现环境保护、经济增长和环境公平,最终实现经济社会可持续发展,作为政策手段的绿化税制改革作用于经济社会可持续发展这一总体目标的传导机制就成为目标能否实现的制胜点。因此,有必要将经济社会可持续发展的理念引入税制改革,厘清绿化税制改革对环境保护、经济增长和环境公平的影响会从哪些途径产生。

第三,实证分析检验绿化税制改革对环境保护、经济增长与环境公平的影响效果。通过绿化税制改革来减少环境污染物排放是绿化税制改革的根本目标,但并不是为了节能减排就停止发展经济。这就有必要引入连接政策工具与政策目标之间的变量,运用“环境-经济-社会”组合分析法研究绿化税制改革的最优目标与次优目标,构建绿化税制改革对环境保护、经济增长与环境公平三个方面产生影响的计量模型进行实证研究。

1.4.2 研究思路

本书的研究思路遵循内涵外延界定、理论基础、影响机制推导、模型设定与实证分析、政策建议的应用经济学分析范式,在可持续发展视角下研究绿化税制改革对环境保护、经济增长与环境公平的影响机理和影响效果。

具体安排如下:第一层次,在界定环境保护税和绿化税制改革等关键概念的基础上,分析中国现行税收制度的绿化功能,通过构建大、中、小三个不同口径统计指标测算中国现行税收制度的绿化程度,为构建理论模型框架提供现实基础。第二层次,构建绿化税制改革影响经济社会可持续发展的理论分析框架,运用“环境-经济-社会”组合分析法研究绿化税制改革的最优目标与次优目标,通过引入环保投资等中介变量将绿化税制改革这一环境规制手段与经济社会可持续发展这一最终目标连接起来,分析阐述绿化税制改革对环境保护、经济增长和环境公平产生影响的直接作用机制与间接传导机制。第三层次,通过实证分析,检验绿化税制改革对环境保护、经济增长与环境公平的影响效果是否显著,进而验证绿化税制改革是否能够同时实现环境保护、经济增长与环境公平三个目标。第四层次,总结研究结论并对中国以开征环境保护税为主要内容的绿化税制改革提供近期、中期和长期的政策建议。

1.4.3 研究方法

为了实现本书既定研究目标,根据现代经济学理论,运用比较分析和历史分析相结合、规范研究与实证研究相结合、计量分析与案例分析相结合等方法探讨绿化税制改革对环境保护、经济增长与环境公平产生的影响机理及评价其影响效果。

1. 比较分析和历史分析相结合

比较分析法是按照某一特定标准对不同对象加以比较,以得出更清晰明了的结论并对此进行正确评价。本书在对相关文献进行梳理的基础上演绎了环境税收概念的发展脉络,在测算中国历年税收制度绿化程度后进行了纵向比较,增加了研究的现实感,并通过与其他国家税制绿化程度的简单横向比较找出中国现行税收制度绿化功能的不足。

2. 规范研究与实证研究相结合

规范研究主要回答“应当怎么样”，必须包含一定的主观价值判断。本书在对核心概念界定的基础上，基于可持续发展视角构建了包含环境、经济与社会三个要素的组合分析框架，明确绿化税制改革的最终目标，阐明绿化税制改革影响环境保护、经济增长和环境公平的直接作用机制与间接传导机制及其影响方向。实证研究则是对经济现象、经济行为等的客观描述，主要回答“是什么”的问题。针对第 2 章理论分析得到的四个命题，本书从第 4 章到第 6 章逐个展开实证检验。对中国税收制度绿化程度进行不同口径测算以及中国各地区环境污染程度与环境不公平程度的测度也同样使用了实证研究方法。

3. 计量分析与案例分析相结合

本书的实证分析部分，综合采用了计量分析方法和案例分析方法。为了检验绿化税制改革与环境保护的关系，本书第 4 章测度了中国各地环境压力指数，通过构建多元回归模型，引入三个中介变量，验证绿化税制改革和绿化税制改革与三个中介变量交互项对环境保护的影响方向与效果。为了检验绿化税制改革与经济增长的关系，本书第 5 章通过构建多元回归模型并引入绿化税制改革与三个中介变量的交互项，检验绿化税制改革影响经济增长的方向与效果，判断绿化税制改革促进经济增长的适宜强度。为了观察绿化税制改革与环境公平的关系，本书第 6 章测度并评价了中国区域间环境不公平现状，构建多元回归模型并利用 GMM 回归方法判断影响的显著性和作用方向。

1.5 研究内容及框架

1.5.1 研究内容

本书的内容主要包括 7 章，具体如下。

第 1 章，导言。本章主要介绍研究背景与研究意义，对关键概念进行界定，确定研究目标与研究思路、研究方法以及研究内容与框架。同时在回顾与梳理已有相关文献的基础上，对现有文献进行述评，总结现有文献的贡献与不足，探索需要进一步研究的方向。

第 2 章，本研究的理论分析框架。本章借鉴可持续发展现有理论模式，构建一个融入环境、经济和社会三个因素的组合分析框架，分析绿化税制改革的最优目标和次优目标。选择财政分权、环保投资和技术创新三个变量，在已有绿化税制改革的环境规制手段与经济社会可持续发展的最终目标之间架起了一座联系二者的桥梁，阐明“政策工具-中间变量-政策目标”的传导机制，最终明晰绿化税制改革对环境保护、经济增长和环境公平产生影响的直接作用机制和间接传导机制。并在此基础上提出了有待后文检验的理论假设，为后文的实证分析提供理论基础。

第 3 章，中国现行税收制度环境保护功能的现状分析。首先立足于广义环境税的内涵，把中国现行税制中具有资源节约与环境保护作用的税种划归为环境税制，尝试着将现行税制重新划分为货物劳务税、所得税、环境税和其他税。然后从税收制度的税系结构、税种结构与税种构造三个层次，分析中国现行税制的绿化现状，并总结了中国现行税制环境保护功能不足的原因。在此基础上构建大、中、小三个不同口径的统计指标，测算中国现行税收制度的绿化程度，并对大、中、小三个口径绿化程度指标背离的原因进行了探讨，为后文的实证分析提供现实基础。

第 4 章，绿化税制改革影响环境保护的实证分析。本章计算并比较了各地环境压力指数，建立省际面板数据模型运用 GMM 等方法检验了绿化税制改革对环境污染的影响方向和效果，在验证绿化税制改革影响环境污染程度直接作用效果的基础上，加入绿化税制改革与三个中介变量交互项，进一步验证了绿化税制改革通过中介变量影响环境污染程度的间接传导作用，并对结论进行稳健性检验以证明回归结果的可靠性，最后引入绿化税制改革的二次项验证了只有适宜强度的绿化税制改革才能有效减轻环境污染。

第 5 章，绿化税制改革影响经济增长的实证分析。本章对绿化税制改革影响经济增长的效果进行多元面板数据回归分析，引入了联结绿化税制改革与经济社会可持续绿色发展的三个中介变量，验证了绿化税制改革对经济增长影响的直接作用机制和间接传导机制，对结论进行了稳健性检验以证明回归结果的稳健性，最后引入绿化税制改革的二次项验证了绿化税制改革与经济增长并非完全矛盾。

第 6 章，绿化税制改革影响环境公平的实证分析。本章计算并评价了中国各区域的环境基尼系数与绿色贡献系数，建立省际面板数据模型检验了绿化税制改革对区域间环境公平的影响，在验证绿化税制改革影响区域间环境公平直接作用效果的基础上，加入绿化税制改革与三个中介变量交互项，并进一步验证了绿化税制改革通过中介变量影响区域间环境公平的间接传导作用，对结论进行了稳健性检验以证明回归结果的可靠性，最后引入绿化税制改革的二次项验证绿化税制改革与环境公平之间的非线性关系。

第 7 章，结论与展望。对全书的研究结论进行概括总结，凝练本书可能的创新之处，指出以后需要进一步研究的问题，并结合前文相关实证分析结果提出中国未来税收制度绿化改革的政策建议。

1.5.2 研究框架

本书的主要内容框架如图 1－1 所示。

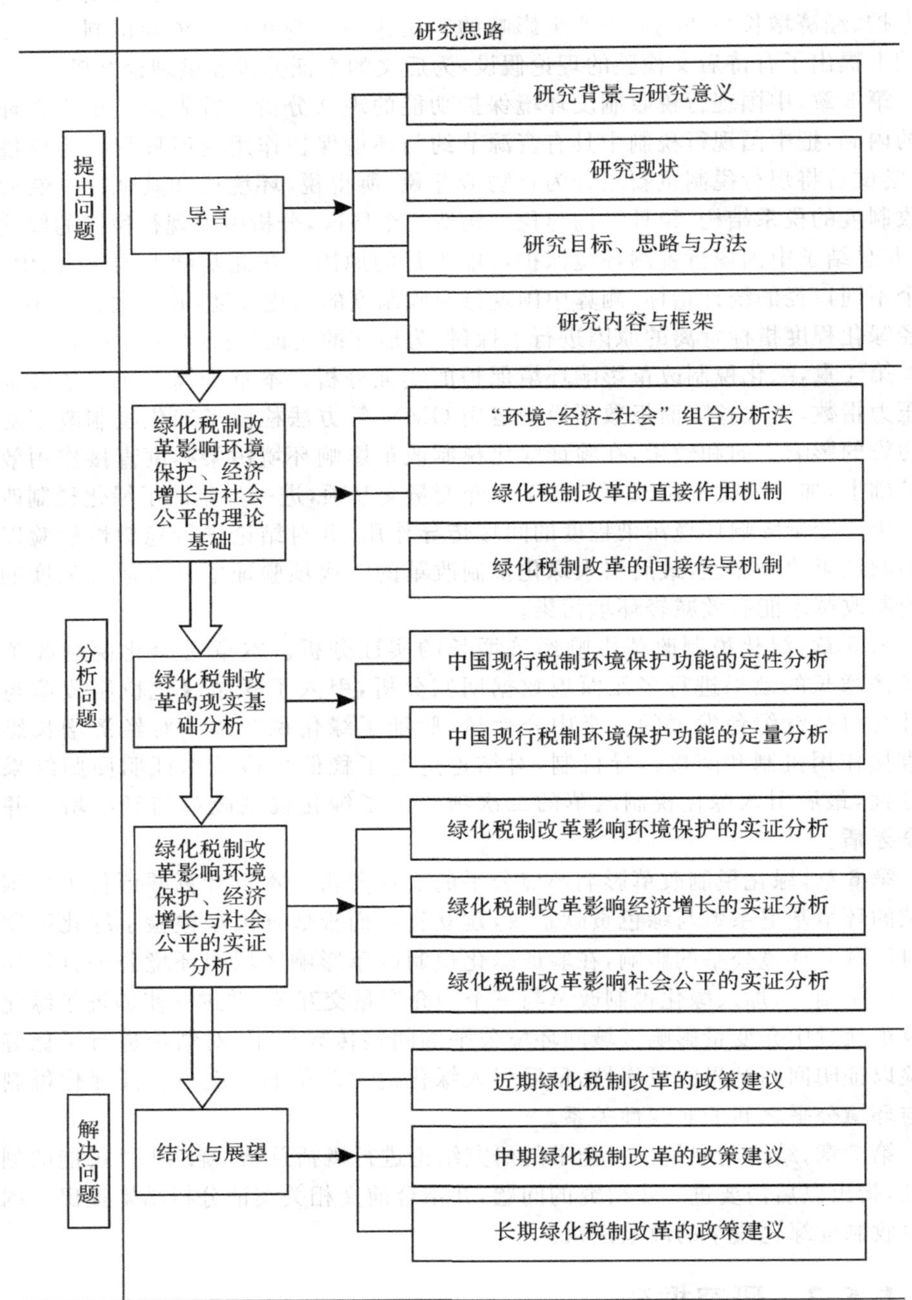

图 1-1　本书的逻辑框架图

第2章

本研究的理论分析框架

自 20 世纪后半叶以来，经济增长不断提速的同时，随之而来的资源耗竭、环境污染导致人类对发展问题进行了深刻反思，越来越多的人意识到不能一味追求经济高速增长，而应该更多关注环境污染问题。面对日益严峻的环境污染，以开征环境保护税为主要内容的绿化税制改革成为政府减轻环境污染程度有效而可行的环境规制手段。绿化税制改革通过加重排污企业生产成本来改变排污企业行为选择，将降低企业市场竞争力进而影响经济增长。越来越多的事实证明不能为了追求经济增长而牺牲环境保护与环境公平，同样也不能为了环境保护和环境公平而放弃经济增长，这就需要把环境保护、经济增长以及环境公平置于一个统一的分析框架内，对绿化税制改革影响环境保护、经济增长和环境公平的效果进行研究。基于此，本章将在可持续发展视角下构建一个“环境-经济-社会”组合分析框架，引入中介变量，建立绿化税制改革影响环境保护、经济增长与环境公平的直接作用机制与间接传导机制。

2.1　可持续发展理论模型概述

可持续发展的内涵可以用三个有机统一的元素去度量，分别为发展的“动力元素”“质量元素”和“公平元素”[145]。其中，发展的“动力元素”通常由发展能力、发展效率、发展速度等及其可持续性构成，它更关注一国经济发展过程中的速度与能力，这是可持续发展的经济元素。发展的“质量元素”是一个国家或地区的自然平衡，是生态环境容量对于理性需求的匹配程度和优化程度，它更关注一国经济发展中的资源支撑和环境容量，是可持续发展的环境元素。发展的“公平元素”则是一个国家或地区的共同富裕以及对于人际差异、代际差异、区际差异的克服程度，它更关注社会财富占有的人际差异、资源共享的代际差异以及平等参与的区际差异，是可持续发展的社会因素。所以，可以将可持续发展表述为经济增长、环境保护、社会公平的三重底线相互协调发展。可持续发展的内涵已经被扩展为构建环境-经济-社会相协调的发展模式，具体如图 2-1 所示。因此，任何一项政策法规与制度变革都需要综合考虑可持续发展的经济增长效应、环境保护效应和社会公平效应。

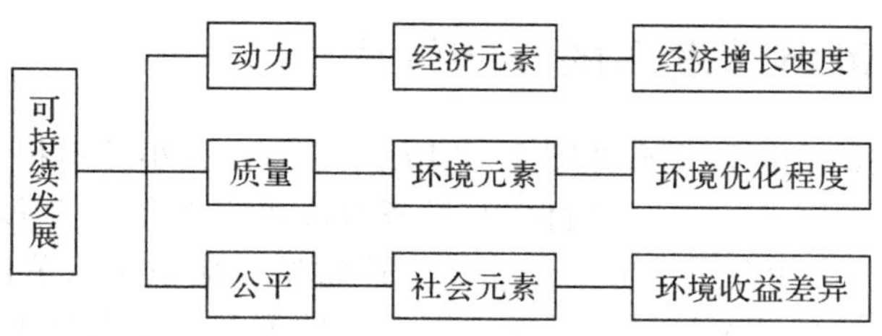

图 2-1　可持续发展的内涵

从已有可持续发展的研究中可以看出，围绕环境保护、经济增长、社会公平相互关系的理论模型大概分为三种：并列性关系、交错性关系和限制性关系[146]。

2.1.1 可持续发展的并列性模型

可持续发展的并列性模型强调可持续发展是由三个系统共同构成的，即环境系统、经济系统和社会系统，在三个系统的统一体中，如果只有单一系统在发展，尤其是单一的经济系统发展而不顾环境与社会系统发展，就不是可持续发展。从图形上表示，它是由三个大小不等的不相交的圆圈或三个立体支柱构成，如图 2-2 所示。经济、环境和社会构成可持续发展中的三个顶点，其中任何一个单纯顶点的发展都不是可持续发展。具体来讲，单纯的环境保护是极端生态主义，单纯的经济增长是极端经济主义，而单纯的社会公平是极端社会主义。可持续发展并列性关系的优点是强调环境系统、经济系统和社会系统的共存性，这就有别于只考虑一个系统的狭隘性，对发展的认识经历了从经济系统一维或经济-社会系统二维发展到环境-经济-社会系统三维共存发展。然而，并列性模型没有对环境系统、经济系统和社会系统的相互关系进行深入分析，因此很容易导致可持续发展就是三个系统的简单加总，就会出现将高成本的末端污染治理加上高速经济增长即先污染后治理当作是可持续发展的错误认识。而一旦三个系统发生冲突，政府就很容易做出环境系统与社会系统服从于经济系统的决定，无法从根本上去除以经济增长为核心的思路。

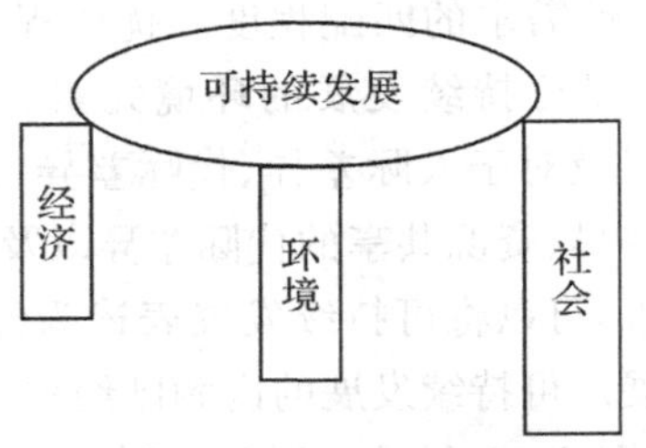

图 2-2 可持续发展的并列性模型

2.1.2 可持续发展的交错性模型

可持续发展的交错性模型如图 2-3 所示，它是由大小并不相等但有相交区域的圆圈构成的类三角形，强调环境保护、经济增长和社会公平三者之间存在着相互交错的界面，且三者相互重叠的部分才是可持续发展应该重点关注的区域。在环境系统和社会系统的相交区域要求发展资源节约型和环境友好型的两型社会，在环境系统和经济系统的相交区域要求发展低投入、低消耗、低污染、高效率的绿色经济模式。由此可以看出，可持续发展要求环境系统、经济系统和社会系统能够相互深刻融合。可持续发展就是研究三个系统间两两相交的关系。经济系统与社会系统的交叉研究经济增长的公平分配或社会投入的效率问题；环境系统和经济系统的交叉研究生态效率问题；环境系统和社会系统的交叉研究生态足迹问题。与并列性模型相比，交错性模型更多体现环境保护、经济增长和社会公平三者间的相互关系，但与并列性模型一样，交错性模型也体现了经济系统是生态子系统的发展观。尽管交错性模型已经讨论了经济、环境和社会三个支柱两两之间的相互关系，但还缺乏一个关键性要素，即对三个系统的限制性观察。我们明显可以感觉到，经济增长是存在物质限制的，经济系统的发展不可能独立于环境和社会两个系统之外，而是要受到两个系统的限制，即经济增长既受限于生态环境又受限于社会伦理。

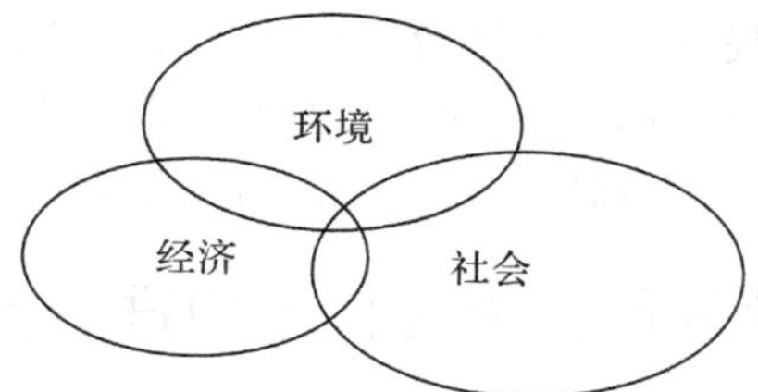

图 2－3　可持续发展的交错性模型

2.1.3　可持续发展的限制性模型

可持续发展的限制性模型如图 2－4 所示，是由三个存在大小包含关系的圆圈构成，它强调环境保护、经济增长和社会公平三者之间是具有包含性的，经济系统和社会系统都包含于环境系统，社会系统包含于环境系统，经济系统又包含于社会系统。即社会公平和经济效率受制于生态规模，经济效率还要受制于社会公平，因

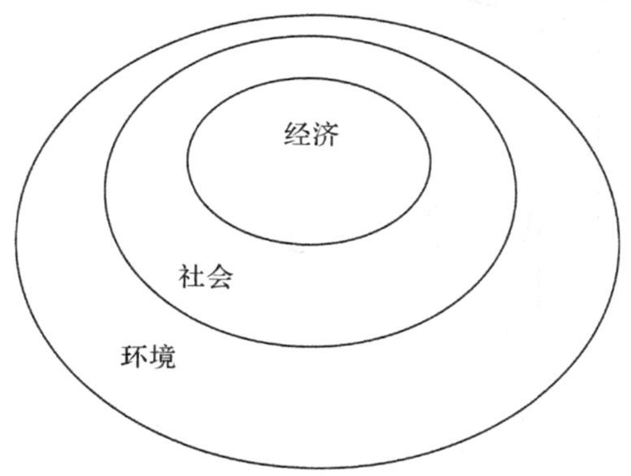

图 2－4　可持续发展的限制性模型

此，经济效率受到社会公平与生态规模的双重制约。进一步讲，限制性模型的三个圆圈分别代表着人类社会发展所需的三种资本，环境系统表示自然生态资本，经济系统表示人造物质资本，社会系统表示人力关系资本。传统发展观主要认为经济系统是一个可以无限增长的孤立系统，并不依赖于社会系统与外部环境系统。而可持续发展则强调经济系统要受制于社会系统和环境系统，经济增长要受到规模限制而不是可以无限增长的。可持续发展的限制性模型与并列性模型和交错性模型相比，更加突出经济增长要使社会福利最大化，同时资源环境资本存量不能破坏性减少，这其实是强可持续发展观点。而并列性模型和交错性模型则主要强调社会福利最大化，而不管自然环境资本是否退化，这是弱可持续发展观点。限制性模型要求制定环境保护和经济增长兼容的综合发展指标，强调生态环境政策优先，期望在实现环境保护的前提下考虑经济增长和社会公平问题。并列性模型与交错性模型则制定货币发展评价指标，然后对各个系统加总求出可持续发展程度，其特征是效率政策优先，并没有对生态环境的消耗进行规模上的限制。

2.1.4 可持续发展限制性模型的进一步扩展

奥地利的 Mauerhofer[147] 在综合以上三种可持续发展模型的基础上基于限制性模型的三维空间提出一种扩展的可持续发展模型，深化了对环境系统、经济系统和社会系统关系的思考，具体见图 2－5。这一模型的底部具有限制性模型的描述，即环境系统限制社会系统，社会系统限制经济系统，反映人类发展所依赖的三种资源；模型的上面是一个类三角形，代表可持续发展包含着环境系统、经济系统

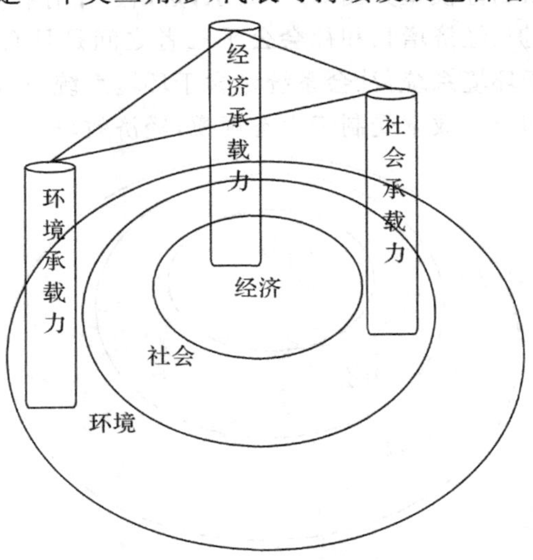

图 2－5　基于包含性的三维可持续发展模型

和社会系统三个方面；图形中联系上下的是三个支柱，分别反映了环境、经济和社会三个容量，三个支柱使底部的限制性描述与上面的三个系统相互联结，代表着底部的限制性描述决定上部的环境保护、经济增长和社会公平。这个三维空间的可持续发展模型可以解决政策选择的优先性问题从而避免了其他模型的不足，按照这个模型，政策选择的优先顺序首先应该是环境保护目标，其次是社会公平目标，最后才是经济增长目标。

综上所述，关于环境保护、经济增长和社会公平三者间的关系，有两种不同解释。一种是并列性或交错性所表征的理论解释，认为环境保护、经济增长和社会公平之间是并列或者交错的，可持续发展就是三个系统的加总合成。另一种是包含性或者限制性所表征的理论解释，强调环境保护、经济增长和社会公平三者之间是包含关系而不是简单的并列关系，其中社会公平和经济增长必须以环境保护为前提条件，而经济增长又必须以社会公平为前提条件。可持续发展包容性模型已经成为当前国际可持续发展研究的重点方向。本书就是基于这种包容性关系对中国绿化税制改革影响经济社会可持续发展的效果进行研究，分析如何通过绿化税制改革实现包容性可持续发展，以及为实现包容性可持续发展的政策路径选择。

这里需要说明的是，尽管包容性可持续发展模型解决了环境、经济和社会三者之间的相互关系问题，但是可持续发展中与环境保护相关的社会公平问题主要指能源资源开采使用中造成的人际问题、代际问题与区际问题。如果再具体到绿化税制改革则主要是指绿化税制改革过程中对收入分配的影响问题，如环境税等绿色税种征收过程中是否会导致收入分配的累退效应，或者当前资源开采过程中造成的资源开采收益在资源富集区和资源使用区之间分配不公平问题等。这些不公平要么是通过绿化税制改革难以解决而需要通过生态补偿制度或横向转移支付制度来完成，要么是目前还没有开征只能对此近似分析。因此，可持续发展视角下绿化税制改革需要重点解决的是经济增长与环境保护之间的协调问题，因为从机理上讲，通过绿化税制改革保护生态环境的同时会提高企业生产经营成本，从而降低企业市场竞争力影响经济增长速度，即经济增长和环境保护之间的权衡问题。故而本章下一节重点分析经济增长和环境保护能否同时实现，至于可持续发展过程中的社会公平问题则留到后文进一步分析。

2.2　可持续发展视角下绿化税制改革的目标

正如任保平所指出的，任何经济增长都要付出一定代价，都是有成本的。任何经济增长在满足当代人的物质需求的同时将污染转移给其他行为主体，这是因为经济增长尤其是工业经济增长都会导致生产成本外部化。因此，在环境保护和经济增长之间只能根据现实情况做出权衡取舍,如果掌握不好两者之间的权衡关系就会导致经济增长超越生态环境的阈值,导致严重的生态破坏和环境污染。但也要认识到,经济增长是人类物质需求得以满足不可或缺的手段,也不可能为了保护生态环境而置经济增长于不顾。那么,到底在经济增长和环境保护之间如何权衡选择,或者说在当前中国经济增长和环境污染的现实情形下,绿化税制改革应该如何调节经济增长和环境保护,本节尝试构建"环境-经济-社会"组合分析法来对这一问题进行分析。

2.2.1 "环境-经济-社会"组合分析框架的构建

环境-经济组合分析框架的构建首先需要引入衡量环境保护和经济增长的两个变量。本章采用人均GDP增长率作为度量经济增长的指标,并用平面直角坐标系的横轴表示经济增长率。采用污染排放增长率来表示环境污染程度,并用平面直角坐标系的纵轴来表示。以经济增长率为横轴、污染排放增长率为纵轴构建一个环境-经济组合分析图,在图中画两条与横轴、纵轴分别平行的直线Y和P。其中,Y表示一个国家或地区未来可接受的经济增长速度,P表示一个国家或地区的环境承载能力,即环境污染阈值,即未来无论如何选择经济增长模式,都不能超过P线,因为超过P则意味着人类经济活动对生态环境的破坏是无法修复的,将导致更严重的环境污染①。如此,就构建了一个包含经济与环境的组合分析框架,如图2-6所示,Y和P两条直线将平面直角坐标系的第一象限分成了四个组合②。

右上方区域即第一组合,表示高增长与高污染的组合区域。在第一组合里,经济增长速度很快,但是经济增长过程中耗费的能源资源也很多,造成了严重的环境污染,甚至超过了生态环境的承载能力。中国过去几十年时间里的环境-经济组合其实就在这一区域内,经济增长速度独步全球并不断创造经济增长奇迹,但是环境污染程度同样触目惊心。尽管近几年由于国内外错综复杂的形势变化,中国进入了经济调整的下行期,按照当前经济发展方式,依托资源消耗而不顾环境保护可能还会带来经济的进一步增长,但环境污染程度势必会因此不断提高。显然这一区域不可能成为政策调整或制度变革的理想目标区域,也注定不会成为绿化税制改革的最优目标区域。

右下方区域即第二组合,表示高增长与低污染的组合区域。在这一区域内,经济增长速度很快,同时由于技术创新或者市场改革,能源开采效率与使用效率很高,环境污染程度很低,实现了经济增长过程中保护生态环境的目标。这一区域其

① P线的添加,其实是为经济增长添加了一条约束线,即经济增长并不是无约束增长的,而是要受到资源环境的约束,这其实就是可持续发展包含性模型的内涵体现。

② 这里假设不会出现经济负增长的情况,因此将分析的范围界定在第一象限。

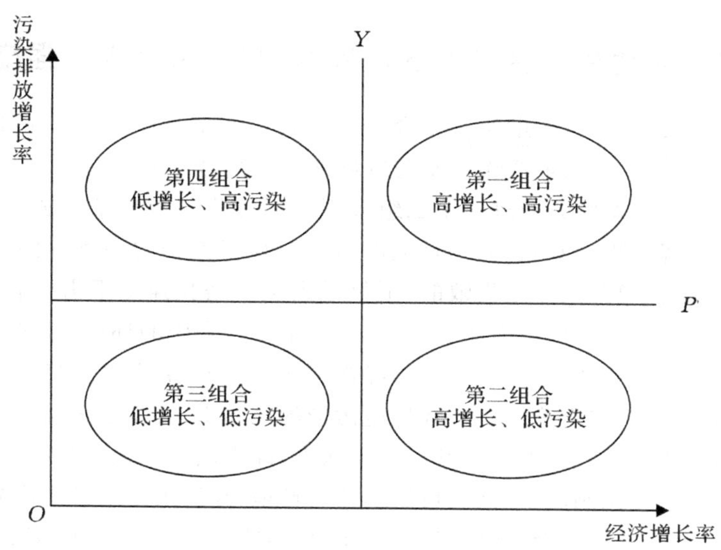

图 2-6 环境-经济组合分析图

实代表的是环境保护与经济增长的双赢，也是一国运用各种政策工具实现经济社会可持续发展所要达到的理想区域，是一国政府进行制度改革的最优目标区，同样也是绿化税制改革所要达到的最优目标区域。

左下方区域即第三组合，表示低增长与低污染的组合区域。在这一区域内，经济增长速度很慢，随着经济规模的减小，消耗的能源资源数量也在减少，排放的污染物数量自然随之下降，这是传统环境-经济关系的线性观点。也就是说，由于经济增长导致环境污染，那么要减轻环境污染就必须放弃经济增长。如果说第一组合表示的是为了金山银山而破坏了绿水青山，那么第三组合表示的就是为了绿水青山而放弃了金山银山。显然这一区域也不可能成为环境-经济协调的目标区域，同样也不是绿化税制改革的最优目标区域。

左上方区域即第四组合，表示低增长与高污染组合区域。在这一区域内，经济增长速度很慢但环境污染程度却非常高，是经济增长与环境保护的双输区域。这极有可能是因为与前期持续工业化、城镇化相伴随的高消耗、高排放、高污染、低效率经济增长模式导致生态环境破坏程度已经超过了环境承载能力的阈值，以至于在进一步发展经济过程中越来越受能源资源和生态环境的约束并阻碍了经济增长，而环境污染、生态破坏由于超过了环境阈值难以修复，从而导致低增长与高污染这一双输状态。第四组合是一国经济发展过程中的禁区，当然也绝不可能成为绿化税制改革的目标区域。

2.2.2 最优目标区与次优目标区:基于污染排放强度的分析

环境-经济组合分析图的第二组合是政府政策调整与制度变革所追求的最优目标区,第四组合则是政府政策调整与制度变革的禁区。通过绿化税制改革,经济增长和环境保护的调整方向进入第二组合则表明绿化税制改革是成功的,实现了经济增长和环境保护的双赢;而一旦经济增长与环境保护的调整方向进入了第四组合,则表明绿化税制改革是失败的,不仅导致经济增长速度下滑,而且连绿色税种最基本的环境保护目标也无法实现。因此,第二组合中的环境-经济是绿化税制改革所追求的最优选择。但在现实中,经济增长和环境保护却极有可能无法实现双赢,最起码在庇古税理论关于减轻环境污染的描述中,两者是无法同时实现双赢的。那么当无法实现经济增长和环境保护双赢,即无法达到最优目标区域时,是不是就不能进行绿化税制改革,其实可以继续对环境-经济组合图进一步分析。

在图 2-6 中添加一条 45 度线,为简化分析,假设 45 度线恰好穿过 Y 和 P 两条直线的交点,如图 2-7 所示。45 度线上所有点都代表其纵轴变化量与横轴变化量的比值恒为 1,这一比值其实就是 45 度线的斜率,表示环境污染排放量的变动值与经济增长规模的变动值,即单位 GDP 所带来的环境污染,可以将其定义为污染排放强度。这表明:45 度线上所有点代表的污染排放强度恒为 1;45 度线左上方的点无论落在哪个区域都表示污染排放强度大于 1,即单位 GDP 带来的环境污染是非常大的,表示随着经济进一步增长会导致环境污染越来越严重;45 度线右下方的点无论落在哪个区域都表示污染排放强度小于 1,即用较小的污染代价取得了较大的国内生产总值,也就是说经济进一步增长尽管可能带来环境污染,但是这种环境污染增加的幅度远远小于经济增长的幅度,这其实也是政府政策调整和制度变革可以考虑的目标区域。当然,第二组合即最优目标区肯定属于这一可行区域,而一旦达不到这一最优目标区时,第一组合和第三组合在 45 度线右下方的区域就成为次优目标区。它们分别代表的是,尽管经济的进一步发展会带来生态环境恶化,但如果生态环境恶化程度远远小于经济增长程度就是可取的;或者尽管为了治理环境污染而导致经济增长速度下滑,但是如果以较小经济增长损失换取较大程度生态环境修复,那么也是可取的。因此,在图 2-7中,45 度线左上方区域①是一国经济发展过程中的禁区,第二组合区域是一国政府政策调整和制度变革的最优目标区,而 45 度线右下方第一组合和第三组合区域则是政府无法达到最优目标区时在不得已的情况下所追求的次优目标区。

① 包括第四组合以及部分第一组合和第三组合区域。

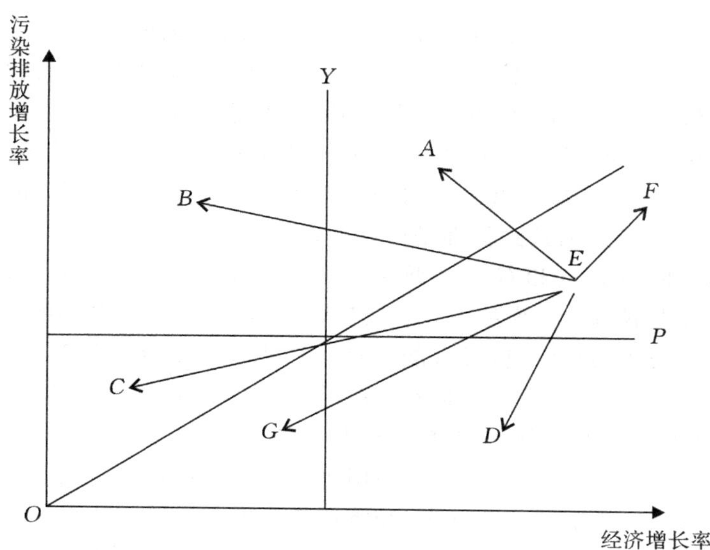

图 2－7　基于污染排放强度的环境-经济四象限分析图

为了更清楚地说明绿化税制改革协调经济增长和环境保护的最优目标区和次优目标区，可以进一步假设中国初始环境-经济组合点在 E 点，位于第一组合内。A 点也位于第一组合内，代表着高增长、高污染组合点。从 E 点到 A 点意味着传统经济发展模式的继续，即沿用过去高能耗、高污染、低效率的粗放型发展模式，这在中国当前环境污染持续恶化、生态形势日益严峻的情形下显然是不可取的。B 点位于第四组合，代表着低增长、高污染组合点。从 E 点到 B 点意味着资源浪费和环境破坏超过了生态环境承载能力，已经无法修复日益严重的环境污染，反过来制约了经济进一步发展，经济增长速度的下滑使得以现有经济实力无法支撑资源节约和环境保护所需要的资金，从而进入了环境污染、经济衰退的恶性循环，导致经济增长和环境保护的双输，显然这是应当极力避免的。C 点位于第三组合内，是低增长、低污染组合点。从 E 点到 C 点意味着为了减少环境污染而减缓了经济增长速度，这是经济增长与环境污染线性关系的一种体现。因为经济增长会消耗能源资源，导致环境污染，为了减轻环境污染就必须减缓经济增长，但一国发展的最终目标是提高全社会的财富与福祉，为了减轻环境污染而放弃经济增长显然也是不可取的。D 点在第二组合内，代表高增长、低污染组合点。从 E 点到 D 点意味着经济增长过程中不断进行技术创新，改进生产技术，提高能源开采效率以及能源使用效率，从而导致环境污染不断减轻，同时实现环境保护与经济增长并最终实现经济社会可持续发展，这是一国环境政策追求的最优目标。

当然这里还可以继续分析从 E 点到 F 点和 G 点的情况。F 点在第一组合内，而且位于45度线右下方，它与同样位于第一组合内的A点相比，其污染排放强度小于1，代表经济增长虽然会导致环境污染，但却是以较小的环境污染代价换取了较快的经济增长；G点位于第三组合内，也位于45度线右下方，它与同样位于第三组合内的C点相比，其污染排放强度小于1，代表尽管为了减轻环境污染导致经济衰退，但却是以较小的经济水平下滑换取了较大的环境改善。从E点到F点和G点这两条路径都是可取的，可以将其称之为一国环境政策追求的次优目标。但是F点和G点的政策路径又不同，这里涉及生态环境承载能力。在可持续发展包含性模型下，尽管经济增长只是导致了较小的环境污染，但是由于环境污染的累积效应，很可能经过长期累积使得环境污染超过环境承载力即环境阈值，那么这样的增长是不可取的，F点尽管是不得已情形下的次优选择，但却不是无条件无限制的选择。当然，与之对应的G点不存在环境承载力的限制条件，影响这一选择的可能是一国可以承受的最低经济增长速度，尤其是中国近年来步入经济下行的新常态，经济增长速度与之前相比已经在不断探底，如果为了环境保护而使经济增长速度进一步下滑，进而影响国家综合竞争力与社会福祉，那么也可能导致这一选择的不可行。

综上，如果一国环境污染已经接近环境承载能力或者说已经超过了环境承载能力，哪怕是微小的环境污染增加量也可能导致生态环境发生不可修复的危机，那么F点其实并不是可选择点。如果一国经济增长速度已经到了维持经济社会正常运转的最低线，那么即使很小的经济减少量也可能导致经济危机甚至出现社会危机，此时G点又不是一个可选择点。经过改革开放四十多年的高速发展，现阶段中国经济增长速度的稳步下行其实不会给当前经济、社会造成大的危机，但是当前的环境污染却实实在在成了一个必须正视且需尽快落实解决的关键问题，所以，中国当前绿化税制改革的最优目标选择区应该是D点代表的第二组合，如果达不到第二组合里的最优双赢组合点，那么就应该尽量选择G点代表的第三组合里位于45度线下方的区域，这是一个次优目标区。当然，第三选择也可以考虑F点所代表的第一组合里位于45度线下方的区域。结合中国绿化税制改革的现实情况来看，绿化税制改革的最优目标显然应该是经济增长与环境保护的双赢，即同时实现经济高增长与环境低污染，但如果这一最优目标实现不了，则就目前中国经济实际运行情况以及环境污染的严峻现实，降低环境污染程度应该是绿化税制改革的根本目标，这也是可持续发展包含性模型的政策体现。

另外，上述从E点到F点的选择思路其实属于弱可持续发展的观点，弱可持续发展理论强调环境-经济-社会三个支柱的总和进步，只要经济增长能抵消环境污染和社会损失就是可持续发展。强可持续发展则强调关键自然资本如地球生态服务等的非减化，如果不是，即使有很大的经济增长也不是可持续发展，

在上面的分析中从 E 点到 G 点以及从 E 点到 D 点的选择都是强可持续发展思想的体现。因此，绿化税制改革在组合分析法中的最优选择区和次优选择区其实就是在可持续发展框架下，首先在强可持续发展视角下对未来经济增长和环境保护的协调进行选择，即最优目标区；如果强可持续发展实现不了，则只能在弱可持续发展视角下进行选择，即次优目标区。

2.2.3　最优目标区和次优目标区：基于污染排放弹性系数的分析

在环境-经济组合分析框架中还可以构造一个污染排放量增长率与经济增长率之间的比值，将其称之为污染排放弹性系数，即污染排放增加速度与国民经济增加速度之比，它表示相对于经济增长速度，污染排放增加速度是快还是慢。一般情况下，经济增长率都是正值，表明污染排放弹性系数的分母是一个正值。在这一前提条件下，如果污染排放弹性系数小于 0，则说明在取得经济增长的同时污染排放数量在减少，这正是我们所追求的最优目标，也就是说经济增长和环境污染之间实现了完全脱钩。如果污染排放弹性大于 0 但是小于 1，则表明经济增长速度要快于污染排放量增加速度，或者污染排放量减少速度要快于经济增长降低速度，这也可能是绿化税制改革追求的可选方案，相当于上述的次优目标。如果污染排放弹性大于 1，则表明经济增长速度没有污染排放量增加速度快，这就不可能成为绿化税制改革追求的目标。

根据上述环境-经济组合分析法，可以将绿化税制改革的目标总结为表 2-1。

表 2-1　绿化税制改革的目标选择

最优目标区	高增长、低污染组合区域	强可持续发展：强调关键自然资本的非减化，如果不是，再大的经济增长也不可以	绝对脱钩：污染排放弹性系数小于 0
次优目标区	45 度线以下高增长、高污染组合区域与 45 度线以下低增长、低污染组合区域	弱可持续发展：强调经济与环境总和资本的增加，只要经济增长能抵消环境污染就可以	相对脱钩：污染排放弹性系数大于 0 且小于 1
目标禁区	低增长、高污染组合区域，45 度线以上高增长、高污染组合区域与 45 度线以上低增长、低污染组合区域	—	—

从表 2-1 可以看出，绿化税制改革的最优目标是实现经济增长与环境保护的双赢，在经济增长过程中环境污染排放数量随之减少，体现了强可持续发展思想，即经济增长必须以关键自然资本非减化为前提，而一旦真正实现了伴随环境污染物排放量减少的经济增长，就意味着经济增长与环境污染之间实现了绝对脱钩，此时的污染排放弹性系数应该小于 0。但也应该意识到，最优目标的实现在现实中可能是非常困难的，如果实现不了最优目标，那么只能追求次优目标。绿化税制改革的次优目标是尽管无法实现经济增长和环境保护的双赢，无法实现高增长与低污染的组合目标，但是经济规模增长速度要大于环境污染排放增加速度，或者污染排放减少速度要大于经济规模减少速度，即经济增长能够抵消环境污染带来的损失，经济增长和环境保护的综合福利是增加的，这是弱可持续发展思想的体现。在这种情况下，污染排放弹性系数大于 0 但小于 1，经济增长与环境保护实现了相对脱钩。因此，绿化税制改革的最终目标无疑是追求最优目标区域内的高增长、低污染组合，在强可持续发展思想下实现经济与环境的绝对脱钩；但是基于中国当前现实情况，绿化税制改革的目标应该是追求次优目标，即在弱可持续发展思想下实现经济与环境的相对脱钩。

2.3 绿化税制改革对经济社会可持续发展的影响机理

绿化税制改革的目标是要实现高增长、低污染组合，即使无法同时实现经济增长与环境保护，也要保证经济增长与环境保护资本总和的增加。绿化税制改革对经济社会可持续发展的影响机理主要体现在两个方面：直接作用机制和间接传导机制。

2.3.1 绿化税制改革对经济社会可持续发展的直接影响

绿化税制改革的直接作用机制其实就是基于庇古税原理，通过税收制度的绿化改革将环境污染和生态破坏的社会成本内化到企业生产成本和市场价格中，提高企业生产经营成本，通过市场机制改变企业的行为选择，减少污染物的排放数量。这一直接作用机制又可以从两方面来分析：其一，绿化税制改革可以通过“替代效应”来控制企业环境污染行为。“替代效应”是指理性消费者用相对便宜的商品替代相对昂贵的商品，绿化税制改革就是通过对污染严重的原材料征税，鼓励企业用污染较轻的清洁原材料代替污染严重的原材料，从而减少每一单位产出的污染排放量。其二，绿化税制改革通过“规模效应”来控制企业环境污染行为。“规模效应”是指企业生产规模的改变导致产出数量的变化。基于庇古税原理基础上的绿化税制改革本身会增加污染产品的生产成本，提高产品价格并导致消费者对产品需求数量的减少，产品需求的减少进一步导致产品生产数量的减少，由于污染是在生产过程中形成的，所以随着生产规模的减小，污染物排放数量也会随之减少。这两个途径其实就是俗称的税收政策奖罚措施，前者可以通过税收优惠措施完成，后者可以通过征税来达到，通过“一奖一罚”的税收制度安排可以有效减少环境污染物的排放数量。

1. 替代效应

绿化税制改革的替代效应主要是通过绿化税制改革提高传统能源资源使用价格，降低新能源使用价格，使传统能源资源变得相对昂贵，从而促使能源资源使用者用相对便宜的新能源代替相对昂贵的传统能源，减少污染物排放数量。具体可见图 2 - 8，图中横轴表示传统能源使用数量（X），纵轴表示新能源使用数量（Y），直线 AB 表示消费者用于能源消费支出的预算约束线或者生产者资源约束下的等成本线，由于本书始终以工业环境污染作为研究对象，故此处的 AB 线代表企业等成本线。曲线 Q' 代表企业的等产量线，等产量线有无数条，每一条等产量线上的点都代表企业相同的产量值。因为有无数条等产量线，因此与等成本线的关系有相离、相切和相交三种情况，为了在既有能源资源约束下使企业产量达到最大化，这一最大化产量应该是与等成本线相切的等产量线代表的产量值。此处的 E 点代表均衡点，此时使用的传统能源数量为 X_1，新能源数量为 Y_1。面对日益严重的环境污染，政府开始以征收环境税为代表的绿化税制改革，对使用过程中产生大量污染物的传统能源资源征税而对新能源资源不征税，结果将提高传统能源资源使用价格而新能源资源使用价格保持不变。以传统能源资源价格与新能源资源价格比值作为斜率的等成本线将绕着纵截距 A 向内旋转至 AC，新的等成本线 AC 将与一条新的等产量线相切于 E'，此时对应的传统能源数量和新能源数量分别为 X_2 和 Y_2。与绿化税制改革前的初始均衡数量相比，改革后的传统能源数量减少了（$X_2 < X_1$），新能源数量增加了（$Y_2 > Y_1$），表明该企业在绿化税制改革后做出了理性选择，用相对便宜的新能源资源代替了传统能源资源，传统能源资源使用数量的减少将导致污染物排放数量的减少。由此可见，绿化税制改革通过征税改变了传统能源资源的相对价格，使得能源使用者改变了其行为选择，这就是绿化税制改革减少环境污染的替代效应。

2. 规模效应

绿化税制改革的规模效应是指通过征收绿色税收将排污企业的外部成本内化到企业生产成本中，提高企业生产经营成本，降低企业生产规模来减少污染物的排放数量，具体可以由图 2 - 9 来表示。在图中横轴代表能源资源开采数量，纵轴代表开采能源资源的边际收益和边际成本，MPC 和 MSC 分别代表开采能源资源的边际私人成本和边际社会成本曲线，MPR 代表采矿企业的边际收益曲线，由于存

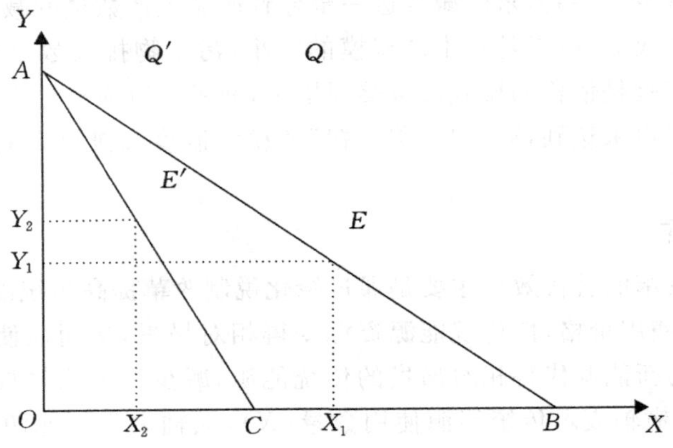

图 2-8 绿化税制改革的替代效应

在生产负外部性，故有 MPC<MSC，二者的差额用 MEC 表示，即生产的边际外部成本。在没有开征环境税的情况下，采矿企业的最优开采量出现在 MPC＝MPR 处，即 E_0 点，此时的开采数量为 Q_0，该企业实现了利润最大化。但从全社会角度看，Q_0 点并不是最优产量，因为在 E_0 处 MSC>MPR，边际社会成本大于边际社会收益。社会最优开采量应该出现在 MSC＝MPR 处，即 E_1 点，此时的开采数量为 Q_1，显然 $Q_1 < Q_0$。这表明在没有开征绿色税收的情况下，采矿企业不考虑环境补偿成本时总是开采的太多。从社会福利角度看，开采数量为 Q_0 时图中出现了一个三角形 E_0E_1F，该三角形的面积实际上是采矿企业开采 Q_0 数量能源资源给社会带来的福利损失，此时的资源配置是缺乏效率的。既然在边际私人成本和边际社会成本、边际私人收益和边际社会收益相背离的情况下，依靠市场自身不可能达到社会福利水平最大化，那么面对外部性造成的市场失灵，应该采用什么手段来对外部性进行校正呢？庇古认为，政府可以通过“特别限制”与“特别鼓励”的措施来消除这种背离，当然限制和鼓励最容易采取的措施就是给予征税或者补贴。当由于负外部性导致边际私人成本小于边际社会成本时对其征税，当由于正外部性导致边际私人收益小于边际社会收益时对其补贴。因此，在图 2-9 中，可征收一个大小相当于 MEC 的绿色税收，此时有效率的能源开采数量对应均衡点 E_1，采矿企业的边际私人成本与边际社会成本趋于相等，开采的能源资源数量从 Q_0 点减少到 Q_1 点，消费者面临的价格也将从 P_0 上升到 P_1。随着能源资源开采规模的减少，能源资源消费价格上升，能源开采过程以及能源消费过程产生的环境污染物自然也就随之减少了。

基于庇古税理论基础上的绿化税制改革减少环境污染的途径，无论是通过替代效应还是规模效应，都会提高能源资源使用价格与企业排污成本，将直接增加企

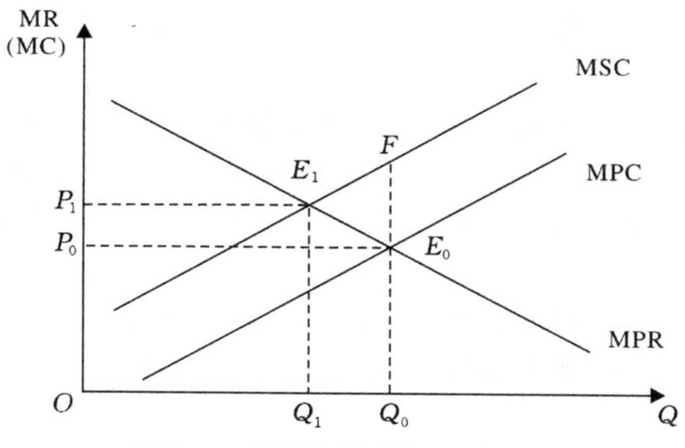

图 2-9　绿化税制改革的规模效应

业生产成本。尽管其他税收的征收也会提高企业成本，但都不像环境税等绿色税收是专门为了提高企业生产成本而开征的。可以结合图 2-9 进一步说明，企业供给曲线其实是企业边际成本曲线的一部分①，随着绿化税制改革的推进，企业边际成本曲线将向左上方平移②，这意味着企业边际成本在提高，边际成本曲线向左上方平移表明企业供给曲线在向左上方平移，企业生产的产品数量在减少。如果将其综合为一国的总供给曲线，那就意味着社会总供给在减少，此时如果假设社会总需求没有发生大的变化，结果就是社会均衡产量下降和物价水平提高，经济增长将进入衰退阶段。因此，绿化税制改革通过将企业排污成本内化到生产经营成本中提高企业生产总成本，进而降低企业利润水平和企业市场竞争力，将不利于企业进一步扩大再生产和再投资，从而影响一国经济实力，最终导致经济增长速度下滑。

绿化税制改革同样可以影响区域间环境公平，其途径主要有三：一是通过提高能源开采企业的绿色税收负担，将生态环境损害成本与能源资源耗竭成本等负外部成本内化到企业生产成本中，在增加能源开采企业开采矿产资源税收成本的同时，增加能源开采地政府的环境收益；二是通过提高能源开采地政府分享比例高的税费征收率，将能源资源所有权收益更多划归于能源开采地政府；三是重新界定中央政府与地方政府之间的收入分享比例，提高能源开采地政府的收入分成份额。通过绿化税制改革增加能源开采地政府环境收益后进一步规定其专款专用于能源

① 企业短期供给曲线可以用企业短期边际成本 MSC 曲线来表示。更准确地讲，企业的短期供给曲线应该用短期边际成本曲线上不低于平均变动成本曲线最低点的那一部分来表示，即用短期边际成本曲线不低于停止营业点的那一部分表示。详见高鸿业《西方经济学》(第三版)第 195 页，2005。

② 图 2-9 中由于征收等于边际外部成本的绿色税收导致企业边际私人成本增加至边际社会成本，这一过程意味着企业生产成本的增加，企业成本增加将导致企业供给曲线向左上方平移。

资源修复与生态环境保育，实现能源开采地政府环境收益与环境成本间的公平对称。

综上所述，从绿化税制改革的直接作用机制来看，绿化税制改革通过“一奖一罚”的制度安排会降低环境污染程度，实现区域间环境公平，但同时也会提高企业生产成本，降低企业市场竞争力和利润水平，从而影响一国经济增长，因此可以得到命题1。

命题1：基于庇古税理论基础上的绿化税制改革将直接影响经济社会可持续发展，绿化税制改革将降低环境污染程度，减轻区域间环境不公平状况，不利于经济增长。

2.3.2 绿化税制改革对经济社会可持续发展的间接影响

绿化税制改革对经济社会可持续绿色发展的间接传导机制主要是通过财政分权、环保投资与技术创新三个中介变量[①]达到最终目标的。之所以选择这三个变量作为联结绿化税制改革这一政策手段与经济社会可持续发展这一政策目标的变量，主要考虑以下两个方面。①相关性。这三个变量与经济社会可持续发展和绿化税制改革都具有密切关系。环保投资作为一个政府投资项目，对经济增长具有明显的促进作用；技术创新现已被证实是当前经济增长的重要驱动力；就中国实际情况而言，中国高速经济增长已经被证明与其政治集权而经济分权的财税管理体制不可分割。同时绿化税制改革也会为环保投资提供资金来源，为技术创新提供动力，为地方政府增加财政收入。其他变量与经济增长和绿化税制改革的相关性不足，例如对外贸易，对外贸易与经济增长关系密切，但绿化税制改革与对外贸易并没有直接相关性。正是出于以上考虑，本书在选择中介变量时采用了财政分权、环保投资与技术创新。②可计量性。这三个变量都有成熟的衡量指标和完整的统计数据进行计量与测算。作为中介变量不仅要与政策工具和政策目标高度相关，而且必须是可计量的，只有通过一定的指标选取准确度量这些变量才不会导致传导过程出现大的偏差。财政分权、环保投资与技术创新在计量指标的选取上都比较完善，不仅可以运用最合适的指标揭示绿化税制改革与经济社会可持续发展之间的关系，而且还可以用其他指标对结果进行稳健性检验。

---

① 在分析自变量 A 对因变量 B 的影响时，如果 A 通过影响 C 来影响 B，则称 C 是中介变量。中介变量不同于调节变量，它代表一种机制，与 A、B 都显著相关，是在 A 对 B 的影响较强且稳定的情形下表示 A 通过它影响 B。

1. 财政分权对经济社会可持续发展的影响机理

根据现有环保法，中国环境治理实行的是地方政府负责制①，地方政府环境治理行为对环境污染的防治将起到至关重要的作用。改革开放以来，中国的经济增长取得巨大成就，但源于“中国式分权”下的地方竞争行为产生的粗放式经济发展模式导致严重环境污染问题，财政分权也成为影响地方经济增长与环境质量至关重要的制度因素。那么，绿化税制改革能否改变地方财政分权程度？如果答案是肯定的，那么财政分权程度的改变又如何影响经济增长和环境保护？对这一问题的回答其实就是绿化税制改革通过改变财政分权程度来影响经济社会可持续发展的间接传导机制。

总体上看，绿化税制改革能够提高财政分权程度②。这是由于以环境保护税为代表的绿色税种本身属于地方税或主要由地方政府分享的中央地方共享税。首先，从税种属性角度分析，一般将收入周期性波动较大、具有较强再分配作用、税基流动性大、具有宏观调控作用的税种划归为中央税，而将具有明显收益性、较强区域性、对宏观经济不产生直接影响的税种划归为地方税[148]。中国现行税收制度中的绿色税种大部分属于地方税收入，资源税、车船税、城市维护建设税、城镇土地使用税、耕地占用税等收入目前都是地方税收入。消费税和车辆购置税虽然属于中央税收入，但随着营改增的完成，对消费税的进一步改革思路就是要将消费税中一些税目的纳税环节由生产环节变为零售环节，从而将其划给地方政府以增加地方政府税收收入。其次，从政府事权和支出责任来看，大部分环境污染的产生及治理都具有明显的地域性特征。环境污染的防治事权属于地方政府，地方政府对辖区内的环境信息要比中央政府掌握的更充分，对环境污染采取的防治措施更准确更有效[149]。而且随着地方政府财政收入不断增加，地方政府的自主性也势必随之增加，这将改变地方政府的财政分权程度。据统计，近几年中国环境保护支出中，地方政府财政支出所占比重一直在 90%以上。最后，从政策延续性来看，现行排污收费收入实行中央和地方共享的做法，其 10%作为中央预算收入，而 90%作为地方预算收入[150]，随着环境保护税尘埃落定，已经开征的环境保护税收入也应该属于地方政府。综上，无论从税种属性、政府事权与支出责任方面，还是环境保护费改税政策的延续性方面，都应该将以环境保护税为代表的绿色税收划归为地

① 《中华人民共和国环境保护法》规定：“地方各级人民政府应当对本行政区域的环境质量负责。”

② 财政分权度量指标有很多选择，大体上可以分为从地方财政支出和地方财政收入两个方面进行衡量。从支出角度和收入角度，可以分别用地方财政支出占中央财政支出的比重和地方财政收入占中央财政收入的比重来衡量。无论采用支出还是采用收入来衡量，绿化税制改革都会改变地方财政分权程度。

方税。一旦将这些税收收入划归为地方税收入，就意味着持续的绿化税制改革将增加地方政府税收收入并因此提高地方政府财政收入占全国财政收入的比重，进而提高财政分权程度。

财政分权对环境污染物排放的影响主要表现在两个方面：一方面，经典分权理论认为地方政府提供的公共物品与公共服务会成为居民“用脚投票”的标准，各地政府为了吸引居民会改善当地公共物品的提供数量和质量，而环境保护或者说清洁环境也属于地方政府提供的公共物品中的一类，从这个角度看，财政分权可以改善环境质量；另一方面，中国以经济绩效为考核机制，这就激励地方政府为了获得更多升迁机会而将经济增长列为当地发展的首要目标，甚至不惜牺牲生态环境，为了吸引外商投资提供低廉的能源资源，甚至以环境为代价来换取投资，从这个角度讲，财政分权事实上会恶化环境质量。综合以上两方面作用，财政分权对环境污染物排放的影响是不确定的，这一影响最终是正还是负，需要比较以上两方面影响最终的大小。

财政分权对经济增长具有显著的促进作用，主要体现在以下两个方面。第一，地方政府与中央相比较更容易通过偏好显示机制获取地方居民与企业的相关信息，地方居民和企业的偏好丰富多样且均属于私人信息，把资源配置决策的权利下放给地方政府是提高资源配置决策效率的有效途径，因为只有这样才能更好地发现地方居民和企业的私人信息并有效满足当地偏好。第二，地方政府的行为选择是以自身利益最大化为目标的，为了自身利益最大化，政府间必须相互竞争。由于居民和企业可以在不同地方自由流动，会对政府形成硬性约束，地方政府通过相互竞争提供更多的就业机会与更好的公共设施来吸引企业和居民，从而提高资源配置效率来推动经济增长。可见，无论是地方政府拥有完善的信息优势，还是当地居民和企业“用脚投票”，地方政府都能更好地代表辖区内居民和企业的偏好，促进地方经济增长，进而推动全国经济增长。因此，财政分权对经济增长具有明显的促进作用。

财政分权不利于区域间环境公平的调节。在财政分权体制下，地方政府官员为了在有限的任期实现快速经济增长来促进财政收入增加和提高政治晋升的可能性，更热衷于短期内能带来经济增长的基础设施建设和招商引资活动，在地方政府预算约束条件下，基础设施等投入的增加必然挤占环境支出投入，使得环境污染治理投资减少，恶化当地生态环境，从这一方面讲，财政分权并不利于区域间环境不公平程度的降低。

综上所述，绿化税制改革会提高地方政府的财政分权程度，财政分权程度的变化对环境保护、经济增长和环境公平都会产生影响。财政分权影响经济增长和环境公平的方向是确定的，而财政分权对地方环境污染具有正负两方面的不同影响导致其净效应是不确定的。具体可见图 2－10。财政分权是否能够在促进经济增长的同时不破坏生态环境取决于财政分权对环境污染是否可以产生一个负向的净影响，因此可以得到下列命题 2。

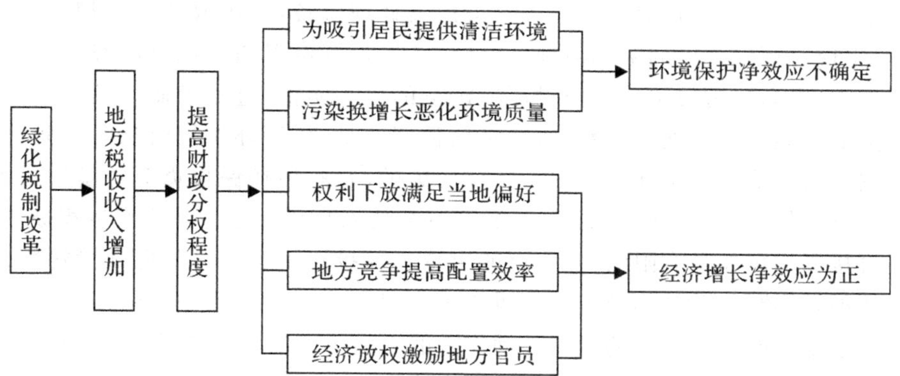

图 2－10　绿化税制改革通过财政分权对经济社会可持续发展的影响机理

命题 2：绿化税制改革会提高地方政府的财政分权程度。财政分权不利于区域间环境公平的调节，但会促进地方经济增长，对地方环境污染的影响是不确定的，而无论这一影响方向是正是负，绿化税制改革都会通过改变地方政府财政分权程度来强化对经济社会可持续发展的影响。

2. 环保投资对经济社会可持续发展的影响机理

一般来讲，绿化税制改革会扩大政府环保投资规模。绿化税制改革的本意是为了调节纳税人的生产、消费方式来减少环境污染物的排放数量，取得财政收入并不是绿化税制改革的本意。但任何一项税收在征收过程中都会取得相应税收收入，而以开征环境税为主要内容的绿化税制改革在取得税收收入后一般都遵循专款专用原则，即绿色税收收入只能用于环境污染防治以及对绿色项目与绿色产业的投资。例如，城市维护建设税是城市环境污染治理资金的主要筹资方式，当前政府治理污染投资额中大概 30％的资金来自城市维护建设税。再如环境保护税，在收入使用方面也规定专款专用，必须将环境保护税收入用于环境污染的预防和治理方面，可以用于购置一些污染处理设施或者引进一些污染治理技术等。因此，绿化税制改革通过将取得的税收收入专款专用于绿色项目投资而导致环保投资的增加。

那么，环保投资的增加是如何影响环境污染的？环保投资本身是一项针对环境保护的专项投资，其主要目的就是为了改善环境。环保投资将从环境污染的源头、过程以及末端产生影响，其影响机理主要体现在以下三方面：第一，产品生产过程产生环境污染的原因主要是由能源材料的使用所造成的，环保投资可以促使企业尽可能多地利用清洁能源代替化石能源，从污染源头对环境污染产生影响；第二，环保投资具有明显的正外部性，环保投资对生产技术会产生溢出，这将使生产者改进生产技术来降低能源消耗强度，在现有排污标准下提高产出，实现对环境污染的过程控制；第三，环保投资可以购买污染处理设备，对排放的污染物进行直接处理，实现对环境污染的末端治理。因此，环保投资可以通过优化能源结构，降低能耗强度，提高治污技术来实现对环境污染的源头防治、过程控制以及末端治理，从而降低污染排放强度。当然，这里必须强调的是，尽管环保投资从源头防治、过程控制和末端治理三个环节作用于环境污染的治理，但环保投资对环境污染治理的作用路径长、层次多、时间滞后，导致环保投资对环境污染治理会产生积极作用，但其直接影响可能是有限的，甚至可能出现环保投资不会显著降低环境污染的情形。例如，韩超[151]就认为环境规制投入不会显著降低污染水平，不过他的分析主要是基于地区间规制机构的策略互动而言的。由于本书研究的是税收制度的绿化改革问题，规制机构是全国各级税务机关，本身具有相对独立性，因此环保投入对环境规制的影响结果可能比较积极。

环保投资对经济增长的影响则需要具体分析。首先，环保投资属于政府投资，尽管环保投资和一般投资有本质区别，一方面，环保投资的主体和受益者往往是不一致的，环保投资的效益不表现在投资部门本身，而表现在环保投资覆盖的所有领域以及整个社会；另一方面，环保投资收益主要表现为环境收益和社会收益，经济收益可能并不明显。但不管怎么讲，作为一项投资，其本身对经济增长是具有拉动作用的，环保投资会创造新的经济增长极，产生新的就业岗位，从而促进经济增长。其次，环保投资作为一项政府支出，在政府资金极为有限的情况下，增加环保投资意味着减少其他生产性投资，将挤出政府用于其他方面的固定资产投资支出，进而抑制一国的经济增长。

环保投资对区域间环境公平的影响则比较简单，政府通过增加环保投资，可以提高当地居民的健康水平，从而可以减少环境污染所带来的居民健康损害成本，降低区域间环境不公平程度。

综上所述，绿化税制改革会增加政府环保投资规模，而环保投资在生产过程中可以降低环境污染排放强度，从而减少污染物的排放数量，降低区域间环境不公平程度，但环保投资对经济增长的影响方向是不确定的。具体可见图 2 - 11。环保投资是否能够同时实现经济增长和环境保护两个目标取决于环保投资对经济增长是否能够产生一个正向的净效应，因此可以得到命题 3。

命题 3：绿化税制改革可以扩大环保投资规模。环保投资能够降低环境污染程度，降低区域间环境不公平程度，但对经济增长的影响是不确定的，而无论这一影响方向是正是负，绿化税制改革都会通过改变环保投资规模来加强其对经济社会可持续发展的影响。

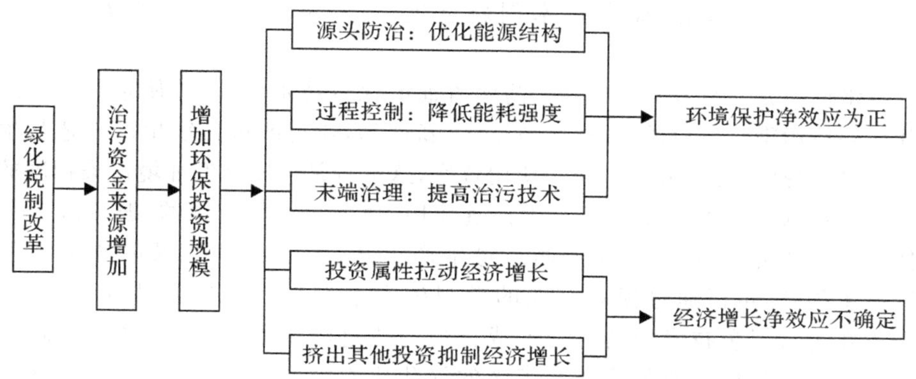

图 2－11　绿化税制改革通过环保投资对经济社会可持续发展的影响机理

3. 技术创新对经济社会可持续发展的影响机理

进入“十三五”时期，中国经济增速换挡并将长期下行，而环境污染形势却依旧严峻。在这种经济新常态下，中国迫切需要走出一条经济增长与环境保护“双赢”的道路，而技术创新是其关键驱动力①。中国当前的工业技术进步基本上是偏向于非绿色方向的，解决中国工业技术进步绿色偏向性问题的一个切实可行的方法就是通过完善能源税等绿色税种逐步理顺市场上能源环境定价机制，使负外部成本内部化。尽管有的观点认为绿化税制改革这样的环境规制政策不会自动对技术创新产生促进作用[152]，但理论上一般还是认为绿化税制改革能给企业带来显著的成本压力或经济激励，倒逼或鼓励企业进行绿色创新活动。绿化税制改革将从直接和间接两方面促进技术创新。一是绿化税制改革对技术创新的直接推动作用。绿化税制改革通过对污染行为征税和治污行为补贴的“一奖一罚”来优化资源配置，同时实现环境保护与经济增长②。二是绿化税制改革对技术创新的间接推动作用。绿化税制改革会增加企业生产经营成本，进而影响企业市场竞争力，随着绿化税制改革的持续推进，企业承担的绿色税负将逐渐增加，这会不断压缩企业的利润空间。此时，企业会加大绿色技术的引进与研发来消化绿化税制改革带来的生产经营成本上升与利润水平降低，提高市场竞争力③。因此，绿化税制改革将诱

① 这里的技术创新特指绿色工艺创新，即通过生产工艺、生产技术以及生产流程的绿化改造等途径减少废气、废水和固体废弃物排放的过程。

② 一方面，可以通过税收返还或税收减免等措施鼓励企业技术创新，提高企业绿色技术创新的积极性和主动性；另一方面，可以将税收收入直接投入绿色技术创新中，特别是对基础科学的研究与创新。

③ 这其实就是“波特假说”暗含的意思。

发企业进行技术创新，提高技术创新强度，这一观点也得到了实证研究的支持[153]。

技术创新尤其是专门用于污染防治方面的绿色技术创新，将使企业创新出可以降低环境污染物排放的新技术、新工艺、新产品，通过改进传统生产工艺与生产方法，可以提高能源资源的开采和使用效率，这本身是可以降低环境污染程度的。

技术创新也会对经济增长产生促进作用，也就是通常所说的“波特假说”，这同样得到了大量实证文献的证明。对生产工艺、生产技术的绿色技术创新也属于技术创新，可以通过提高企业的微观生产率为经济增长提供持久推动力，而企业在进行绿色技术创新时会形成创新与改进的倒逼机制，当技术创新的补偿效应大于绿化税制改革给企业带来的绿化成本时，表现为企业能源效率的提高，在总体要素优化配置的前提下，最终表现为能源效率提高和经济增长速度上升。

技术创新将有利于调节区域间环境不公平。技术创新不仅是经济增长的源泉，而且也是促进企业节能减排的根本途径；技术创新不仅有利于增加当地经济增长贡献率，而且有利于减少当地污染排放贡献率。随着西部大开发战略的实施，西部地区的研发创新投入水平会不断增加，将增加西部地区的环境收益。

综上所述，绿化税制改革能够诱发企业技术创新尤其是绿色技术创新，而技术创新将通过绿色生产技术与工艺创新降低环境污染程度，降低区域间环境不公平程度，同时技术创新通过提高企业微观生产效率，可以为经济增长提供推动力，从而促进经济增长。具体可见图 2-12。绿化税制改革可以通过诱发技术创新同时实现环境保护、经济增长和环境公平，因此可以得到命题 4。

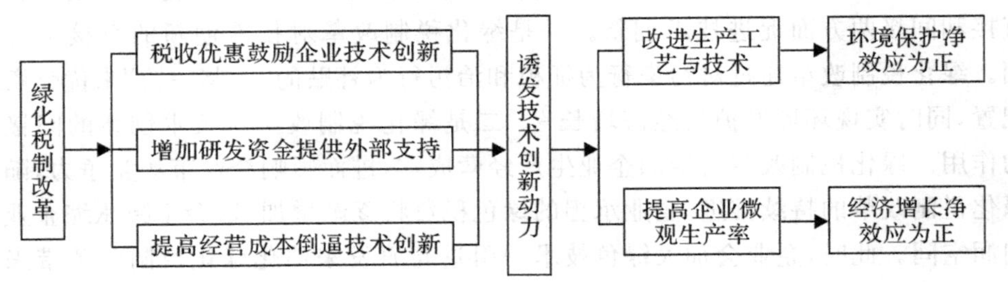

图 2-12　绿化税制改革通过技术创新对经济社会可持续发展的影响机理

命题 4：绿化税制改革可以诱发技术创新。企业技术创新能够降低环境污染程度，降低区域间环境不公平程度，同时也可以促进经济增长。绿化税制改革会通过诱发技术创新强化对经济社会可持续发展的协调作用。

2.3.3 绿化税制改革对经济社会可持续发展的净影响

绿化税制改革通过直接作用机制和间接传导机制共同作用于经济社会可持续发展，具体见图 2-13。从图中可以看到，绿化税制改革主要通过两条路径作用于经济社会可持续发展。第一条路径是图 2-13 中的上半部分，即绿化税制改革对经济社会可持续发展的直接作用机制。绿化税制改革将通过替代效应和规模效应对经济社会可持续发展产生影响。第二条路径是图 2-13 中的下半部分，即绿化税制改革对经济社会可持续发展的间接传导机制。这一间接传导过程主要是通过三个中介变量，即财政分权、环保投资和技术创新来完成的。总体上看，绿化税制改革将提高财政分权程度、扩大环保投资规模、诱发技术创新动力，而无论财政分权、环保投资和技术创新三个中介变量对经济社会可持续发展产生什么影响，绿化税制改革都将强化这些影响。

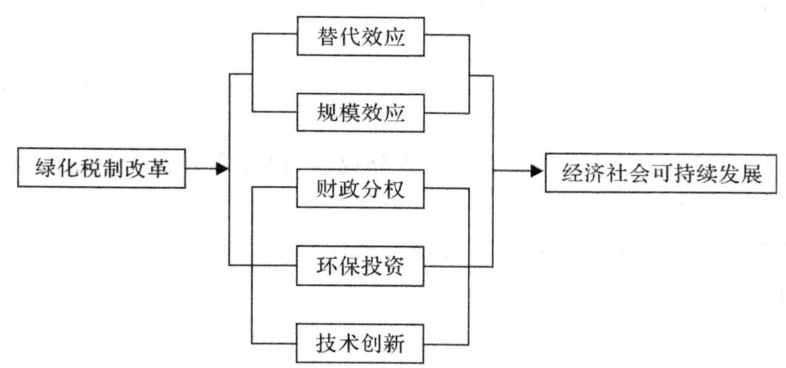

图 2-13　绿化税制改革对经济社会可持续发展的影响机理

因此，绿化税制改革到底能不能同时实现经济社会可持续发展并不是可以简单做出回答的，这需要通过建立计量模型对这一问题进行实证检验，通过实证分析来验证绿化税制改革对经济社会可持续发展的影响方向和效果，从而回答绿化税制改革能不能实现经济社会可持续发展的问题。

2.4 本章小结

本章主要是在理论逻辑层面上，基于可持续发展视角构建“环境-经济-社会”组合分析框架剖析阐明了绿化税制改革目标及其对经济社会可持续发展的直接和间接影响机制。通过研究发现：

第一,绿化税制改革将直接影响经济社会可持续发展,通过绿色税收的替代效应和规模效应,绿化税制改革将降低环境污染程度,调节区域间环境不公平状况,也会提高企业生产成本进而不利于经济增长。

第二,绿化税制改革会提高地方政府财政分权程度,财政分权会促进地方经济增长,但不利于调节区域间环境不公平状况,对地方环境污染的影响则是不确定的。

第三,绿化税制改革可以增加环保投资规模,环保投资的增加通过源头防治、过程控制与末端治理能够降低环境污染程度,降低区域间环境不公平程度,但作为一项投资,其对经济增长的影响是不确定的。

第四,绿化税制改革可以诱发技术创新,企业技术创新能够降低环境污染程度,降低区域间环境不公平程度,同时也可以促进经济增长。

第五,绿化税制改革可以通过改变财政分权程度、环保投资规模、技术创新强度来强化对经济社会可持续发展的影响。

在可持续发展理论模型框架下,绿化税制改革对环境保护、经济增长和环境公平的影响效果还需要后文通过实证分析进一步检验。本书第 4 章至第 6 章将实证检验绿化税制改革对环境保护、经济增长和环境公平的直接影响方向和效果。另外,本书第 4 章至第 6 章将分别检验财政分权、环保投资与技术创新对环境保护、经济增长和环境公平影响的显著性。对于命题 2 至命题 4 中关于绿化税制改革与三个中介变量交互项对经济社会可持续发展的间接影响,在第 4 章至第 6 章中也分别进行了检验。

第3章

中国现行税收制度环境保护功能的现状分析

通过绿色税收防治环境污染无论是理论层面还是实践层面都已经达成了共识，就中国现行税收制度而言，在长期的税收制度改革演进路径中，其环境保护功能演变及其不足是政府未来深化税制绿化改革的重要政策着眼点。本章首先尝试着在中国现行税制中归类汇总具有环境保护功能的环境税类，在此基础上从税系结构、税种结构、税种构造三个层面对中国现行税制的环境保护现状及存在的问题进行分析与总结；然后通过构建大、中、小三个不同口径的统计指标测算中国现行税收制度的绿化程度，探究大、中、小三个统计口径相互背离的原因，为后文实证研究提供经验数据支持。

3.1　中国现行税收制度的绿化现状

基于庇古税理论基础的以环境保护税为代表的绿色税收能够调节污染行为，在理论与实践两个层面都已经形成了共识，但由于中国当前没有独立的环境保护税种，所以分析中国税收制度的环境保护功能或绿化现状就具有一定的特殊性。本书对此采取两个措施：首先，用排污收费替代独立的环境保护税种。这是由于排污收费与环境保护税都是基于庇古税原理对环境污染行为采取的矫正措施，中国现行的环境税费体系中排污费最具有庇古税特征，而且时机成熟时可以将排污费改为排污税，2016 年 12 月 25 日审议通过的《中华人民共和国环境保护税法》中对环境保护税的制度规定几乎是现行排污收费制度的平移。其次，将中国现行税收制度中具有绿色调节作用的税种全部归入环境税体系。这是由于这些税种尽管开征目的并非是保护生态环境，但在征收过程中客观上存在环境保护作用。通过上面两个措施，可以在中国现行税收制度框架下初步构建起环境税体系，即包含了排污收费、消费税中的绿色税目、资源税、耕地占用税、城镇土地使用税、城市维护建设税、车船税和车辆购置税的一个税类。在此基础上，从税系结构、税种结构与税种构造三个层面对中国税收制度的绿化功能现状进行剖析①。

3.1.1　税系结构失衡导致现行税制绿化功能不足

税系结构是指一国税收制度中各税系的配置以及各税系的相互关系，是税制

① 岳树民曾指出，根据人们对税制结构的定义，一般认为税制结构包括单向兼容的三个层次：税系结构、税种结构与税种构造。三个层次构成了完整的税制结构，只有同时包括这三个层次，才能涵盖税制结构的全部内容。详见岳树民，李建清. 优化税制结构研究[M]. 北京：中国人民大学出版社，2007：6－7.

结构的宏观层次。我国现行税收制度共17种税①，按照课税对象的不同可将其分别归于货物与劳务税、所得税、财产税、资源税与行为税5个税类，其中并没有环境税类。要构建环境税类，就需要按照一定标准将属于环境税类的税种从其他已有税类中调整过来。OECD在界定环境税时，将凡是对环境有利的税种都视作环境税，而无须考虑开征此税种的初始目的是什么，并且按照能源产品、机动车辆等交通工具、污染物排放和矿产资源等课税对象，将环境税划分为能源税、交通税、污染税和资源税。中国现行税制虽然没有独立的环境保护税，但资源税、交通税以及能源税却是存在的，例如现行的资源税、车船税以及消费税税目中关于小汽车等机动车辆以及汽油柴油等能源征收的相关规定。因此，可以考虑将现行税制中具有绿色调节作用、对环境保护有利的相关税种归为环境税类。按照这一标准对中国现行税种重新进行划分，把现行17种税分别归于货物与劳务税、所得税、环境税、财产与其他税4个税类②。

1.按照绿色调节作用对现行税制的重新划分

第一，消费税中与环境保护相关的绿色税目应该纳入环境税类。消费税税目中与环境保护联系紧密的主要有交通运输设备制造业与石油加工业，其他税目与环境保护即使相关，其相关性也比较低，因此可以暂不考虑将其纳入环境税类。所以，应该纳入环境税类的消费税税目主要有汽油、柴油、小汽车、摩托车、汽车轮胎、实木地板、木质一次性筷子以及鞭炮焰火。这意味着需要对现行消费税税目进行拆分③，将具有环境保护功能的消费税税目剥离出来归入环境税类，而剩余的消费税税目仍然作为商品生产与销售环节缴纳的税收归入货物与劳务税。

第二，应该将资源税纳入环境税类。资源税开征目的主要是调节资源开采者之间的级差收益，同时促使开采者合理开发和节约使用资源。尽管资源税存在征税范围较窄、征税力度较小等缺陷，但由于它直接针对能源矿产资源的开采征收，因而是中国现行税制中少有的真正与资源开采、使用以及环境保护相关的独立税种，所以必须将资源税纳入环境税类。

第三，城市维护建设税应该纳入环境税类。城市维护建设税开征目的是为了扩大、稳定城市维护建设资金来源，该税款专款专用于改善城市环境质量的公共设

---

① 中国现行税收制度包含17个税种：增值税、消费税、关税、城市维护建设税、烟叶税、企业所得税、个人所得税、资源税、土地增值税、房产税、城镇土地使用税、耕地占用税、契税、车辆购置税、车船税、印花税和固定资产投资方向调节税(停征)。

② 需要注意的是，按此标准重新划分后的税制结构并不是简单添加一个环境税类，而是涉及对原有税类所含税种的相互调剂。

③ 一般认为消费税具有三大功能，即筹集财政收入、保护生态环境和调节收入分配。这里仅仅是把消费税税目中具有环境保护功能的税目归入了环境税类。

施与基础设施的维护建设方面，可以有效改善城市大气、水环境质量，是名副其实的绿色税种。尽管城市维护建设税只是对货物劳务税征收额的附加税，但由于其税款的使用着实有利于提高环境质量，具有较强的绿色调节作用，所以应该将其纳入环境税类。

第四，应该将车辆购置税和车船税纳入环境税类。车船税开征目的是为地方政府建设以及改善本地公共道路提供资金。车辆购置税是对纳税人购置的应税汽车、摩托车征收的。尽管车船税和车辆购置税都不是为了保护生态环境而征收的，但由于客观上对机动车船等交通工具有抑制作用，成品油又是车船等交通工具的互补品，会间接对能源资源的使用发挥限制作用，从而对生态环境产生一定的保护功能，因此，应该将车辆购置税与车船税纳入环境税类。

第五，城镇土地使用税和耕地占用税也应该纳入环境税类。城镇土地使用税开征目的是促进合理使用城镇土地资源，并适当调节城镇土地的级差收入，其税收条款包含明显的绿色特征。耕地占用税开征目的是为了加强土地合理利用，保护农用耕地筹集资金，是一个真正意义上的绿色税种，尽管耕地占用税每年的税额较低，但确实对乱占、滥用耕地资源起到了一定的抑制作用。因此，应该将城镇土地使用税与耕地占用税纳入环境税类。

最后需要指出的是，对于土地增值税和固定资产投资方向调节税，本书认为不应该纳入环境税类。土地增值税是 20 世纪 90 年代初期为了抑制土地炒作、平抑房地产市场而开征的。尽管土地增值税自开征以来在筹集财政收入和打击土地投机等方面发挥了一定的积极作用，但总体上讲，还是应该将我国的土地增值税改造成对土地投资或投机进行“相机抉择”的调控工具，即国家可以根据国民经济的发展状况以及房地产市场的景气决定停征或恢复征收土地增值税[154]，即土地增值税本身是为了调节土地投机行为，它对土地资源的保护功能非常微弱，所以，本书并没有将土地增值税纳入环境税类。固定资产投资方向调节税通过差别税率设计，具有鼓励能源节约使用的作用，应该将其纳入绿色税种的范围之内，但从 2000 年 1 月 1 日起已经停征，因此可将其暂时排除在环境税系之外。

另外，排污费作为“庇古税”的典型表现形式之一，是实现企业外部成本内部化的重要途径，开征目的在于遏制企业外部不经济行为。排污费和环境保护税有着相同的理论基础与开征目的，在 2016 年审议通过的《中华人民共和国环境保护税法》中规定的即将开征的环境保护税几乎是排污费征收管理的平移，所以在这里可以将排污费纳入环境税类以代替环境保护税。

综上，环境税类包括消费税（成品油加工和交通运输设备制造税目）、资源税、城镇土地使用税、耕地占用税、城市维护建设税、车辆购置税、车船税以及排污费。环境税系中的税种除消费税外，其他均来自现行税制中的行为税类、财产税类与资源税类，这是由于环境税是通过征税改变纳税人行为选择进而对污染行为进行调节的税，本身应该属于行为税[155]，而且财产与资源都属于人类拥有的财富，在这些财富开采使用过程中造成的污染行为也应该是环境税收调节的范围。将重新划分税收制度前后的具体情况总结见表3-1。

表3-1 中国税收制度的分类情况

中国现行税制分类		调整后的税制分类	
货物劳务税类①	增值税、消费税、关税	货物劳务税类	增值税、消费税(成品油加工与交通运输设备制造外的其他税目)、关税
所得税类	企业所得税、个人所得税	所得税类	企业所得税、个人所得税
财产税类	房产税、城镇土地使用税、车船税、契税、土地增值税	环境税类	消费税(成品油加工和交通运输设备制造)、资源税、城镇土地使用税、耕地占用税、城市维护建设税、车辆购置税、车船税、排污费
资源税类	资源税	财产与其他税类	房产税、契税、土地增值税、固定资产投资方向调节税(停征)、印花税、烟叶税
行为税类	城市维护建设税、耕地占用税、固定资产投资方向调节税(停征)、车辆购置税、印花税、烟叶税		

2. 中国现行税制宏观层面的环境保护功能现状

1994年分税制改革后，中国税制结构便形成了以货物劳务税和所得税为主体的双主体税制结构，但事实上却呈现出明显的“跛足”状态，即货物劳务税一直占据绝对主体地位，所得税收入规模偏小。根据1999—2016年《中国税务年鉴》②，按照调整后税制结构分类方法，将环境税系所包含税种历年的税收收入汇总见表3-2。

① 由于2016年5月“营改增”全部完成，营业税的课税对象已经全部改征增值税，因此货物劳务税中不再包括营业税。

② 由于数据的可得性，本书设计相关数据都截至2015年。另外，由于2015年后绿色税收方面并没有出现较大的改革，所以数据并没有发生大的改变。

表 3-2　1998—2015 年环境税系各税种税收收入(单位:亿元)

年份	消费税相关税目	资源税	城市维护建设税	车辆购置税①	车船税	城镇土地使用税	耕地占用税	排污费	环境税类
1998	232.0	61.9	295.0	—	19.1	54.2	33.4	49.1	744.7
1999	236.7	62.9	315.3	—	20.9	59.1	33.0	55.5	783.4
2000	232.7	63.6	352.1	—	23.4	64.9	35.3	58.0	830.0
2001	282.3	67.1	384.4	265.8	24.6	66.2	38.3	62.2	1191.0
2002	289.1	75.1	470.9	348.8	28.9	76.8	57.3	67.4	1414.4
2003	344.7	83.1	550.0	468.2	32.2	91.6	39.9	70.9	1680.5
2004	452.7	99.1	674.0	545.7	35.6	106.2	120.1	94.2	2127.6
2005	483.0	142.6	796.0	583.3	38.9	137.3	141.9	123.2	2446.1
2006	577.8	207.3	940.2	687.5	50.0	176.9	171.1	144.1	2954.9
2007	690.7	261.3	1156.3	876.9	68.2	385.5	185.0	174.0	3797.9
2008	760.5	301.6	1344.2	989.9	144.2	816.9	314.4	176.9	4848.6
2009	2461.9	338.2	1544.1	1163.9	186.5	921.0	633.1	172.6	7421.3
2010	3076.8	417.5	1887.1	1792.6	241.6	1004.0	888.6	188.2	9496.5
2011	3287.7	598.8	2777.5	2044.9	302.0	1222.2	1071.7	189.9	11494.7
2012	3621.2	904.4	3125.6	2228.3	393.0	1541.7	1620.7	188.9	13623.8
2013	3632.0	1005.5	3419.5	2596.3	474.0	1718.8	1740.0	204.8	14090.9
2014	3763.9	1083.7	3641.9	2885.1	541.1	1992.6	1990.9	186.8	16086.0
2015	4894.7	1034.9	3909.3	2792.6	617.5	2142.5	2048.0	178.5	17618.0

资料来源:根据历年《中国税务年鉴》整理。

现行税制税系结构的绿化功能现状可以用环境税类收入总和占排污费收入和税收收入总额的比重来表示。因为已经将排污费作为独立环境保护税的替代,所以就应该将排污费收入也一并汇总到历年的税收收入中,具体见表 3-3。

① 由于车辆购置税于 2001 年开始征收,所以车辆购置税收入始于 2001 年。

表 3-3 环境税系在税收收入总额中的占比情况

年份	环境税系收入/亿元	排污费和税收收入总额/亿元	环境税占比
1998	744.7	9142.1	0.0815
1999	783.4	10370.4	0.0755
2000	830.0	12723.8	0.0652
2001	1191.0	15227.7	0.0782
2002	1414.4	17064.0	0.0829
2003	1680.5	20537.0	0.0818
2004	2127.6	25817.7	0.0824
2005	2446.1	30990.2	0.0789
2006	2954.9	37781.2	0.0782
2007	3797.9	49625.8	0.0765
2008	4848.6	58038.7	0.0835
2009	7421.3	63276.2	0.1173
2010	9496.5	77582.6	0.1224
2011	11494.7	95919.4	0.1198
2012	13623.8	110928.9	0.1228
2013	14090.9	120164.7	0.1173
2014	16086.0	129727.9	0.1240
2015	17618.0	136200.3	0.1294

资料来源：根据历年《中国税务年鉴》统计整理。

从表 3-3 中可以看出，中国现行税制中环境税类收入的总体规模在不断增加，但是在税收收入总额中所占比重总体偏低且波动较为频繁。在图 3-1 中可以清晰看到，环境税类收入总规模在不断增加，2015 年环境税收入规模为 17618.0 亿元，而 1998 年环境税收入规模仅为 744.7 亿元，2015 年环境税收入是 1998 年环境税收入的 23.7 倍，表明中国环境税类收入总体规模在不断增加且增长速度较快。但是，环境税类收入在税收收入中的占比却较低，最高值为 2015 年的12.94%，该年货物与劳务税在税收收入中的占比达到了 59.82%，所得税占比也达到了 25.05%①。

① 这里的占比都是对现行税制重新分类以后计算得出的。

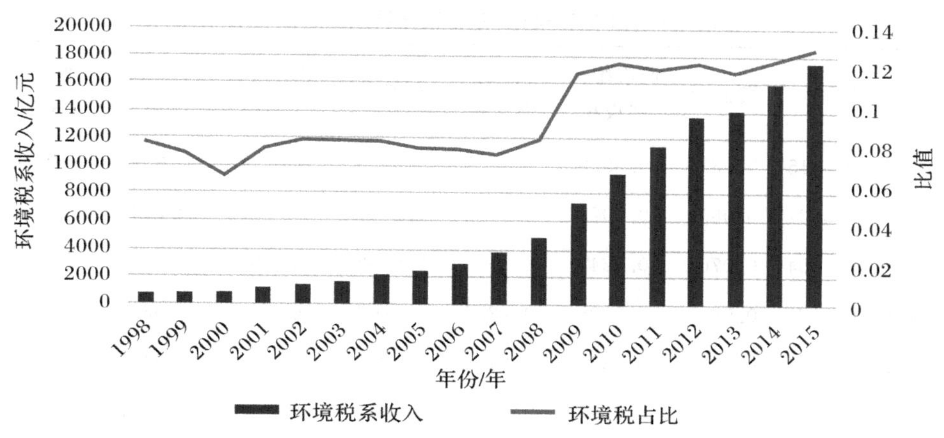

图 3－1　1998—2015 年环境税系及其占比变动情况

（注：图 3－1 中左侧表示历年环境税系收入的绝对规模，单位为亿元；右侧表示环境税系在税收收入中的比值）

另外，环境税类收入在税收收入中的占比变动也比较频繁，总体上看，出现了两次较为明显的增长：一次是 2001 年开征车辆购置税，扭转了此前环境税类收入占比一直下降的趋势；另一次是 2009 年燃油税费改革，导致环境税类占比出现了跳跃式增长。

综上，通过环境税类占比反映了中国现行税收制度的环境保护功能确实在不断加强，但这一占比却远远低于货物与劳务税类和所得税类在税收收入中的占比，表明中国现行税制的绿化功能远远不足。

3.1.2　税种结构失衡导致现行税制绿化功能弱化

税种结构即税类内部各税种的配置，即在税类中应选择与设置哪几个税种，并以哪一个或几个税种为主体税种，其他税种如何与主体税种协调配合，形成主次分明的税种配置次序，是税制结构的中观层次。

1. 中国现行环境税类内部税种结构现状分析

在环境税类中包括了消费税（成品油加工、交通运输设备制造）、资源税、城镇土地使用税、耕地占用税、城市维护建设税、车辆购置税、车船税七个税种，同时考虑环境保护税可以用排污收费替代，因此将排污费也纳入环境税类中。环境税类内部各税种间的结构用各税种收入在环境税类收入总额中的占比来表示，详见表3－4。

表 3-4 1998—2015 年中国环境税税种结构表

年份	消费税①	资源税	城市维护建设税	车辆购置税	车船税	城镇土地使用税	耕地占用税	排污费占比
1998	0.3115	0.0831	0.3962	—	0.0256	0.0728	0.0448	0.0660
1999	0.3021	0.0803	0.4025	—	0.0267	0.0754	0.0422	0.0708
2000	0.2804	0.0766	0.4242	—	0.0282	0.0782	0.0426	0.0698
2001	0.2371	0.0563	0.3228	0.2232	0.0207	0.0556	0.0322	0.0522
2002	0.2044	0.0531	0.3329	0.2466	0.0204	0.0543	0.0405	0.0477
2003	0.2051	0.0494	0.3273	0.2786	0.0192	0.0545	0.0237	0.0422
2004	0.2128	0.0466	0.3168	0.2565	0.0167	0.0499	0.0564	0.0443
2005	0.1975	0.0583	0.3254	0.2384	0.0159	0.0561	0.0580	0.0503
2006	0.1955	0.0702	0.3182	0.2327	0.0169	0.0599	0.0579	0.0488
2007	0.1819	0.0688	0.3045	0.2309	0.0180	0.1015	0.0487	0.0458
2008	0.1569	0.0622	0.2772	0.2042	0.0297	0.1685	0.0648	0.0365
2009	0.3317	0.0456	0.2081	0.1568	0.0251	0.1241	0.0853	0.0233
2010	0.3240	0.0440	0.1987	0.1888	0.0254	0.1057	0.0936	0.0198
2011	0.2860	0.0521	0.2416	0.1779	0.0263	0.1063	0.0932	0.0165
2012	0.2658	0.0664	0.2294	0.1636	0.0288	0.1132	0.1190	0.0139
2013	0.2578	0.0714	0.2427	0.1843	0.0336	0.1220	0.1235	0.0145
2014	0.2340	0.0674	0.2264	0.1794	0.0336	0.1239	0.1238	0.0116
2015	0.2778	0.0587	0.2219	0.1585	0.0350	0.1216	0.1162	0.0101

数据来源：根据历年《中国税务年鉴》计算整理。

从表 3-4 可以看出，环境税类内部各税种的占比变动性较大，不同年份各税种的占比情况表现各异。根据表 3-4 中的占比数据，按照从大到小的顺序，将历年环境税类内部各税种的占比顺序汇总为表 3-5，以观察环境税类内部各税种的变化情况。

① 这里的消费税并不是现行税制中的消费税，而是现行消费税中划入环境税系中的绿色税目消费税。

表 3-5　1998—2015 年环境税类内部的税种占比顺序表

年份	环境税类内部各税种的占比顺序(由大到小)
1998	城市维护建设税、消费税、资源税、排污费、耕地占用税、城镇土地使用税、车船税
1999	城市维护建设税、消费税、资源税、排污费、城镇土地使用税、耕地占用税、车船税
2000	城市维护建设税、消费税、资源税、排污费、城镇土地使用税、耕地占用税、车船税
2001	城市维护建设税、消费税、资源税、城镇土地使用税、排污费、耕地占用税、车船税
2002	城市维护建设税、消费税、资源税、城镇土地使用税、排污费、耕地占用税、车船税
2003	城市维护建设税、消费税、城镇土地使用税、资源税、排污费、耕地占用税、车船税
2004	城市维护建设税、消费税、车辆购置税、资源税、城镇土地使用税、排污费、耕地占用税、车船税
2005	城市维护建设税、车辆购置税、消费税、城镇土地使用税、资源税、排污费、耕地占用税、车船税
2006	城市维护建设税、车辆购置税、消费税、城镇土地使用税、资源税、排污费、耕地占用税、车船税
2007	城市维护建设税、车辆购置税、消费税、耕地占用税、城镇土地使用税、资源税、排污费、车船税
2008	城市维护建设税、车辆购置税、消费税、资源税、耕地占用税、城镇土地使用税、排污费、车船税
2009	城市维护建设税、车辆购置税、消费税、资源税、城镇土地使用税、耕地占用税、排污费、车船税
2010	城市维护建设税、车辆购置税、消费税、城镇土地使用税、资源税、耕地占用税、排污费、车船税
2011	城市维护建设税、车辆购置税、城镇土地使用税、消费税、耕地占用税、资源税、排污费、车船税
2012	消费税、城市维护建设税、车辆购置税、城镇土地使用税、耕地占用税、资源税、车船税、排污费
2013	消费税、城市维护建设税、车辆购置税、城镇土地使用税、耕地占用税、资源税、车船税、排污费
2014	消费税、城市维护建设税、车辆购置税、城镇土地使用税、耕地占用税、资源税、车船税、排污费
2015	消费税、城市维护建设税、车辆购置税、耕地占用税、城镇土地使用税、资源税、车船税、排污费

由表 3-5 可以看出，我国环境税类内部税种结构表现出两个特点。①在判断环境税类内部占比最大税种时，可以按照不同年份划分为三个阶段。第一个阶段是 1998—2003 年，在这六年间，排在前三位的有五年是城市维护建设税、消费税和资源税，只有在 2003 年时，城镇土地使用税代替了资源税排在第三位。第二个阶段是 2004—2011 年，2004 年，车辆购置税排在城市维护建设税和消费税之后位列第三，而 2005—2010 年，排在前三位的一直是城市维护建设税、车辆购置税和消费税，2011 年，城镇土地使用税代替了消费税排在了第三位。第三个阶段是 2012—2015 年，在这四年间，排在前三位的一直是消费税、城市维护建设税和车辆购置税。通过以上的分析可以看出，1998—2011 年，环境税类内部占比较大的税种在开征车辆购置税之前主要是城市维护建设税、消费税和资源税，而开征车辆购置税后就变成了城市维护建设税、消费税和车辆购置税，以及在个别年份里有所增加的城镇土地使用税。②排污费、车船税和耕地占用税的占比一直处在环境税类内部的后三位。尽管在此期间，三个税种的占比顺序会发生变化，但总体上看，车船税的占比在绝大多数年份内都排在最后一位，只有从 2012 年开始，排污费才取代车船税排在八个税(费)种的最后一位，而在最近的几年间，资源税也逐渐取代了耕地占用税排在倒数第三的位置。

上面的分析只是对环境税类内部各税种占比的大小进行了排序，对各个具体税种自身变动情况却无法看清。由表 3-4 中各税种占比的情况绘制出环境税类内部各税种占比的变动趋势图，见图 3-2。

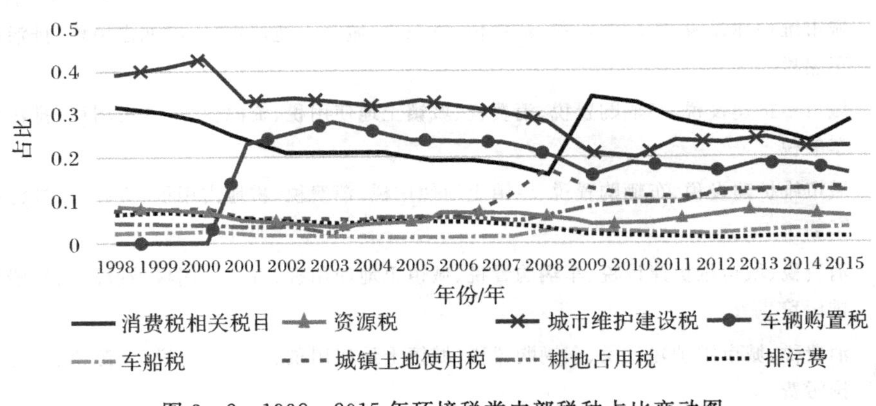

图 3-2 1998—2015 年环境税类内部税种占比变动图

从图 3-2 可以看出，环境税类内部各税种的变动情况呈现出以下一些趋势。①城市维护建设税虽然一直处在环境税类内部占比较大的位置，但总体趋势却是下降的。城市维护建设税在 2000 年前，占比一直维持在 40%左右，从 2001 年开始这一比重持续下降，维持在了 30%左右，这主要是由于 2001 年开征的车辆购置税降低了城市维护建设税的占比。而到了2009年，随着燃油税费改革的实施，城市维护建设税占比又一次下降到了20%，并一直维持至今。②消费税总体趋势是下降的，但2009年燃油税改革导致消费税占比出现了跳跃式上升。从1998年开始，消费税占比便一路下降，由1998年的31.15%一直下降到2008年的15.69%，下降了将近一半。2009年实施的燃油税费改革，直接增加了成品油消费税收入，其占比也激增至33.17%。③车辆购置税占比总体上是下降的。在2009年前这一比重基本维持在20%以上，但在2009年实施燃油税费改革后，这一占比就下降到了20%以下。④排污费占比太低且持续下降。排污费占比从1999年开始便持续下降，在最近几年，这一占比已经下降到了2%左右。⑤资源税占比波动较大，没有明显趋势但总体上偏低。资源税在2000年之前还可以维持在8%以上，其后便开始持续下降，尽管中间有所波动，但总体上是下降的，直到2011年才开始有所上升，这是由于2011年油气资源税计税方式改革所导致的。⑥车船税占比一直维持在2%左右，呈现出十分稳定的趋势。⑦城镇土地使用税和耕地占用税二者的占比总体上是上升的。2007年以前，这两个税种的占比比较稳定，从2007年开始，这两个税种的占比开始持续上升，这主要是由于中国城镇化进程的不断推进，城镇土地使用和占用耕地的规模在不断加大所导致的。

2. 中国现行环境税类内部税种结构失衡的表现

中国环境税类内部税种结构失衡导致现行税制绿化功能较弱，主要表现在以下几方面。

第一，占比较大且比较稳定的城市维护建设税的绿化功能主要体现为事后治理。城市维护建设税是对增值税和消费税附加征收的，其规模比较稳定主要是由于中国货物与劳务税是稳定增长的。城市维护建设税之所以具有环境保护功能是由于该税种收入专款专用于污染物的收集与处理系统，对于改善城市环境质量具有非常重要的意义。这属于环境污染产生以后的一种事后治理支出，对排污行为的事前约束作用不足。而且该税种只针对城市建设中出现的污染行为进行投资治理，对日益严重的农村环境污染基本没有影响。

第二，车辆购置税占比较大但对环境污染的调节不具有持续性。车辆购置税是对购置的应税汽车、摩托车征收的一种税，属于交易环节征收的一次性税种，开征目的是为了增加中央政府的税收收入，这种对汽车等车辆征收的一次性税种在基于环境保护进行调节时是一次性调节而不具有持续性。

第三，城镇土地使用税和耕地占用税占比逐渐增加但调节范围狭窄。对土地资源征收的城镇土地使用税与耕地占用税的占比在最近几年大幅度增加，但这两个税种只是针对土地资源征收的，对水资源以及森林资源等并不具有保护作用，于中国目前日益严重的空气污染、水污染无补，调节范围过于狭窄。

第四，真正具有节约资源作用的资源税与保护环境作用的排污费占比太低导致其调节力度不够。资源税和排污费是专门针对能源资源开采与污染排放行为征收的税费,对能源资源节约和生态环境保护的作用最强,但它们的占比却非常低,导致其绿化功能十分微弱。

第五,尽管消费税占比较高但绿化功能具有间接性。现有消费税的绿化功能主要表现在成品油加工和交通运输设备制造两个税目上,主要是对能源资源使用及其互补品征收的,并没有直接针对污染环境的行为征收消费税,其绿化功能具有间接性。

3. 中国现行环境税类主体税种选择初探

一个税类内部主体税种的选择关系到整个税类特征及其作用程度,环境税类的主体税种选择可以按照不同的标准进行确定。

(1)按照环境税类内部税种收入的占比为依据,应该将消费税(成品油加工、交通运输设备制造)、车辆购置税和城市维护建设税作为环境税的主体税种。从表3-5可以看出,自从2001年以后,这三个税种在环境税类中的占比始终处于前三的位置,而且三个税种在环境税类中的占比之和在2003年达到了81.10%,2008年这一比值最低也达到了63.83%。由此可见,如果按照收入比重来衡量,将成品油加工和交通运输设备制造业消费税、车辆购置税和城市维护建设税三个税种确定为环境税类的主体税种是毫无争议的。

(2)按照环境税类内部税种对环境污染调节作用为依据,应该将资源税、排污费和消费税(成品油加工、交通运输设备制造)作为环境税的主体税种。哪种税的环境污染调节作用最强,最直观的就是看各个税种开征目的是不是为了节约资源和保护环境。排污费本身是针对污染物排放行为征收的,其保护环境的目的自不待言,而且随着环境税费改革的持续有序推进,环境保护税也于2018年1月正式施行。在中国未来环境税制体系中,其他绿色税种尽管发挥着环境保护功能,但由于开征目的本身不是为了保护生态环境,对环境保护的调控作用有限,因此让环境保护税发挥保护生态环境的核心作用并将其设置成环境税类的绝对主体税种最无争议[156]。资源税开征目的虽然是为了调节开采者的级差收入,但对资源开采行为征税本身也具有直接的环境保护作用。消费税直接对成品油和木质材料商品征税,也是对生态环境进行直接保护。所以,如果按照对环境污染的调节作用来划分,应该将环境保护税、资源税、成品油加工和交通运输设备制造业消费税确定为环境税类的主体税种①。葛玉御[157]也曾提出类似观点,认为环境税制应该以"三足鼎立"的约束性税种为主,即环境保护税、资源税和消费税。

---

① 排污费、资源税、成品油加工和交通运输设备制造业消费税一旦确定为环境税主体税种,也就应和了国际上环境税所包括的四个主要税目类别:排污税、资源税、能源税和交通税。

综上，按照不同标准可以确定环境税类的不同主体税种，而且差异很大。现行环境税类内部占比较大的税种的环境保护作用偏弱，对环境污染调节作用大的税种在环境税类内部占比又极低，表明中国现行环境税类内部税种结构的失衡弱化了现行税制的环境保护功能，同时也为绿化税制改革提出了新的挑战。

3.1.3 税种构造的局限性导致现行税制绿化功能欠佳

税种构造主要包括具体税种的纳税义务人、税率、课税对象、纳税期限、纳税环节等税制要素方面的规定，是税制结构的微观层次。环境税类内部各税种在要素构成方面都存在或大或小的设计缺陷，影响了各税种对能源节约和环境保护的调节功能。

(1)环境保护税种的缺失以及排污收费过程中的不规范造成现行税制环境保护作用严重不足。中国没有独立的环境保护税，意味着通过建立在庇古税理论基础上的税收对污染排放行为的调节作用是缺失的，难以真正解决生产、消费过程中产生的负外部性。即使用排污费替代环境保护税，也由于排污费在征收使用过程中存在诸多问题导致排污费收入水平低，无法满足环境治理支出的需要。据王有兴[158]测算，工业污染治理成本明显高于排污费收入，现行排污费收入仅能弥补环境污染治理成本的 10%，环境污染治理费用缺口较大且有不断增加的趋势。即使仅有的排污费收入也由于无偿使用而导致资金使用效率低下、缺乏透明度，很多企业宁愿缴纳排污费也不减少污染物排放数量，对生态环境的保护作用严重不足。况且，以行政事业性收费为主要特征的排污费也逐渐偏离了以庇古税原理为理论依据的真正定位[159]。

(2)资源税对资源浪费与环境破坏的调节力度微弱。资源税是现行税制已有税种中最具有能源资源节约和生态环境保护作用的税种，但资源税开征目的本身不是促进资源节约和环境保护，而是调节在矿产资源开采中因资源禀赋不同而造成的级差收入，以促进各企业间公平竞争。现行资源税在环境保护方面仍然存在不足：①资源税征收范围过于狭窄，仅包括煤炭、原油和天然气等 7 种资源。2016 年 7 月，河北省开始对水资源征收资源税进行试点改革，但仍然没有将森林资源、土地资源等自然资源纳入征税范围，导致未纳入征税范围的资源浪费严重。②资源税税率过低，尽管已经对煤炭、油气资源实行了从价计征，提高了资源税的实际税负，但 5%的税率水平与俄罗斯 16.5%、英国 12.5%、美国平均 14.6%的税率相比仍然偏低，导致资源成本过低，不利于经济发展方式的转变[160]。

(3)消费税征税范围的“缺位”限制了节能环保作用的发挥[161]。①现行消费税征收范围偏窄，仍然存在“缺位”现象，对一些环境污染大的物品没有征税。当前消费税涉及节能环保作用的税目主要有成品油、小汽车与摩托车、实木地板以及汽车轮胎等，并没有对含磷洗衣粉、不可降解的塑料制品、化学农药等物品征税，也未能将水资源尤其是煤炭资源纳入征税范围。煤炭是中国能源消费结构中最主要的能源资源，约占能源消费总量的70%，煤炭在生产与消费过程中会产生大量污染物。未将煤炭这一主要能源资源纳入消费税征税范围，固然有出于对煤炭征税后会产生通货膨胀甚至影响国内各产业发展的顾虑，但是就环境保护这一功能来讲，不对煤炭征收消费税不利于环境保护目标的实现。②资源环境保护类消费税税率过低，很难达到限制消费行为的目的，尤其是汽油和柴油，与世界其他国家相比，中国汽油和柴油的税率过低。现行税制中对含铅汽油和不含铅汽油都征收每升1.52元的消费税，而对柴油征收的消费税税率为每升1.2元，这与欧盟其他国家燃油税税率折算为人民币大约每升6元相比，根本无法应对日益严峻的环境污染形势[162]。而木制一次性筷子采用5%的税率水平，充其量也只是传递政府环境保护的信号，根本谈不上对森林资源的保护。③消费税绿色税目实行价内税方式降低了消费税的透明度。消费者只有知道自己交多少税，才会去关心这些税收的使用方向，才会切实明白消费过程中由于自己消费污染产品而需要承担的税收负担。价内税方式降低了消费税的透明度，消费者在购买污染产品时不知道自己要缴纳消费税或者不知道自己缴纳了多少消费税，甚至会认为在消费这些污染产品时是由该产品的生产者承担消费税而与己无关，不利于引导消费者减少污染产品的消费，导致消费税环境保护功能大打折扣。④消费税绿色税目在生产环节征税增加了消费税的不确定性。现行消费税中具有环境保护功能的税目都不是向消费者征税，而是在生产环节由生产者纳税。在生产环节征收消费税，能不能发挥消费税调节消费者污染行为选择作用关键要看税负转嫁的情况，而税负转嫁的程度则取决于商品需求价格弹性和供给价格弹性①。这就是说，对不同消费品在生产环节征收消费税后，能不能发挥其环境保护的作用是不确定的。

(4)城市维护建设税以流转税额为计税依据造成污染企业与非污染企业间税负不公。城市维护建设税是专款专用于城市维护建设的附加税，由于其专款专用的特点为城市环境设施投资提供了重要资金保障，因此，城市维护建设税是一种为城市环境保护融资的绿色税种。城市维护建设税是以增值税和消费税税额为计税依据，缺乏独立性，凡是缴纳增值税和消费税的纳税人都要缴纳城市维护建设税，而不管这些纳税人是否造成环境污染，意味着非污染企业和污染企业都缴纳相同的城市维护建设税，造成城市维护建设税税负不均。

(5)车辆购置税和车船税的征收与车船使用中的污染排放无关不利于发挥对

① 如果生产者未能将增加的消费税税收负担通过提高产品销售价格的方式转嫁给消费者，那么消费者购买商品支付的价格就不会增加，消费行为也不会因征收消费税而产生变化。如果生产者能够将增加的消费税税收负担通过提高产品销售价格的方式部分或全部转嫁给消费者，那么消费者购买商品的价格就会增加，就可能对消费者的消费行为产生影响。

节能减排的引导作用。车辆购置税是在车辆购置附加费基础上通过“费改税”演变而来的，它对购置的应税汽车、摩托车等所有车辆统一征收 10% 的比例税率，现行车辆购置税对排量 1.6 升以下的乘用车给予税率优惠政策，体现了鼓励消费者购买小排量汽车的环保理念。车船税主要是为地方政府建设以及改善本地公共道路、航道等提供资金而按辆和吨位实行从量定额征收，现行车船税对乘用车按排气量大小设置差别税率，对使用新能源和节约能源的车船减征或免征车船税，以节约能源资源与保护生态环境。但是，这两种税在征收过程中使用的是比例税率和定额税率，没有根据车辆与船只使用过程中的排放量不同设置差别税率，而且从环境保护的客观要求来看，对以清洁能源为动力并符合节能环保标准的车船，两个税种的优惠范围和力度都显得偏低，导致对节能减排的引导作用不足。

(6)城镇土地使用税和耕地占用税计税依据失当及其定额征收方式导致对生态环境与土地资源的保护作用低下。城镇土地使用税的计税依据是实际占用的土地面积，耕地占用税的计税依据是实际占用的耕地面积，都不符合当前经济发展的要求，而且缺乏弹性，不利于对土地市场和耕地的宏观调控。同时，城镇土地使用税和耕地占用税所适用的税率偏低，造成了税源流失，对土地及耕地资源的保护力度不足。

综上，从税系结构、税种结构与税种构造三个层次对中国现行税制绿化现状进行分析，发现税系结构和税种结构都表现出失衡的情况，环境税类收入在税收收入中的占比较低，环境税类内部环境调节作用强的税种占比低，占比高的税种调节环境污染的作用却不足，这都表明中国现行税制在环境保护方面的作用是薄弱的。环境税类内部各税种的构成要素也存在或多或少的缺陷，进一步弱化了现行税制的环境保护功能。

3.2 中国现行税收制度绿化程度的测算

3.2.1 税收制度绿化程度测算指标构建

绿化税制改革的本质是运用庇古税原理发挥税收制度对资源消耗与环境污染行为的抑制作用，达到资源节约与环境保护的目的。税收制度的绿化程度指一国税收制度发挥能源节约与环境保护功能的水平，可以用具有环境保护功能的绿色税收收入占 GDP 的比重来衡量，也可以用环境污染治理投资额占 GDP 的比例来衡量。但是，由于治理环境污染的投资发挥绿色调节作用具有较长的时滞，而且数据来源主要集中在财政支出项目，其资金来源不一定来自税收收入，与税收制度的绿化作用关联度较低；而 GDP 除了包含税收收入以外还包括其他收入形式，单纯用绿色税收收入在GDP中的占比来衡量也很难真正测算出税收制度的绿化程度。因此,本书采用一国税收制度中具有环境保护功能的绿色税种收入在税收收入总额中所占比重来反映税收制度的绿化程度,而在测算税收制度绿化程度时,关键是选择具有环境保护功能的绿色税种,绿色税种选择的不同将直接决定税收制度绿化程度的不同。在中国由于独立环境保护税种的缺失,现实中通过相关收费发挥对环境保护的调节作用,单纯用现行绿色相关税种收入占税收收入总额的比重并不能真正反映当前税收制度的绿化程度,所以根据对节能环保作用的程度不同可以采用三个不同口径的统计指标来衡量税收制度的绿化程度,即小口径绿化指标、中口径绿化指标以及大口径绿化指标。

1. 小口径绿化指标

小口径绿化指标包括开征目的本身就是为了保护环境,对环境保护功能最强的税(费)种。真正具有这一特征的税(费)种应该是独立的环境保护税,但由于中国目前尚未开征这一税种,所以小口径绿化指标在我国事实上是缺失的。不过现行排污收费与环境保护税同样具有环境保护功能,其理论依据都是将污染企业的负外部效应内化到企业生产成本中,而且现在中国也正在寻求合适时机进行排污费改税,2016年12月25日审议通过的《中华人民共和国环境保护税法》中对环境保护税课税方法的规定几乎是现行排污收费制度的平移,所以可以用排污费替代环境保护税建立小口径绿化指标。这里需要说明的是,2009年中国实行的燃油税由于是专门针对成品油征收的一种税,本身对减少环境污染具有非常重要的调节作用,应该将其纳入小口径绿化指标中。由于燃油税仅仅是消费税中的一个税目,而且燃油税改革的实质是通过将养路费转嫁到燃油价格中,将每辆汽车要交纳的养路费转换成税收,从而体现了“多用多缴,少用少缴,不用不缴”的公平原则[163],所以本书并没有将燃油税纳入小口径绿化指标。综上所述,小口径绿化指标可以表示为当年排污费收入占当年税收收入与排污费收入之和的比值,这里用T_1表示排污费收入,用公式可将其表示为:

$$\text{小口径绿化指标}=\frac{T_1}{\text{当年排污费收入}+\text{当年税收收入总额}}$$

2. 中口径绿化指标

中口径绿化指标包括现行税收制度中直接对能源资源的开采和使用征收的,具有较强环境保护调节作用的税种。资源税是直接针对资源开采征收的税种,尽管其开征目的是为了调节资源开采企业的级差收入,但还是应该将其纳入中口径绿化指标范围。消费税中的成品油税目也是对成品油直接征收的,交通运输设备中的汽车、摩托车以及豪华游艇虽然不是直接的能源资源,但它们却是能源资源的主要使用载体,所以成品油和交通运输设备制造业消费税也应该纳入中口径绿化指标中。这里需要说明的是，由于《中国税务年鉴》统计方法和统计口径的改变，2007 年之后便不再对消费税进行分地区分税目统计，导致 2007 年之后交通运输设备和成品油两个税目的消费税数据缺失。出于数据的完整性考虑，本书在计算中口径绿化指标时使用消费税收入总额替代以上两个税目的收入，这么做势必会虚增中口径绿化指标值，但是现行消费税 14 个税目中有 10 个税目分别与环境保护直接或间接相关①，根据汪成红[164]的测算，这 10 个绿色税目的消费税收入占消费税收入总额的比重在 2009—2013 年都超过了 95%，所以可以将消费税收入总额直接归入中口径绿化指标进行测算。根据上述思路，车船税也应该纳入中口径绿化指标中，因为车船税是对纳税人拥有的车船按照排气量不同征收的，尽管其具有财产税性质，但确实在环境保护方面发挥着较大的作用。综上，将排污收费、资源税、成品油和交通运输设备制造业消费税、车船税四个税（费）种纳入中口径绿化指标中。中口径绿化指标就是用前述四个税（费）种的收入总额占当年税收收入和排污费收入总额的比重来表示的，为了方便起见，可以将资源税、成品油和交通运输设备制造业消费税、车船税收入总和用 T_2 来表示，其公式可以表示为：

$$中口径绿化指标=\frac{T_1+T_2}{当年排污费收入+当年税收收入总额}$$

3. 大口径绿化指标

大口径绿化指标包括所有对环境保护有利的税种，而不考虑开征该税种的初始目的是什么，凡是包含在环境税类内部的税种都应该纳入大口径绿化指标。增值税与高耗能企业节能减排可能呈负向关系，即增值税的增加会促进高耗能企业节能减排。但必须强调的是，增值税作为一个中性税收，是对所有行业所有企业所有产品的销售行为征收的普遍性税种，之所以对高耗能企业节能减排有促进作用，可能是因为增值税的征收增加了高耗能企业的生产经营成本所致，或者说可能是增值税所规定的对节能减排相应的税收优惠措施激励了高耗能企业节能减排。因此，本书暂不考虑将对所有企业普遍征收的增值税以及企业所得税纳入绿色税收范围。尽管这两个税种都有鼓励资源节约和环境保护方面的相关税收优惠措施，但因为都是对所有行业所有企业纳税行为的普遍征收，并不是针对能源资源和生态环境重点开征的；尽管它们有对能源资源节约和生态环境保护的相关税收优惠规定，但由于这些税收优惠措施属于税式支出，税式支出的增加理论上应该作为一个减项扣除税收收入，所以暂不考虑将其纳入大口径绿化指标。因此，大口径绿化指标采用环境税类收入总额占当年税收收入和排污费收入总额的比重来表示，即在中口径绿化指标基础上纳入城镇土地使用税、耕地占用税、城市维护建设税和车

---

① 消费税税目中与环境保护相关的 10 个税目分别是烟、鞭炮焰火、成品油、化妆品、摩托车、小汽车、游艇、木制一次性筷子、实木地板以及新增的电池、涂料。

辆购置税，同时将以上四个税种的收入记为 T_3。大口径绿化指标公式可以表示为：

$$\text{大口径绿化指标}=\frac{T_1+T_2+T_3}{\text{当年排污费收入}+\text{当年税收收入总额}}$$

3.2.2 中国现行税收制度绿化程度测算与评价

按照三个不同口径绿化指标的计算公式，选择 1998—2015 年相关数据来测算中国现行税收制度绿化程度。书中所有数据均来自历年《中国环境年鉴》、中国环境统计年报、《中国税务年鉴》和国家税务总局税收统计数据，所有绝对数单位全部为亿元。用三个不同口径绿化指标反映的中国现行税收制度绿化程度详见表 3－6。

表 3－6 不同口径绿化指标反映的中国税收制度绿化程度

年份	小口径绿化指标	中口径绿化指标	大口径绿化指标
1998	0.0062	0.0396	0.0815
1999	0.0054	0.0363	0.0755
2000	0.0046	0.0297	0.0652
2001	0.0041	0.0286	0.0782
2002	0.0039	0.0270	0.0829
2003	0.0035	0.0259	0.0818
2004	0.0036	0.0264	0.0824
2005	0.0040	0.0254	0.0789
2006	0.0038	0.0259	0.0782
2007	0.0035	0.0241	0.0765
2008	0.0030	0.0238	0.0835
2009	0.0027	0.0499	0.1173
2010	0.0024	0.0506	0.1224
2011	0.0020	0.0456	0.1198
2012	0.0017	0.0460	0.1228
2013	0.0017	0.0442	0.1173
2014	0.0014	0.0430	0.1240
2015	0.0013	0.0494	0.1294

数据来源：根据历年《中国环境年鉴》、中国环境统计年报、《中国税务年鉴》和国家税务总局税收统计数据整理。

为了更清楚观察三个口径绿化指标的变动趋势，根据表 3 - 6 中计算出的数据绘制出图 3 - 3。图中横轴代表年份，纵轴表示百分比，由于小口径绿化指标占比太低，为了更清晰地呈现小口径绿化指标的变动趋势，用图中右侧坐标表示小口径绿化指标。

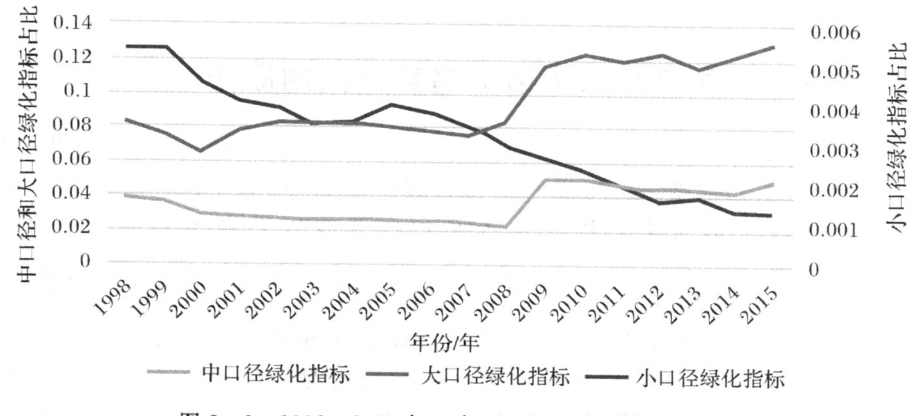

图 3 - 3　1998—2015 年三个口径绿化指标的变动趋势

从表 3 - 6 和图 3 - 3 可以看出：①小口径绿化指标总体偏低，除个别年份之外，总体上不断下降，大致呈现一种倒“N”形趋势。其主要原因是中国目前缺乏独立的环境保护税种，尽管可以用排污费代替环境保护税，但排污费与税收相比较存在排污收费标准低、排污收费成本较高等问题，甚至存在人情收费等腐败现象。结果是排污收费增加速度远远比不上规范性税收增加速度，2010 年排污费收入比 2001 年排污费收入增加了 2 倍多，而同期税收收入却增加了 4 倍多，导致小口径绿化指标总体呈现出下降趋势。因为小口径绿化指标能真正反映一国税收制度绿化程度，所以从这一角度看，中国税收制度的绿化程度实在是太低了。②中口径绿化指标先持续下降后稳步上升，大致呈现一种不规则的“V”形趋势。2009 年之前，中口径绿化指标几乎是持续下降的，从 1998 年的 3.96%一直下降到 2008 年的 2.38%，其原因是在其他环境税种收入持续大幅增长的情况下，资源税收入却增长缓慢，导致资源税在环境税类中的占比持续下降。2009 年之后，中口径绿化指标跳跃式激增，基本稳定维持在 5%左右，这主要是由于 2009 年燃油税费改革导致石油加工、炼焦行业消费税收入的突增，该项消费税税收收入由 2008 年的 371.63 亿元激增到 2009 年的 2024.66 亿元，2009 年的收入约是 2008 年的 5.5 倍。③大口径绿化指标尽管有波动但总体上是上升的，大致呈现一种“W”形趋势。1998—2000 年大口径绿化指标从 8.15%一直下降到了 6.52%，2001 年开征的车辆购置税，增加了环境税类收入，扭转了大口径绿化指标持续下降的趋势。2001—2008 年，大口径绿化指标尽管从 2004 年又开始下降，但一直稳定维持在 8%左右。

2009—2015年，大口径绿化指标开始持续上升，始终处于12%左右，这主要得益于2009年成品油消费税改革。同时也应该看到，由大口径绿化指标代表的中国税收制度绿化程度已经不算太低，但由于现行税制中大多相关绿色税种开征的本意并不是出于保护生态环境，所以在能源资源节约和生态环境保护调节方面的作用仍然有限。

3.2.3 不同口径绿化指标趋势背离的原因分析

弹性是一个变量变动百分比相对于另一个变量变动百分比的敏感度，弹性大小可用弹性系数来度量。可以将排污费弹性系数(用 E_P 表示)定义为一定时期内排污费收入增长率与税收收入和排污费收入总额增长率的比值，即 $E_P=\dfrac{\Delta P/P}{\Delta(T+P)/(T+P)}$，它反映了排污费收入对税收收入和排污费收入的反应程度。当 $E_P>1$ 时，表明排污费收入增长速度快于税收收入和排污费收入总额的增长速度；当 $E_P=1$ 时，表明排污费收入增长速度与税收收入和排污费收入总额的增长速度同步；当 $E_P<1$ 时，表明排污费收入增长速度慢于税收收入和排污费收入总额的增长速度。同理，将绿色税收弹性系数(用 E_{GT} 表示)定义为一定时期内绿色税收收入增长率与税收收入和排污费收入总额增长率的比值，即 $E_{GT}=\dfrac{\Delta \mathrm{GT}/\mathrm{GT}}{\Delta(T+P)/(T+P)}$，它反映了绿色税收收入对税收收入和排污费收入的反应程度。当 $E_{GT}>1$ 时，表明绿色税收收入增长速度快于税收收入和排污费收入总额的增长速度；当 $E_{GT}=1$ 时，表明绿色税收收入增长速度与税收收入和排污费收入总额的增长速度同步；当 $E_{GT}<1$ 时，表明绿色税收收入增长速度慢于税收收入和排污费收入总额的增长速度。

通过对1998—2015年排污费弹性系数和绿色税收弹性系数的计算发现，排污费弹性系数只有两年的数值大于1，其余年份都小于1，在2009年甚至小于0，总体上看排污费收入是缺乏弹性的，表明排污费收入增长速度远远低于税收收入和排污费收入总额的增长速度，这也是小口径绿化指标不断下降的原因所在。绿色税收弹性系数除个别年份小于1，其余年份都大于1，在2009年达到了最大值4.29，总体上看绿色税收收入是富有弹性的，说明绿色税收收入增长速度要快于税收收入和排污费收入总额的增长速度，或者至少保持着同速发展。对比排污费弹性系数与绿色税收弹性系数可以发现，除了2004年和2005年排污费弹性系数大于绿色税收弹性系数外，其余年份绿色税收弹性系数都要大于排污费弹性系数。这表明相对于税收收入与排污费收入总和，绿色税收收入增长速度在绝大多数年份里都要快于排污费收入增长速度，这就导致大口径、中口径绿化指标与小口径绿化指标逐步背离。

综上,不同口径绿化指标趋势相互背离主要是由于排污费收入的增长速度慢于绿色税收收入的增长速度所致,造成这一结果的原因主要有以下几点。

第一,排污费制度自身缺陷导致排污费收入增长缓慢。排污费在征收过程中是用污染当量与排污费率的乘积表示的,不同污染物适用的排污费率标准不同却一直保持稳定,如污水每一污染当量征收标准为 0.7 元,废气每一污染当量征收标准为 0.6 元。随着中国经济持续增长,污染排放量在不断增加,二者的乘积即排污费收入也应该不断增加,但事实却并非如此。在污染排放量与排污费率不断增加或至少不变的情况下,排污费收入增长缓慢甚至下降,究其原因主要是排污费制度设计本身存在问题。比如现行收费标准太低,甚至低于边际污染成本,导致很多企业在权衡污染成本和处罚成本后宁愿接受处罚而选择排放污染物。现行排污费制度规定单因子收费,即同一排污口如果有两种以上有害物要按照收费最高的计算,这不利于其他污染物的防控。而且排污费征收管理约束性弱、随意性大,在征收过程中征收部门会从本部门与本地区利益出发,随意降低排污收费标准,甚至存在人情收费等腐败现象,导致该收的收不上来,而征收到的大量资金也经常被挪为他用,存在"收费养人、养人收费"等不合理现象。排污费征收过程中自身制度设计缺陷导致该收的收不上来,减小了排污费收入规模,降低了排污费收入增长速度,弱化了排污费保护环境的作用。

第二,城市维护建设税、消费税相关税目以及车辆购置税权重大且增长快导致绿色税收收入快速增长。绿色税收增长速度快可从两个方面分析,即税种增长速度要快而且这一税种必须在绿色税收中占有较大的权重。在计算大口径绿化指标时发现,在绿色税收中,占据前三位的税种一直是城市维护建设税、消费税相关税目和车辆购置税,这三个税种之和基本上占到绿色税收收入的 70%左右,这三个税种的增长将带来绿色税收的较快增长。而其他权重较小的税种,即使出现较大幅度增长也会由于权重太小不能带动绿色税收增加。例如资源税,在经过油气资源从量征收改为从价征收后,收入增长速度非常快,2011 年资源税收入增长率达到了 23.45%,但由于资源税在绿色税收中权重很低,2011 年这一比值只有4.4%,导致资源税增长速度再快也很难带动绿色税收收入增加。因此,绿色税收快速增长的主要原因来自城市维护建设税、消费税相关绿色税目、车辆购置税以及城镇土地使用税的快速增长。

3.3　本章小结

通过对中国现行税制绿化作用的定性与定量分析,发现中国现行税制在发挥环境保护功能方面存在不足,主要表现在以下几个方面。

(1)中国现行税制缺乏独立的环境保护税种与完善的环境税体系。基于庇古税理论基础上的以开征环境税为主要内容的绿化税制改革无论从理论研究层面还是从实践操作层面,都已经得到了世界各国的广泛认可,但中国现行税制尚缺乏独立的环境保护税种。尽管存在一些具有绿色调节作用的税种却散见于各个税类中,没有形成完善的环境税体系,导致无论是从实质上还是形式上,中国现行税制的环境保护功能都不足。

(2)中国现行税收制度的环境保护功能从宏观、中观和微观三个层次看都是失衡的。从宏观税制结构看,中国现行税制中环境税类收入在税收收入总额中的占比较低;从中观税制结构看,现行环境税类中收入占比较大的税种的绿化调节作用较弱,绿化调节作用较强的税种在环境税类中占比却很低;从微观税制结构看,环境税类中现有税种的税制构成要素在环境保护方面都有缺陷。宏观、中观和微观税制结构的失衡表明中国现行税制环境保护功能比较薄弱。

(3)大、中、小三个不同口径绿化指标都表明中国现行税制绿化程度不高。根据绿化调节作用不同,本书构建了三个不同口径的绿化指标。通过测算发现,小口径绿化指标持续下降,呈现出倒"N"形趋势;中口径绿化指标先不断下降后又反转上升,呈现出不规则的"V"形趋势;大口径绿化指标波动较大,但大体呈现一种"W"形趋势。不同口径的绿化指标的趋势出现背离,其原因在于排污费收入的弹性系数远远小于其他绿色税种收入的弹性系数。

第4章

绿化税制改革影响环境保护的实证分析

随着环境污染不断加剧，对环境污染带来的损失及如何治理引起了学界和业界的高度重视。生态环境部与国家统计局的绿色经济核算结果《中国环境经济核算报告》认为，基于环境退化成本核算的环境污染代价已经从 2004 年的 5118.2 亿元提高到 2009 年的 9701.1 亿元，其中基于疾病成本测算空气污染造成的经济损失已相当于 GDP 的 1.2%。面对日益严峻的环境污染形势，党的十八届三中全会《中共中央关于全面深化改革若干重大问题的决定》中提出“建立系统完整的生态文明制度体系，实行最严格的源头保护制度、损害赔偿制度、责任追究制度，完善环境治理和生态修复制度，用制度保护生态环境”，对当前的环境污染治理提出严格要求，环境保护成了当前非常迫切而又必须解决的头等大事。

通过以开征环境税为主要内容的绿化税制改革来减轻环境污染无论是从理论上还是实践中都已经达成了共识。现有文献中对通过开征环境税减少污染物排放数量的研究，还仅仅停留在基于庇古税思想的理论研究方面，即使是欧洲已经开征环境保护税的国家，也因为污染物排放量受多重因素影响，污染物排放数量的减少到底是不是真的由环境税开征导致也不得而知。那么，绿化税制改革能不能真的减少污染物排放数量，就需要从实证方面进行检验，遗憾的是，迄今为止国内仍然没有这方面的相关研究或仅是将研究范围扩大到环境规制来进行①。鉴于此，本章从全国和区域水平上测度中国地区环境压力指数，衡量不同地区环境污染程度，然后通过构建面板模型对绿化税制改革影响环境保护的效果进行实证研究，并通过稳健性检验多维度验证研究结论的可靠性。

4.1 中国各地环境压力指数的测度

4.1.1 环境压力指数的含义

度量生态环境质量的方法很多，其中生态环境的定量评价与自然资源的计量一直是个难题。生态足迹与生态承载力以及由二者计算出的环境压力②指数是一个得到较多应用的方法[165]。所谓环境压力指数，是指人类经济活动对环境产生不利影响与作用而导致的环境压力综合指数，是一个综合性的度量指标。

① 究其原因主要有二：一是中国目前并没有开征独立的环境保护税，用什么指标测量或代替环境保护税是个难点，因为现有税种即使具有环境保护功能，也并不是以环境污染物作为课税对象的；二是统计数据的缺失，税收数据不同于其他统计数据，由于统计方法的变更，导致许多税收数据不具有连贯性。

② 环境压力是指危及生态系统稳定性的外界干扰及其所产生的生态效应。

生态足迹是将区域资源和环境消费转化为提供这种消费所必需的各种生物生产土地面积，并将其与该区域能够提供的生物生产型土地面积相比较来定量评价生态环境质量的方法[166]，但由于其自身所存在的一些缺陷导致该方法在使用时并不具有持续性。其原因主要有二：一是生态足迹与生态承载力在计算时所涉及的数据非常庞大且分散，收集所需数据需要耗费大量人力物力，而且有一些数据本身是缺省的；二是生态足迹与生态承载力的计算方法本身存有缺陷与争议，例如，它只考虑某一种污染物而不考虑其他污染物，在计算过程中将各种类型土地进行换算时用到的权重也存在争议。另外，根据多个单项污染物浓度经过一定方法组合而成的空气质量指数①（air quality index，AQI）也是衡量环境污染程度常用的一个指标，但是由于其仅仅关注空气污染物排放以及空气污染中包含的污染成分，对其他诸如废水与固体废弃物并没有纳入考核，而且中国空气质量在线监测分析平台提供的 AQI 数据一般以天为单位且只对大城市进行检测与公布，并不适用于本章以年为单位对中国各省污染数据的考核。

基于此，本章采用了不同于已有文献中衡量环境污染程度的指标，借鉴生态足迹与生态承载力的计算方法，采用环境压力指数来衡量地方环境污染程度。之所以采用综合性污染指标而没有采用分项污染指标，原因有二：首先，分项污染指标不能真正刻画地区环境污染程度。中国不同地区的经济发展水平与资源环境禀赋不同，导致各地污染物水平与环境污染类型也不同，有的地方可能废水污染较严重，有的地方可能废气排放较严重，如果局限于某一项污染物，则可能夸大或缩小某地的实际污染程度。其次，本书的核心解释变量是税收制度绿化程度，如果说小口径绿化指标仅仅刻画排污费还能够解释与污染物之间的直接相关性，那么中口径和大口径绿化指标包含了其他绿色税种，诸如城镇土地使用税、耕地占用税以及车船税，此时若只是针对某单项污染物，那么这些税种的征收似乎与被解释变量之间的相关性不足，而如果采用一个综合性污染指标，则可以更好刻画二者之间的关系。

4.1.2 环境压力指数的测度方法与数据

在测量各地环境压力指数之前首先要清楚环境压力指数是如何表示的。借用胡炳清[167]对环境压力指数的计算方法，将环境压力指数用各地环境污染排放强度与各地陆地国土面积之比来表示，其计算公式如下：

$$\mathrm{RAEPI} = \beta \times \frac{\mathrm{RECEI}}{\mathrm{RA}} \tag{4-1}$$

$$\mathrm{RECEI} = \sum_{i=1}^{n} \alpha_i \frac{\mathrm{EC}_i}{\mathrm{GDP}} \tag{4-2}$$

① 空气质量指数只表征污染程度，并非具体污染物的浓度值。由于空气质量指数评价的六种污染物浓度限值各不相同，在评价时各污染物都会根据不同的目标浓度限值折算成空气质量分指数。

其中，EC_i 表示各地第 i 种污染物排放总量，这里考虑六种污染物排放量，分别是工业废气、工业废水、工业固体废弃物、工业二氧化硫、工业 COD 以及工业粉（烟）尘；GDP 表示各地工业增加值；RECEI 表示各地工业污染物的排放强度；α_i 和 β 是无量纲系数；RA 表示各地的陆地区域面积；RAEPI 表示各地的环境压力指数。

可以看出，在构建环境压力指数时多处采用了加和的方式，其物理意义是各地各种工业污染物空间分布浓度给各地生产生活造成的压力大小。与胡炳清稍有不同的是，在计算各地工业污染物排放强度时，本书使用各地工业增加值代替了环境质量标准值。其原因有三：第一，各地环境质量标准是一个静态值，虽然从较长时期来看，环境质量标准在不断进行调整，但一经调整可能就会相对固定一段时期，就可能出现某两年甚至多年的环境质量标准值相同的情形，这显然不能真实反映随着经济不断增长而带来的环境压力。第二，各地环境压力大小以及环境污染程度大小与各地环境质量标准虽有联系，但关系却不大。即使一地环境污染排放数量没有超过环境质量标准，也会因为环境污染持续动态的累积效应，对一地居民生活生产产生非常大的影响。第三，工业污染产生的真正来源是工业规模增加与工业发展速度加快，用工业增加值做分母计算工业污染物排放强度更能体现工业发展过程中给当地造成的环境压力大小，而且本书研究目的就是为了检验绿化税制改革对环境保护、经济增长与环境公平的影响效果。因此，用工业增加值代替环境质量标准值能够更好地将环境污染与经济增长融合在环境压力指数中，这在实践层面更具有研究意义。

环境污染会改变环境压力指数，环境污染越严重，环境压力指数就会越大。之所以在计算环境压力指数时，将各种污染物排放强度综合后与各地土地面积做比值，是因为人类生存所必需的资源都需要土地来供给，并且人类生产、生活过程中产生的废弃物也需要土地来消化，这就决定了在计算环境压力指数时必须依托于土地。另外，环境污染还具有一定的空间性，由于中国各地经济发展水平与资源环境禀赋参差不齐，环境破坏程度各不相同，相同污染物或污染排放量在不同地区的边际损害成本也不尽相同。例如，同样的 50 万吨二氧化硫排放量在北京和新疆形成的环境污染程度应该是不同的，这样对两地产生的环境压力自然也是不同的，所以有必要在考察环境污染程度时考虑各地的土地面积。

通过公式（4－1）和（4－2），在计算各地环境压力指数时，首先需要搜集各地工业废水排放量、工业废气排放量、工业固体废弃物排放量、工业 COD 排放量、工业二氧化硫排放量以及工业粉尘与烟尘排放量，所有这些数据均来自历年《中国统计年鉴》与《中国环境年鉴》以及历年的中国环境统计年报。其次搜集各地的工业增加值时，该数据来源于《中国统计年鉴》与《中国工业统计年鉴》，各地陆地区域面积来源于《中国统计年鉴》。经过数据的搜集、整理、计算，最终各地环境压力指数的计算结果如表 4－1 所示。

表 4-1　2001—2015 年中国各地环境压力指数①

地区	2001 年	2002 年	2003 年	2004 年	2005 年	2006 年	2007 年	2008 年	2009 年	2010 年	2011 年	2012 年	2013 年	2014 年	2015 年
北京市	29.654	22.691	16.073	14.972	10.060	6.717	6.283	5.334	4.517	3.959	3.803	3.137	2.931	2.510	2.452
天津市	19.900	22.305	25.253	23.627	19.543	15.457	15.953	11.279	9.043	6.727	6.331	5.566	4.712	4.111	3.568
河北省	3.203	2.584	2.700	2.533	2.208	2.131	1.898	1.787	1.546	1.195	1.221	1.129	1.091	1.006	0.939
山西省	5.176	4.014	3.580	2.827	2.640	2.063	1.774	1.914	1.561	1.319	1.412	1.419	1.174	1.224	1.267
内蒙古自治区	3.910	0.511	0.446	0.413	0.419	0.345	0.256	0.231	0.165	0.134	0.123	0.127	0.111	0.094	0.094
辽宁省	5.064	4.091	3.640	3.059	2.927	2.880	2.719	2.289	1.866	1.480	1.149	0.892	0.951	0.853	0.727
吉林省	4.218	3.431	2.983	2.584	2.104	1.849	1.888	1.516	1.184	0.955	0.843	0.695	0.624	0.574	0.506
黑龙江	0.956	0.839	0.790	0.724	0.685	0.524	0.546	0.391	0.330	0.287	0.307	0.271	0.238	0.317	0.280
上海市	80.697	62.857	55.770	49.445	38.857	30.291	22.793	20.219	17.680	15.517	15.610	12.582	13.302	14.063	13.250
江苏省	6.115	5.425	6.576	5.658	4.305	3.603	3.317	2.792	2.222	1.864	1.794	1.538	1.335	1.203	1.071
浙江省	4.551	9.098	5.198	4.921	3.968	3.205	3.214	2.810	2.398	2.102	2.114	1.625	1.417	1.306	1.156
安徽省	10.199	5.663	4.816	4.591	4.127	3.559	2.919	2.688	2.371	1.850	1.717	1.301	1.145	0.974	0.895
福建省	3.857	3.513	3.916	3.727	4.221	4.022	4.049	3.452	3.096	2.772	2.576	1.831	2.066	1.216	1.104
江西省	5.768	5.420	4.787	4.247	4.135	3.446	2.695	2.543	2.246	1.828	1.583	1.262	1.093	0.965	0.888
山东省	2.462	2.232	2.122	1.743	1.513	1.287	1.149	0.999	0.997	0.884	0.867	0.897	0.770	0.679	0.645

① 由于数据的可获得性，此处不包含西藏自治区、香港和澳门特别行政区和台湾地区。

续表

地区	2001 年	2002 年	2003 年	2004 年	2005 年	2006 年	2007 年	2008 年	2009 年	2010 年	2011 年	2012 年	2013 年	2014 年	2015 年
河南省	3.508	3.530	3.235	3.060	2.584	2.106	1.770	1.526	1.295	1.024	1.050	0.922	0.834	0.749	0.694
湖北省	5.864	6.134	4.207	3.918	4.194	2.967	2.293	1.958	1.592	1.352	1.020	0.922	0.850	0.657	1.646
湖南省	6.168	5.119	4.551	4.438	4.183	3.502	2.839	1.916	1.579	1.164	1.103	0.870	0.713	0.626	0.555
广东省	1.820	1.566	1.401	1.715	1.310	1.413	1.314	1.116	0.994	0.753	0.660	0.562	0.508	0.473	0.416
广西壮族自治区	6.993	11.586	6.521	6.321	6.717	5.536	7.998	3.756	4.067	3.581	2.662	2.035	1.206	1.170	0.871
海南省	35.068	34.079	22.846	21.162	21.551	17.296	13.973	10.872	7.355	6.658	8.083	5.404	5.313	5.328	6.488
重庆市	19.287	16.782	17.766	15.545	11.137	11.536	8.482	9.189	6.083	4.553	3.349	1.928	1.196	1.027	1.068
四川省	1.947	2.264	1.835	1.935	1.699	1.265	1.121	0.877	0.776	0.545	0.469	0.347	0.253	0.623	0.608
贵州省	6.369	4.649	4.236	3.582	3.002	2.455	1.884	1.870	1.657	1.163	1.300	1.220	1.218	1.169	1.176
云南省	1.576	1.964	1.363	1.250	1.218	1.129	0.912	0.846	0.750	0.609	0.615	0.500	0.697	0.544	0.498
陕西省	3.250	2.784	2.725	2.127	1.951	2.062	1.642	1.183	1.157	0.950	0.923	0.730	0.528	0.426	0.381
甘肃省	2.288	1.905	1.535	1.344	1.329	0.923	0.750	0.604	0.510	0.456	0.473	0.349	0.449	0.452	0.410
青海省	1.014	0.966	1.083	0.669	0.573	0.479	0.661	0.533	0.442	0.366	0.385	0.335	0.295	0.414	0.378
宁夏回族自治区	24.311	25.799	28.407	21.517	13.776	9.557	16.456	11.714	10.460	7.738	8.014	12.106	7.566	4.954	4.459
新疆维吾尔自治区	0.375	0.262	0.268	0.250	0.219	0.183	0.162	0.132	0.125	0.108	0.131	0.108	0.102	0.113	0.118

资料来源：根据历年数据计算整理。

4.2 指标选取和模型设定

4.2.1 计量模型设定

根据第 2 章的分析，为了考察绿化税制改革对环境污染的直接影响以及绿化税制改革通过财政分权、环保投资和技术创新三个变量对环境污染带来的间接影响，本章基本的计量模型具体设定如下：

$$EP_{it}=\alpha_0+\alpha_1 GT_{it}+\alpha_2 EI_{it}+\alpha_3 TI_{it}+\alpha_4 FD_{it}+\beta X_{it}+\mu_i+\nu_t+\varepsilon_{it} \quad (4-3)$$

其中，i 表示样本省份；t 表示样本时间；EP_{it}表示第 i 省份在 t 年的工业环境污染程度；GT_{it}表示第 i 省份在 t 年的税收制度绿化程度，这里的绿化程度分为大、中、小三个不同口径统计指标，将依次代入模型(4－3)进行回归；EI_{it}表示第 i 省份在 t 年的环保投资规模；TI_{it} 表示第 i 省份在 t 年的技术创新强度；FD_{it} 表示第 i 省份在 t 年的财政分权程度；X_{it}表示其他控制变量，主要有各地区的实际人均 GDP 及其平方、城市化水平、工业化水平、贸易开放度、能源强度以及环境管理能力等；μ_i 表示地区固定效应变量；ν_t 表示时间固定效应变量；ε_{it} 是随机误差项。

为了考察绿化税制改革通过财政分权、环保投资和技术创新等变量对环境污染产生的间接影响，本书在模型(4－3)中引入绿化税制改革与上述三个变量的交互项，具体形式如下：

$$EP_{it}=\alpha_0+\alpha_1 GT_{it}+\alpha_2 EI_{it}+\alpha_3 TI_{it}+\alpha_4 FD_{it}+\alpha_5 GT_{it}\times EI_{it}+ \alpha_6 GT_{it}\times TI_{it}+\alpha_7 GT_{it}\times FD_{it}+\beta X_{it}+\mu_i+\nu_t+\varepsilon_{it} \quad (4-4)$$

其中，$GT_{it}\times EI_{it}$、$GT_{it}\times TI_{it}$ 和 $GT_{it}\times FD_{it}$ 分别表示绿化税制改革与环保投资、技术创新和财政分权的交互项，其他变量代表的意思与模型(4－3)相同。如果对(4－4)式两边关于税收制度绿化程度 GT 求偏导，得到：

$$\frac{\partial(EP)}{\partial(GT)}=\alpha_1+\alpha_5 EI+\alpha_6 TI+\alpha_7 FD \quad (4-5)$$

式中，α_1 表示绿化税制改革对环境污染的直接影响效果；α_5、α_6、α_7 分别表示绿化税制改革通过环保投资、技术创新、财政分权三个变量对环境污染带来的间接影响效果。

4.2.2 内生性讨论

本章考察绿化税制改革和环保投资、技术创新、财政分权对环境压力指数的影响可能存在内生性，从而导致有偏差的估计，这主要是由方程内生性所导致的。在将绿化税制改革和环保投资、技术创新、财政分权作为解释变量时，由于环境污染严重的地区更重视经济增长和污染治理，从而被解释变量反过来对这些解释变量会产生影响，导致解释变量出现非外生给定现象。这种相互影响带来的方程内生性可以通过将解释变量用其滞后变量替代的方法予以消除，由于滞后的解释变量已经发生，被解释变量不能对其产生影响，因而内生性得到纠正。所以本章的解决方法就是将模型(4－3)和(4－4)中关于绿化税制改革和环保投资、技术创新、财政分权的变量全部滞后 1 期①。

$$EP_{it-1}=\alpha_0+\alpha_1 GT_{it-1}+\alpha_2 EI_{it-1}+\alpha_3 TI_{it-1}+\alpha_4 FD_{it-1}+\beta X_{it-1}+\mu_i+\nu_t+\varepsilon_{it} \quad (4-6)$$

$$EP_{it-1}=\alpha_0+\alpha_1 GT_{it-1}+\alpha_2 EI_{it-1}+\alpha_3 TI_{it-1}+\alpha_4 FD_{it-1}+\alpha_5 GT_{it-1}\times EI_{it-1}+\alpha_6 GT_{it-1}\times TI_{it-1}+\alpha_7 GT_{it-1}\times FD_{it-1}+\beta X_{it-1}+\mu_i+\nu_t+\varepsilon_{it} \quad (4-7)$$

另外，还需要注意遗漏变量导致的内生性。因为即使尽可能全面地考虑相关控制变量，但由于存在很多无法定量衡量的影响因素，这些遗漏变量在随机误差项里的影响因素可能与地区情况相关，从而导致本章的核心解释变量成为内生变量。要全面找到遗漏因素的代理变量或内生变量的工具变量十分困难，解决这个问题的思路是将被解释变量的滞后 1 期加入解释变量中，如果这些遗漏因素在短期内不会改变，那么其进入滞后期的被解释变量后，可以避免遗漏内生性的问题。

因此，可以将模型(4－3)改写为动态面板数据模型②，即

$$EP_{it}=\alpha_0+\phi EP_{it-1}+\alpha_1 GT_{it}+\alpha_2 EI_{it}+\alpha_3 TI_{it}+\alpha_4 FD_{it}+\beta X_{it}+\mu_i+\nu_t+\varepsilon_{it} \quad (4-8)$$

其中，EP_{it-1}为滞后 1 期的环境压力指数，反映各地环境污染程度的动态性和延续性；ϕ 反映上期环境污染状况对本期的影响。

4.2.3　变量说明

1. 环境压力指数(EP)

在已有的实证文献中，在计算环境压力指数时，一般采用污染排放量和污染集中度两类变量来度量环境污染，而污染排放量指标以及人均污染排放量指标由于数据的可得性使用更广泛一些。污染排放物一般包括气体污染排放物、液体污染排放物与固体污染排放物。其中，液体污染排放物包括废水排放量、化学需氧量排放量，气体污染排放物包括废气排放量、二氧化硫排放量、烟尘粉尘排放量，为了更真实地反映实际污染状况，可以采用各种人均污染物排放量指标以消除人口规模

① 这里需要说明的是，其他控制变量也可能存在类似的内生性问题，但在本章中不做考虑，均将它们视为外生变量。

② 这里使用动态面板数据模型还有一个原因，即环境污染本身就是一个动态持续的过程，本期环境污染量不仅受经济、政策等因素影响，还受到上期排放量的影响。

不同对环境污染的影响。本章选取工业废水排放量、工业废气排放量和工业固体废弃物排放量是因为它们是中国主要的三种形态污染物排放总量。选取工业化学需氧量和工业二氧化硫则是因为它们是中国环境规制中的典型污染物和主要控制对象，同时又与经济发展密切相关。选择工业废气中的粉尘和烟尘则主要是因为近几年日益严重的雾霾已经严重影响到居民的日常起居生活，而粉尘和烟尘又是形成雾霾的重要原因[①]。

2. 绿化税制改革(GT)

绿化税制改革是本书的核心解释变量，由于税收数据难以获得，基于数据的可得性和指标的完善性考虑，本书构建了大、中、小三个不同统计口径的税收制度绿化指标来衡量绿化税制改革的程度[②]。税收制度绿化程度越高，意味着当地征自资源与环境的税收收入就越高，意味着当地政府对资源浪费和环境污染的管理力度越大，也意味着当地政府对资源浪费和环境污染的容忍程度越小，势必导致当地污染排放者排污成本提高，污染排放数量也随之越小。根据命题 1，绿化税制改革对环境污染的直接影响为负，因此，本章预期 $\alpha_1<0$。税收制度绿化程度的相关数据来源于历年《中国税务年鉴》。

3. 环保投资[③](EI)

根据不同情景，可以采用工业污染源治理投资额、基础设施建设投资额、建设项目“三同时”投资额三个变量或者三个变量的总和表征环保投资[④]。本章在测度环保资金投入时采用工业污染治理投资额和工业污染治理完成投资额两项指标，主要是因为工业污染治理投资反映了政府在该地区环境管理中治理污染的意愿与付出的努力，因此可以代表该地区实际环保投资规模，治污投入越多，环境规制效果就应该越高。另外，绿化税制改革将增加政府税收收入，增加政府环境保护资金来源，使环保投资规模持续增加，也就是说绿化税制改革可能加剧环保投资对环境

---

① 本书并未将二氧化碳列入考察对象，主要原因是二氧化碳排放属于气候问题，尽管有很多学者将其列入环境污染行列，但本书认为与传统意义上的环境污染相比较，二氧化碳并不是真正的环境污染。

② 详见本书第 3 章中国现行税收制度绿化程度研究部分对税收制度绿化程度的解释与测算。

③ 环保投资是主要针对环境污染防治的专项投资，其主要目的并不是为了获得经济收益，而是改善生态环境。

④ 有时也可以引入一个环保投资弹性系数，即环保投资增长速度与国民经济增长速度之比。这一弹性系数指标的构建，不仅要求环保投资绝对规模每年持续增加，环保投资在国民经济中的占比持续提高，而且环保投资增加速度还要快于国民经济增加速度，只有这样才能保证环保投资持续快速增加。

污染的减排效应。根据命题 2,环保投资的增加将减少环境污染,同时,绿化税制改革将强化环保投资对环境污染的影响效果,因此,本章预期 $\alpha_2<0$,$\alpha_5>0$。环保投资测算的相关数据来自历年《中国统计年鉴》。

4. 技术创新(TI)

研究与试验发展经费支出(R&D)是公认的可以反映技术创新水平的常用指标①,不过,由于 R&D 支出因经济总量不同而有所差异,故使用这一指标衡量技术创新水平有时不够客观。为了更加客观、准确衡量技术创新水平,一般采用研发强度作为技术创新的度量指标,即每年 R&D 支出与同期 GDP 的比值,该指标值越大,表示企业技术创新能力越强。同时,绿化税制改革本身就是要提高排污企业的排污成本,随着企业污染成本上升,基于利润最大化考虑,排污企业会主动进行技术创新,通过技术创新研发更高效的环保技术,以提高技术创新水平并有效降低污染物排放[168-169]。因此,与环境保护相关的技术创新可以减少环境污染物排放量,绿化税制改革将强化技术创新对环境污染的影响效果,因此,本章预期 $\alpha_3<0$,$\alpha_6>0$。技术创新变量相关数据来自历年《中国统计年鉴》与《中国科技统计年鉴》。

5. 财政分权(FD)

财政分权与环境污染密切相关[170],财政分权是影响环境质量的一个重要制度因素②,大体上可以从地方财政支出和地方财政收入两方面进行衡量。从支出角度可以用地方财政支出(或人均地方财政支出)占中央财政支出(或人均中央财政支出)的比重来衡量,从收入角度可以用地方财政收入(或人均地方财政收入)占中央财政收入(或人均中央财政收入)的比重来衡量。由于绿化税制改革直接影响绿色税收收入,而绿色税收收入从收入隶属关系看大多属于或即将属于地方税收收入,这将导致地方财政收入发生变化。因此,本书采用从收入角度对财政分权程度的衡量指标,即用地方人均财政收入占中央人均财政收入的比重来衡量。根据命题 4,财政分权程度的提高对环境污染的影响方向是不确定的。无论提高财政分权程度是否有利于治理环境污染,绿化税制改革都将改变地方政府的财政分权程度,即无论财政分权对环境污染产生正的或者负的影响,绿化税制改革都将强化这一影响。因此,本章预期 α_4 符号不确定,$\alpha_7>0$。与财政分权程度相关的数据均来自历年《中国统计年鉴》和《中国财政年鉴》。

6. 其他控制变量

为考察估计结果的稳健性,本章还纳入了如下一些控制变量。①人均实际

---

① 因为 R&D 支出不仅是技术进步的源泉,而且还能够直接影响企业的能源使用结构与效率,同时有利于提高能源使用效率和污染处理技术。

② 较高的财政分权程度可以激励地方政府提供质量更高的公共服务来满足居民需求,从而吸引更多居民来该辖区居住,其中就包括较低环境污染程度。

GDP(Y)。经济增长与环境污染之间并非一般线性关系而可能是一条先上升后下降的倒U形曲线,即环境库兹涅茨曲线①。为了验证环境污染与人均收入之间的非线性关系,在模型中引入人均实际GDP及其平方项,并预期Y的估计系数为正,Y^2的估计系数为负。为了保证数据的可比性,以2001年为基期,通过GDP平减指数进行平减得到中国2001—2015年各地区的实际GDP,相关数据均来自历年《中国统计年鉴》。②工业化水平(IND)。工业化水平一般用第二产业GDP或者第三产业GDP在GDP总值中的比重来衡量,有时也用第二产业GDP与第三产业GDP的比值来表示。不同的产业结构会导致不同的污染程度,以工业为主的第二产业占比越大,环境污染越严重[171-172]。本章预测工业化水平的估计系数符号为正,其相关数据来源于历年《中国统计年鉴》。③城市化水平(URBAN)。城市化水平一般用各地区非农人口占总人口的比重来表示。随着中国城市化进程的持续推进,外来人口不断涌入城市,导致城市工业企业由于使用成本较低的外来人口而处于产业链低端,增加了企业污染排放数量,加重了城市环境污染程度②[173]。本章预测城市化水平影响环境污染的方向为正,其相关数据来源于历年《中国人口和就业统计年鉴》。④贸易开放度(OPEN)。贸易开放度一般用各地区进出口总额占GDP的比重来表示。贸易开放可能使污染密集型企业从环境标准高的国家向环境标准低的国家或地区转移,环境标准低的国家成了污染企业密集的"污染天堂",发展中国家由于国际贸易逐步变成发达国家的污染避难所[174],导致环境质量下降③。因此,本章预期贸易开放度估计系数符号为正,其相关数据来源于历年《中国统计年鉴》。⑤能源效率(EE)。能源效率一般采用能源强度,即各地区能源使用量与实际GDP的比值来表示,能源强度越高,意味着单位GDP消耗的能源越多,形成的环境污染越严重,此时的能源效率越低。因此,本章预期用能源强度表示的能源效率估计系数为负④,所需数据来源于历年《中国能源统计年鉴》。⑥环境管理能力(EM)。环境管理能力可以使用环保机构工作人员在总人口中的比值

---

① 经济增长对环境污染的影响主要有两个方面:一方面,在经济起飞阶段,对资源的消耗往往超过资源的再生,产生大量工业污染物,导致严重的环境污染;另一方面,经济增长将使居民收入水平逐步提高,对清洁环境的要求也随之提高,这就要求政府强化环境管理来减少污染物的排放。

② 城市化的不断推进导致城市基础设施与房地产需求不断膨胀,进而带来钢材、水泥等高耗能行业不断增长,导致环境污染排放量增加。

③ 也有人认为,贸易开放可能使一国获得资源节约型和环境友好型技术,从而降低环境污染。

④ 能源效率相当于是能源强度的倒数,在后文的计量分析中,用能源强度指标作为能源效率的代理变量。这就意味着当能源强度符号为正,即能源强度与环境污染正相关时,能源效率影响环境污染的方向为负。

即人均环保系统人员数来表示，也可以用当年实施环境行政处罚案件数来表示。如果一个地区环境管理能力很强、环保意识很高，那么当地的环境质量必然很高。因此，本章预期环境管理能力估计系数符号为负，环境管理能力计算的相关数据来源于历年《中国环境年鉴》和中国环境统计年报。

4.3　数据说明与描述性统计

本章旨在分析绿化税制改革对环境污染产生的影响。为了同时反映出不同时序维度、不同截面维度环境污染排放的差异，本章采用分地区、多年份的面板数据模型。这主要是因为面板数据分析在控制不可观测效应的同时还能够扩大样本容量，在增加自由度的同时，有助于缓解面板数据模型可能存在的共线性问题，使回归结果误差更小。考虑到变量的面板数据格式可能存在非线性关系、非平稳序列等计量问题，可以对解释变量和被解释变量采用对数形式。考虑到数据的可获得性与统计口径的一致性，本书将实证样本选定为 1999—2013 年我国 30 个省份的面板数据①，其中大部分数据直接来自历年统计年鉴，也有一些数据是经过计算整理而得到。根据研究目的，本章采取了固定效应模型，这主要是由于随机效应模型需要假定个体效应与随机误差项两者不相关，固定效应模型则并不需要做这样的假设，对于本章具体研究方法与研究内容而言，显然固定效应模型更为合适。

表 4 - 2 给出了本章研究中所涉及主要变量的描述性统计结果。根据表 4 - 2 中展示的信息，环境压力指数(EP)的最大值为 80.6973，最小值为 0.0941，环境压力指数的标准差 8.1261 远远大于其均值 4.5523，表明不同省份的环境压力指数悬殊，有的省份环境压力指数非常大，有的省份环境压力指数则比较小。小口径绿化指标(GT_1)、中口径绿化指标(GT_2)和大口径绿化指标(GT_3)的最大值分别为 0.024544、0.3953 和 0.4483，最小值则分别为 0.000030、0.0119 和 0.0366，反映出无论是大口径绿化指标还是中口径绿化指标和小口径绿化指标，其地域差异都非常显著。环保投资(EI)、研发强度(TI)和财政分权(FD)的最大值分别为 0.0099、0.0608、3.3272，最小值分别为 0.0001、0.0011、0.1842，可以看出三个中间变量在不同地区之间也存在很大差异。其他控制变量中，人均收入(Y)、工业化水平(IND)、城市化水平(URBAN)、贸易开放度(OPEN)、能源消费强度(EE)和

① 由于本书使用的核心解释变量和控制变量较多，为了兼顾众多变量数据的可得性，选择 1999—2013 年相关数据作为研究样本。而且 2013 年之后获得的部分数据并未发生突发性数量增减变动，所以选择这一区间作为研究样本所获得的研究结果具有稳定的代表性。另外，由于数据的可得性，在此将西藏、香港、澳门和台湾地区排除在外。

环境管理能力(EM)的最大值分别为 71925.87、0.6013、0.9003、1.7778、1.6596 和 1.1754,最小值分别为 2524.23、0.0024、0.1446、0.0316、0.6501 和 0.3180,都反映出这些控制变量在不同省份具有较大的差异。

表 4-2 变量的描述性统计

变量名	变量说明	均值	标准差	极大值	极小值	观测值
EP	环境压力指数	4.5523	8.1261	80.6973	0.0941	450
GT_1	小口径绿化指标	0.004869	0.003464	0.024544	0.000030	450
GT_2	中口径绿化指标	0.1021	0.0616	0.3953	0.0119	450
GT_3	大口径绿化指标	0.1586	0.0706	0.4483	0.0366	450
EI	环保投资	0.0018	0.0014	0.0099	0.0001	450
TI	研发强度	0.0115	0.0100	0.0608	0.0011	450
FD	财政分权	0.5800	0.5808	3.3272	0.1842	450
Y	人均收入	17145.57	12592.89	71925.87	2524.23	450
IND	工业化水平	0.4310	0.1368	0.6013	0.0024	450
URBAN	城市化水平	0.3531	0.1624	0.9003	0.1446	450
OPEN	贸易开放度	0.3235	0.4045	1.7778	0.0316	450
EE	能源消费强度	0.441464	0.469825	1.6596	0.6501	450
EM	环境管理能力	0.203412	0.375503	1.1754	0.3180	450

4.4 计量结果的分析与讨论

本章采用固定效应模型对绿化税制改革影响环境污染程度效果进行估计,其原因有二:一是 F 检验的 p 值为 0.0000,表明在 1%的显著性水平下拒绝混合估计模型;二是 Hausman 检验的 p 值也为 0.0000,表明在 1%的显著性水平下拒绝随机效应模型。详细估计结果见表 4-3 和表 4-4。

4.4.1 绿化税制改革影响环境污染的基准分析

在表 4-3 中,报告了对计量模型(4-3)采用固定效应估计的实证结果,所有设定均控制了个体和时序固定效应。根据表 4-3 中的回归结果,可以得出以下结论。

(1)小口径绿化指标表征的税收制度绿化改革不能有效减少环境污染物的排

放，表明排污收费制度的污染减排效果并不理想，寄托于即将开征的环境保护税来达到环境保护目标并不现实①。表4-3中的组合(1)～(3)报告的是小口径绿化指标作为核心解释变量的回归结果。结果显示，小口径绿化指标的回归系数始终为正且均在1%的显著性水平下影响环境压力指数。这意味着不管是否考虑其他变量，由排污费收入计算的小口径绿化指标都无法有效降低环境压力指数，表明当前实施的排污收费制度并没有很好地发挥环境保护作用。这主要是由于排污征费制度自身存在缺陷所致。首先，排污收费标准太低，甚至低于边际污染成本，导致很多企业在权衡污染成本和处罚成本后宁愿接受处罚而选择排放污染物。其次，现行排污费制度规定单因子收费，不利于其他污染物的防控。再次，排污费征收管理约束性弱、随意性大，在征收过程中征收部门会从本部门与本地区利益出发，随意降低排污收费标准，甚至存在人情收费等腐败现象，导致该收的收不上来，并且征收到的资金也经常被挪为他用，存在“收费养人、养人收费”等不合理现象。因此，排污费征收过程中自身制度设计缺陷导致该收的收不上来，收上来的又不能有效使用，这不仅减小了排污费收入规模，降低了排污费收入增长速度，而且弱化了排污费保护环境的作用。这表明，如果仅用排污费表征绿化税制改革，其环境保护功能可能无法取得预想的效果，即使由于排污收费制度存在缺陷而进行排污费改税，开征独立的环境保护税，在正式施行后要取得有效保护生态环境的目标估计也非常困难。这就要求拓宽环境税的征收范围，不要仅仅将视域局限在排污税费方面，而应该对现行税收制度进行全盘绿化。

(2)中口径绿化指标和大口径绿化指标表征的税收制度绿化改革可以有效减少环境污染物的排放，表明要实现环境保护目标，就必须对现行税收制度进行全盘绿化。表4-3中的估计组合(4)～(6)和(7)～(9)报告的是中口径绿化指标和大口径绿化指标作为核心解释变量的回归结果。结果显示，无论是仅做中口径绿化指标和大口径绿化指标对环境压力指数的回归，还是依次加入中介变量以及其他控制变量，中口径绿化指标和大口径绿化指标的回归系数至少在10%的显著性水平下为负。这首先要归因于，与小口径绿化指标相比，中口径绿化指标和大口径绿化指标要大得多，如2012年小口径绿化指标为0.0017，而中口径绿化指标和大口径绿化指标则分别为0.0460和0.1228，以中口径绿化指标和大口径绿化指标表示的税收制度绿化程度意味着企业排污的“阵痛”更强，促使企业采取清洁生产技术从源头上进行节能减排。另外，中口径绿化指标中包含了与环境保护紧密相关的两个税种：消费税和资源税。消费税本身侧重税收的调节作用甚于收入作用，消费税可以通过收入再分配，引导消费者按照政府的政策意图进行绿色消费。

(3)环保投资并没有像理论预期那样产生减少环境污染物排放的作用，表明环

① 这主要是因为，2018年1月1日开征的环境保护税的内容几乎是排污收费制度的平移。

保投资规模的增加并不是解决环境问题的根本，从环境效率角度关注环保投资的使用才是同时实现环境保护与经济增长的重点。在表 4-3 中，环保投资的回归系数均在 1%的水平下显著为正，意味着环保投资并没有对环境污染产生显著的抑制效应，相反环保投资增加了环境污染物的排放，这与许正松[175]、黎文靖的研究结果相似，但与理论预期不相符①。这主要是由于环境污染治理投资存在支出外溢效应，导致其收益和成本并不对称，所以地方政府为了避免污染治理投资收益被其他地方政府分享而独自承担成本的情形，不会主动增加污染治理投资；即使有的地方政府持续增加环境污染治理投资，也由于工业污染治理投资利用效率不高，环境污染治理资金分配不合理，存在环保资金投入冗余、有效产出不足等问题，因此逐年增加的环境污染治理投资额并没有能够真正有效减少污染物排放②。或者说，地方政府增加环境污染治理投资可能是为了迎合上级政府对自己的考核评价而不是为了真正改善环境质量[176]。

(4)技术创新可以显著减少环境污染物排放量。在表 4-3 的中，技术创新的回归系数均为负且至少在 10%的显著性水平下影响环境污染。这意味着技术创新可以有效降低环境压力指数，而不管是否考虑其他控制变量。根据技术创新在实际生产过程中的偏向不同，可以将其分为绿色技术创新与生产技术创新，前者主要影响污染排放程度，后者主要影响要素生产率[177]，技术创新投入偏好对技术创新影响环境质量的方向在很大程度上具有决定作用。绿化税制改革这一环境规制政策的实施，决定了企业绿色技术创新投入的增加。绿化税制改革导致企业污染型生产要素价格上涨，企业为了实现利润最大化相应调节自己的生产行为，进而驱动技术创新，正是内在的微观激励导致技术创新对环境污染的抑制作用。

(5)财政分权难以有效降低环境污染程度。在表 4-3 中，财政分权的回归系数均为负且至少在 10%的显著性水平下对环境污染存在影响。这意味着不管是否考虑其他控制变量，财政分权程度的提高都难以抑制环境压力指数增加③。在不断进行的分权改革过程中，地方政府拥有越来越大的地方事务自主权，为经济增长而相互竞争的地方政府会牺牲生态环境换取经济增长，结果就是环境污染物排放量不断增加。这从侧面反映出，尽管中央政府在不断弱化对地方政府的 GDP 考核，但经济增长依然是地方官员晋升考核的最主要内容，地方政府仍然会为了经济

---

① 一般认为环保投资反映政府治理环境污染的意愿以及在治理环境污染中付出的努力，在环境污染治理方面投入的资金越多，环境污染的治理效果应该越好。

② 如果环保投资效率的提高只是导致了经济效率的提高，只能说明中国的环保投资不过是打着环境保护的幌子实质上发展经济而已，从而使得环保投资成了变相拉动经济增长的工具。

③ 这主要是因为中国的环境问题是由粗放型经济发展模式导致的，而这种发展模式源于“中国式分权”下地方政府行为的异化。

增长引入大量污染企业，从而恶化当地环境质量[178]。另外，财政分权导致地方政府出于自身利益最大化而进行标尺竞争，使各地环保投入存在明显的策略互动和地区交互影响，进而导致地方政府之间污染物排放的竞相增加[179-181]。

(6)对于其他控制变量而言，大多数都符合理论所预期。第一，人均实际GDP的估计系数符号为负，人均实际GDP平方项的估计系数符号为正，但二者都不显著。因此，人均实际GDP与环境压力指数之间并未呈现显著的倒"U"形关系，无法验证环境库兹涅茨假说。第二，以第二产业在GDP中所占比率表示的工业化水平(IND)的估计系数为正且在10%的水平下与环境压力指数显著相关，表明当前粗放型工业发展模式和以重工业为主的产业结构仍然是环境污染逐步加剧的重要原因。第三，城市化水平(URBAN)的估计系数为正且在10%的水平下显著，符合本书的理论预期。这是因为随着城镇化的快速推进，除了固有的建筑类能耗污染外，生活类与交通运输类能耗污染也开始快速持续上升[182]。第四，贸易开放度(OPEN)的估计系数在1%的水平下显著为负，说明国际贸易对中国环境污染的抑制作用大于促进作用，贸易开放度的提高有利于降低环境压力指数，中国的实际数据并不支持"污染天堂假说"，该结论与彭水军等[183]、任力和黄崇杰[184]的研究结论类似①。第五，用能源消耗强度表示的能源效率(EE)对环境压力指数的影响在10%的水平下显著为正②，与前文的预期不符。表明中国过去实施的提高能源使用效率的政策并没有对环境污染产生预期的节能减排效果，这可能是由能源回弹效应导致的，即提高能源效率会降低能源价格，提高生产率并促进经济增长，经济增长进而会产生新的能源消费需求，新增加的能源消费数量可能会抵消提高能源效率所节约的能源消费数量[185-186]。第六，用环保机构工作人员占总人数比重表示的环境管理能力(EM)的回归系数至少在5%的水平下显著为正③，与前文预期不符。这其实不难理解，环境污染本身是一个复杂的动态累积过程，对环境污染物的监测与监督需要先进的技术与设备，很多情形下不是增加几个工作人员就可以简单解决的。如果地方环保机构工作人员不断增加而环境保护形势却无法有效改善，社会公众对环保机构及其工作人员的质疑就可能增加，从而对当地政府产生较大的压力；另外也不排除当前环保机构工作人员可能存在人浮于事、办事效率低下的情形。

---

① 这可能是由于在贸易开放过程中，中国获得了环境友好型技术从而降低了环境污染，也有可能是由于长期以来中国劳动要素比较充裕而资本要素相对短缺，污染密集型产品通常具有较高的资本密集度，资本充裕的发达国家在资本密集型产业具有比较优势，因此贸易开放度的提高导致资本充裕国环境恶化而劳动力充裕国环境改善。

② 表明中国能源消耗强度的降低，即能源效率的提高，并没有降低地方政府承受的环境压力指数。

③ 表明环保机构设置的数量以及拥有环保人员的多少不仅无法减少环境污染压力，反而会增加地方政府承受的环境压力。

表 4-3 静态面板数据模型的基准回归结果

因变量	(1)	(2)	(3)	(4)	(5)	(6)	(7)	(8)	(9)
$\ln GT_1$	0.7904***	0.4154***	0.1072***						
	(18.7147)	(10.5011)	(3.4323)						
$\ln GT_2$				−0.4859***	−0.0907*	−0.0270*			
				(−4.0203)	(−2.1850)	(−1.1256)			
$\ln GT_3$							−1.5106***	−0.4963***	−0.0672*
							(−12.6833)	(−5.2595)	(−2.9881)
$\ln EI$		0.0945***	0.0624***		0.2446***	0.0811***		0.2106***	0.0816***
		(2.6665)	(2.5937)		(6.6550)	(3.3986)		(5.8763)	(3.4238)
$\ln TI$		−0.9733***	−0.0305***		−1.2518***	−0.0358*		−1.1378***	−0.0364*
		(−16.5662)	(−1.8396)		(−21.3117)	(−1.0257)		(−18.6042)	(−1.0351)
$\ln FD$		−0.7784***	−0.1138***		−0.7898***	−0.0671*		−0.7003***	−0.0673*
		(−7.6032)	(−3.5057)		(−6.8369)	(−2.9242)		(−6.1871)	(−2.8883)
$\ln Y$			−4.2794			−4.3004			−4.3375
			(−1.3582)			(−1.3457)			(−1.3584)
$\ln Y^2$			1.5382			1.5277			1.5369
			(0.9769)			(0.9570)			(0.9633)

续表

因变量	(1)	(2)	(3)	(4)	(5)	(6)	(7)	(8)	(9)
lnIND			0.0030*			0.0049*			0.0090*
			(1.3041)			(0.0489)			(0.8938)
lnURBAN			0.1748*			0.0836*			0.0781*
			(2.5577)			(5.5544)			(5.5177)
lnOPEN			−0.2520***			−0.2349***			−0.2284***
			(−5.5333)			(−4.7148)			(−4.6568)
lnEE			0.0806*			0.0756*			0.0739*
			(3.6688)			(3.6577)			(3.6479)
lnEM			0.2275**			0.2557***			0.2667***
			(2.2308)			(2.4521)			(2.5424)
常数项	5.1263***	−1.5990***	12.9388***	−0.5107*	−4.5000***	12.8397***	−2.2512***	−4.8517***	13.0937***
	(21.4628)	(−3.6363)	(13.7462)	(−1.7206)	(−9.8891)	(13.0198)	(3.6501)	(−11.8844)	(12.6988)
F 检验	91.8123	170.7331	353.0011	45.8729	132.8061	343.0702	65.7712	141.9537	343.6576
	(0.0000)	(0.0000)	(0.0000)	(0.0000)	(0.0000)	(0.0000)	(0.0000)	(0.0000)	(0.0000)
R^2	0.8680	0.9312	0.9718	0.7666	0.9133	0.9711	0.8248	0.9184	0.9711
样本数	450	450	450	450	450	450	450	450	450

注：括号内为各系数的 t 统计值，方差为稳健标准差。*、**、*** 分别表示 10%、5%、1%的显著性水平。

4.4.2 绿化税制改革对环境污染的交互效应分析

由前文得到的机制分析和回归结果可知，绿化税制改革显著影响环境污染，环保投资、技术创新与财政分权也对环境污染有显著的影响，因此，有必要检验绿化税制改革通过环保投资、技术创新与财政分权能否对环境污染产生间接影响，为此，在模型(4－3)中分别引入了不同口径绿化指标与三个中介变量的交互项[①]，即模型(4－4)，对模型(4－4)采用固定效应模型的估计结果见表4－4[②]。

在表4－4中，组合(1)～(6)分别报告了小口径绿化指标、中口径绿化指标、大口径绿化指标与三个中介变量交互项的估计结果，组合(1)和(2)报告了小口径绿化指标的回归结果，组合(3)和(4)报告了中口径绿化指标的回归结果，组合(5)和(6)报告了大口径绿化指标的回归结果。其中，组合(1)、(3)、(5)分别只对小口径绿化指标、中口径绿化指标、大口径绿化指标与三个中介变量及二者的交互项进行回归，组合(2)、(4)、(6)则加入了其他控制变量。可以看出，在纳入其他控制变量后，核心解释变量小口径绿化指标、中口径绿化指标、大口径绿化指标与三个中介变量以及二者交互项的系数估计值尽管大小有所变化，但系数符号及显著性水平没有发生大的变化，表明上述估计结果在一定程度上具有稳健性。

绿化税制改革对环境污染的间接影响效应可以由环境污染对税收制度绿化程度的偏导数表示，具体可参见公式4－5，即

$$\frac{\partial(\mathrm{EP})}{\partial(\mathrm{GT})}=\alpha_1+\alpha_5\mathrm{EI}+\alpha_6\mathrm{TI}+\alpha_7\mathrm{FD}$$

从上述公式可以看到，绿化税制改革对环境污染的间接影响效应取决于税收制度绿化程度、环保投资、技术创新与财政分权等变量回归系数的符号，以及税收制度绿化程度与环保投资、技术创新、财政分权交互项回归系数的符号。

表4－4中小口径绿化指标的估计系数符号为正，环保投资、技术创新和财政分权回归系数符号分别为正、负、负，小口径绿化指标与环保投资、技术创新、财政分权的交互项系数符号分别为负、正、正，意味着绿化税制改革通过减小环保投资规模、诱使技术创新和促进财政分权间接影响着环境污染程度。由公式4－5可知，小口径绿化指标表征的绿化税制改革影响环境污染的偏系数为

---

① 在验证交互效应之前，需要单独检验解释变量对被解释变量是否显著，在表4－3中可以看到，绿化税制改革与环保投资、技术创新、财政分权等单独变量对被解释变量都显著，因此可以引入交互项。

② 由于在模型4－4中引入了税收制度绿化程度与环保投资、技术创新和财政分权的交互项，如果此时对模型左右两侧都取自然对数的话，在回归过程中将产生严重的多重共线性。因此，模型4－4中回归结果的所有变量都取各自的绝对数。

380.3409－1.5794×EI＋8.2601×TI＋5.0079×FD，因此，环保投资、技术创新、财政分权越大，上述偏系数越可能为负值，即小口径绿化指标表征的绿化税制改革越有可能保护生态环境。与单独效应比，小口径绿化指标每增加一个百分点将更有利于环境污染程度的降低。这主要是由于绿化税制改革通过影响环保投资、技术创新与财政分权会间接减轻环境污染程度。

表 4－4　静态面板数据模型的交互响应回归结果

因变量	(1)	(2)	(3)	(4)	(5)	(6)
GT_1	380.3409*** (2.9551)	197.0702* (1.8909)				
GT_2			－4.5678** (－0.3132)	－13.4145** (－1.1325)		
GT_3					－13.1772* (－0.9762)	－9.6854* (－0.8889)
EI	874.6464*** (2.5636)	817.5446*** (2.9870)	705.0283** (2.0698)	752.3847*** (2.7570)	770.2262** (2.2168)	744.0425*** (2.6814)
TI	－982.6864*** (－8.1501)	－142.8961*** (－1.1693)	－1025.899*** (－8.4398)	－233.9082* (－3.5305)	－974.0575*** (－7.4198)	－179.7149* (－1.3708)
FD	－6.8464*** (－3.2074)	－2.6778*** (－1.3133)	－13.4002*** (－7.0936)	－0.1108* (－0.0548)	－14.4130*** (－6.7135)	－0.2275* (－0.1033)
$GT_i \times EI$	－1.5794** (－2.2538)	－1.3479** (－2.4044)	－0.9337* (－1.3490)	－1.1620** (－2.0898)	－1.1160* (－1.5904)	－1.2191** (－2.1668)
$GT_i \times TI$	8.2601*** (7.0165)	3.1929*** (3.1120)	8.0532*** (6.2849)	3.1906*** (2.8533)	7.9934*** (5.8451)	3.0660*** (2.5765)
$GT_i \times FD$	5.0079*** (3.6091)	2.2617** (2.0066)	11.3788*** (7.0554)	6.3382*** (4.5887)	11.6564*** (6.3445)	6.0796*** (3.8786)
Y		10.4834*** (6.8603)		10.6329*** (7.0265)		10.9780*** (7.1874)
Y^2		－0.0002*** (－9.4718)		－0.0002*** (－9.2805)		－0.0002*** (－9.4992)
IND		11.3753** (2.2564)		8.0341* (1.6051)		8.6281* (1.7029)

续表

因变量	(1)	(2)	(3)	(4)	(5)	(6)
URBAN		6.2269 (0.9169)		4.2756 (0.6360)		3.8034 (0.5611)
OPEN		−20.6770*** (−11.6432)		−20.5821*** (−11.8168)		−20.4011*** (−11.6027)
EE		2.3000*** (2.9859)		2.4641*** (3.2338)		2.3507*** (3.0243)
EM		5.9092*** (4.7848)		5.0799*** (4.2009)		5.4014*** (4.3915)
常数项	46.2056*** (6.1201)	8.5818* (1.1585)	19.1257* (1.7125)	−5.7757* (−0.5759)	15.6357* (1.1580)	−6.0124* (−0.4906)
F 检验	29.7348 (0.0000)	47.9741 (0.0000)	31.2151 (0.0000)	49.4035 (0.0000)	30.3538 (0.0000)	48.3224 (0.0000)
R^2	0.7884	0.8746	0.7964	0.8778	0.7918	0.8754
样本数	450	450	450	450	450	450

注：括号内为各系数的 *t* 统计值，方差为稳健标准差。*、**、*** 分别表示 10%、5%、1%的显著性水平。

同理，表 4－4 中中口径绿化指标和大口径绿化指标的估计系数符号都为负，且环保投资、技术创新和财政分权回归系数符号均分别为正、负、负，中口径绿化指标与大口径绿化指标与环保投资、技术创新、财政分权的交互项系数符号均分别为负、正、正，意味着绿化税制改革通过减小环保投资规模、诱使技术创新和促进财政分权间接影响着环境污染程度。由公式 4－5 可知，中口径绿化指标和大口径绿化指标表征的绿化税制改革影响环境污染的偏系数分别为－4.5678－0.9337×EI＋8.0532×TI＋11.3778×FD 和－13.1772－1.1160×EI＋7.9934×TI＋11.6564×FD，因此，环保投资、技术创新、财政分权越大，上述偏系数的值均为负且越来越小。与单独效应比，中口径绿化指标和大口径绿化指标每增加一个百分点将更有利于降低环境污染程度。这主要是由于绿化税制改革通过影响环保投资、技术创新与财政分权会间接减轻环境污染程度。

就其他控制变量而言，在加入交互项以后，各控制变量的符号与显著性并没有发生显著变化，在一定程度上表明前文估计结果具有稳健性。

4.4.3　稳健性检验

1. 绿化税制改革对环境污染的动态 GMM 估计

计量模型(4-6)属于动态面板数据模型,由于解释变量中包含有被解释变量的一阶滞后项,采用普通面板数据回归方法所得结果将是有偏的和非一致的,因此本章采用适合于动态面板数据的广义矩估计方法(generalized method of moments,GMM)。这是因为:①对于存在非时变遗漏变量问题,由于取差分后予以消除,该估计将不再是有偏的;②在估计模型的右边存在内生变量时,使用工具变量会使相关系数的估计保持一致;③存在测量误差的情况下,使用工具变量也会得到一致性的估计结果。因此,该方法能够有效解决测量误差非时变的遗漏变量和解释变量的内生性问题。

表 4-5 报告了动态面板数据模型的广义矩估计结果,结果显示,AR(2)统计量均不显著,说明没有发现水平方程误差项存在的自相关问题;Sargan 检验结果表明接受了"工具变量过度识别"的原假设,因而工具变量的选取总体上是有效的。由表 4-5 的回归结果可以得出以下结论。

(1)环境污染是一个持续累积的调整过程。回归(1)~(3)中环境压力指数的滞后项系数为正且均在 1%的水平下显著,说明环境压力指数会受前一期环境污染的影响。

(2)小口径绿化指标表征的绿化税制改革无法减少环境污染物的排放。回归(1)显示小口径绿化指标与环境污染压力指数在 10%的水平下显著正相关,说明尽管排污费的征收会增加企业排污成本,但由于排污费征收率偏低,企业在排污成本和治污成本的权衡中,宁愿缴纳排污费而合理排污也不愿对污染物进行清洁处理,导致污染物不仅没有减少,反而由于排污企业缴纳排污费而合理排放,从而加重环境污染程度。

(3)中口径绿化指标和大口径绿化指标表征的税制改革可以减轻环境污染程度。回归(2)显示中口径绿化指标与环境压力指数在 10%的水平下显著负相关,回归(3)显示大口径绿化指标与环境压力指数在 10%的显著性水平下负相关。这表明随着绿色税费负担的加重,会倒逼排污企业在权衡排污成本和治污成本时,选择通过绿色技术创新来采取清洁高效的生产技术减少污染物的排放,从而有效减轻环境污染程度。

对本章引入的其他变量,其符号和显著性基本符合前文的预期,而且与静态回归基准分析中的结果大致相同,此处不再赘述。

综上,绿化税制改革对环境污染的动态回归结果中,各解释变量的符号与静态回归基准分析中的结果大致相同,即使其显著性也只是发生微小的变化,证明了基准回归结果的稳定性。

表 4-5　绿化税制改革对环境污染的动态 GMM 估计

因变量	(1)	(2)	(3)
lnEP-1	0.6331*** (4.5960)	0.6308*** (5.4738)	0.6116*** (4.1419)
$\ln GT_1$	0.0673* (2.2295)		
$\ln GT_2$		−0.0113* (−2.1344)	
$\ln GT_3$			−0.1341* (−2.2767)
lnEI	0.0037* (2.5937)	0.0058* (3.3986)	0.0073* (3.4238)
lnTI	−0.0105** (−1.8396)	−0.0756** (−1.0257)	−0.0549* (−1.0351)
lnFD	−0.1110* (−3.5057)	−0.1119* (−2.9242)	−0.1654* (−2.8883)
ln*Y*	7.2359 (0.8587)	3.1192 (0.5012)	7.4986 (0.7703)
$\ln Y^2$	−3.9094 (−0.9119)	−1.8024 (−0.5716)	−3.9789 (−0.8048)
lnIND	0.0427* (1.3041)	0.0379* (0.0489)	0.0326* (0.8938)
lnURBAN	0.0773* (2.5577)	0.2666* (5.5544)	0.2818* (5.5177)
lnOPEN	−0.1163** (−5.5333)	−0.0916** (−4.7148)	−0.0399** (−4.6568)
lnEE	0.1958* (3.6688)	0.0256* (3.6577)	0.0955* (3.6479)

续表

因变量	(1)	(2)	(3)
lnEM	0.5389**	0.3364**	0.3505**
	(2.2308)	(2.4521)	(2.5424)
样本数	390	390	390
AR(2)	0.244	0.418	0.683
Sargan 检验	229.4574	211.4132	185.1004
	(0.6585)	(0.6222)	(0.8661)

注：括号内为各系数的 t 统计值，方差为稳健标准差。*、**、*** 分别表示 10%、5%、1%的显著性水平。

2. 自变量滞后一期的回归分析

在研究绿化税制改革对环境污染的直接作用机制和间接影响效应时，如果被解释变量与解释变量之间存在内生性关系，将导致回归结果的偏误。由于潜在的内生性问题可能对估计结果造成影响，故我们需要对此进行检验。由上文的分析可知，不仅绿化税制改革、环保投资、技术创新与财政分权会显著影响环境污染，环境污染也会影响绿化税制改革以及环保投资等解释变量。从逻辑上看，这种逆向因果关系也可能成立，即环境污染程度的加重会导致以污染物排放为课税对象的绿色税费收入增加，从而提高了税收制度绿化程度。

为了控制绿化税制改革对环境污染的潜在影响所导致的内生性问题，最好采取工具变量法进行两阶段最小二乘回归。合适的工具变量需要同时满足两个条件，一是需与内生性解释变量相关，二是需与误差项不相关。在实践中，这两个条件多数情况下会产生冲突，很难找到合适的工具变量。受限于此，我们选择税收制度绿化程度的一阶滞后项作为工具变量①，并进一步通过 Hausman 检验来判断解释变量的内生性问题。

表 4-6 报告了自变量滞后一期的估计结果。回归结果显示，主要解释变量的性质没有发生变化，各变量回归系数的符号与基准回归分析中的结果完全一致，只是显著性有些细微改变。尤其是对于核心解释变量税收制度绿化程度，大、中、小不同口径绿化指标的回归系数符号和显著性与基准回归分析的结果大致相同。这表明前文的模型参数估计结果具有较好的稳健性，潜在的内生性问题不足以影响本书的结论。

---

① 这里我们不仅选取了税收制度绿化程度的一阶滞后项作工具变量，环保投资、技术创新、财政分权等中介变量以及其他控制变量都取了一阶滞后项。

表 4-6 静态面板数据模型的滞后一期回归结果

因变量	(1)	(2)	(3)	(4)	(5)	(6)	(7)	(8)	(9)
$\ln GT_1$	0.7284***	0.3855***	0.0991***						
	(15.9862)	(9.3477)	(3.2674)						
$\ln GT_2$				−0.3664***	−0.0654*	−0.0144*			
				(−3.1095)	(−2.0820)	(−1.9559)			
$\ln GT_3$							−1.3656***	−0.4902***	−0.0429*
							(−11.5507)	(−5.2701)	(−2.6592)
lnEI		0.0649*	0.0414*		0.2082***	0.0596***		0.1730***	0.0597***
		(1.7984)	(1.7713)		(5.6851)	(2.5862)		(4.8718)	(2.5934)
lnTI		−1.0082***	−0.0234*		−1.2296***	−0.0307*		−1.1217***	−0.0313*
		(−16.9840)	(−2.4279)		(−20.4374)	(−1.5549)		(−18.1694)	(−1.5664)
lnFD		−0.6864***	−0.1168*		−0.6320***	−0.0731*		−0.5387***	−0.0719*
		(−6.3352)	(−1.9823)		(−5.2559)	(−1.9912)		(−4.5882)	(−1.9753)
lnY			−9.6885***			−9.7982***			−9.8440***
			(−3.2366)			(−3.2256)			(−3.2423)
$\ln Y^2$			4.2605***			4.3006***			4.3171***
			(2.8471)			(2.8324)			(2.8451)

续表

因变量	(1)	(2)	(3)	(4)	(5)	(6)	(7)	(8)	(9)
lnIND			0.0176*			0.0135*			0.0133*
			(1.8752)			(1.8256)			(1.8039)
lnURBAN			0.0690*			0.0921*			0.0959*
			(2.4526)			(2.6069)			(2.6320)
lnOPEN			−0.2338***			−0.2206***			−0.2152***
			(−5.2686)			(−4.5458)			(−4.5000)
lnEE			0.1034*			0.0330*			0.0346*
			(2.8513)			(1.8078)			(1.9640)
lnEM			0.1666*			0.1843*			0.1926*
			(1.6119)			(1.7426)			(1.8102)
常数项	4.6706***	−2.1593***	12.0971***	−0.2902*	−4.5550***	11.8975***	−2.0573***	−4.9922***	12.0749***
	(18.3078)	(−4.8128)	(13.2015)	(−1.9987)	(−9.5788)	(12.4647)	(−8.8595)	(−11.7473)	(12.0128)
F 检验	87.0451	164.3517	380.9292	48.8920	132.1309	370.3211	68.6935	142.1850	370.6689
	(0.0000)	(0.0000)	(0.0000)	(0.0000)	(0.0000)	(0.0000)	(0.0000)	(0.0000)	(0.0000)
R^2	0.8703	0.9336	0.9757	0.7904	0.9187	0.9751	0.8400	0.9240	0.9751
样本数	420	420	420	420	420	420	420	420	420

注:括号内为各系数的 t 统计值,方差为稳健标准差。*、**、*** 分别表示 10%、5%、1%的显著性水平。

4.4.4 进一步讨论

从上文的分析中可以看到，不同口径绿化指标对环境污染程度的影响方向不同，其中，小口径绿化指标回归系数为负，中口径和大口径绿化指标回归系数为正，表明不同水平的税收制度绿化程度的环境保护效果不同。为了检验绿化税制改革对环境污染程度是否存在非线性影响，在模型(4－3)中引入了税收制度绿化程度的平方项，具体形式如下：

$$EP_{it}=\alpha_0+\alpha_1 GT_{it}+\alpha_2 GT_{it}^2+\alpha_3 EI_{it}+\alpha_4 TI_{it}+\alpha_5 FD_{it}+\beta X_{it}+\mu_i+\nu_t+\varepsilon_{it} \quad (4-9)$$

对模型(4－9)进行固定效应回归分析，其基本回归结果见表4－7。从表4－7中可以得到以下结论。

(1)小口径绿化指标与环境污染程度呈倒U形关系。表4－7中第(1)列回归结果显示，小口径绿化指标回归系数在1%的水平上显著为正，小口径绿化指标的二次项系数在1%的水平上显著为负，小口径绿化指标与环境污染程度呈倒U形关系。这表明，当税收制度绿化程度较低时，企业宁愿选择缴纳绿色税费也不会采取清洁生产技术减少污染物排放，只有税收制度绿化程度超过一个适宜的水平才会“倒逼”企业采取节能减排措施减少环境污染物的排放。根据小口径绿化指标回归结果可以计算出这一适宜水平为0.013，即当小口径绿化指标大于0.013时，绿化税制改革就可以有效降低环境污染程度，而当小口径绿化指标小于0.013时，绿化税制改革对环境污染是没有抑制作用的。结合我国现实情况①，由排污费计算得到的小口径绿化指标1998—2015年最大值为1998年的0.0062，远远低于0.013这一适宜水平。这表明，我国施行几十年的排污征费制度在发挥环境保护的作用方面可能不尽如人意。这当然与排污征费制度自身存在的缺陷有关，也正因为此，政府才提出排污费改税并在2018年正式开征环境保护税。另外，在第(1)列中，环保投资、技术创新和财政分权的回归系数符号与前文基准回归结果中的系数符号相同，且至少在10%的水平上显著，进一步支持了前文的研究结论。

(2)中口径和大口径绿化指标与环境污染程度呈U形关系。表4－7中第(2)、第(3)列回归结果显示，中口径和大口径绿化指标回归系数均在1%的水平上显著为负，中口径和大口径绿化指标的二次项系数均在1%的水平上显著为正，中口径和大口径绿化指标与环境污染程度呈U形关系。这表明，随着税收制度绿化程度的持续提高，绿色税费负担在企业生产成本中所占比重逐渐提高，企业为了降低生产成本，会采取清洁高效的生产技术从源头上节能减排，即当税收制度绿化程

① 中国小口径绿化指标具体数值可见第3章表3－6不同口径绿化指标反映的中国税收制度绿化程度。

度达到一定水平时，会倒逼企业进行绿色技术创新，进而减少环境污染物的排放。但是，如果绿色税费负担过重，超过了企业可以承受的范围，企业可能就会铤而走险，放弃采用清洁生产技术，增加逃避税收的可能性，这又会导致环境污染物排放量的增加，因此，中口径和大口径绿化指标在减少环境污染时也存在一个适宜水平。根据表 4－7 中第(2)、第(3)列相关系数可以计算这一适宜水平分别为0.1994 和 0.3535，即当中口径绿化指标和大口径绿化指标分别小于 0.1994 和 0.3553 时，绿化税制改革就可以有效地减少环境污染物的排放，而当中口径绿化指标和大口径绿化指标分别大于 0.1994 和 0.3553 时，绿化税制改革就可能会增加环境污染物的排放。我国的实际情况是①，1998—2015 年中口径绿化指标的最大值为 2010 年的 0.0506，大口径绿化指标的最大值为 2015 年的 0.1294，都低于对应的适宜水平，表明用中口径和大口径绿化指标表征的税收制度绿化程度对环境污染具有显著的减少作用。另外，在第(2)、第(3)列中，环保投资、技术创新和财政分权的回归系数符号与前文基准回归结果中的系数符号相同，且至少在 10％的水平上显著，进一步支持了前文的研究结论。

表 4－7　静态面板数据模型的进一步分析结果

因变量	(1)	(2)	(3)
GT_1	232.3137*** (10.7842)		
GT_1^2	−8838.031*** (−8.7832)		
GT_2		−5.2622*** (−2.8104)	
GT_2^2		13.1992*** (2.4009)	
GT_3			−9.6359*** (−4.8159)
GT_3^2			13.6276*** (2.8776)
EI	20.6045* (2.0062)	51.1736** (2.2522)	35.3903* (1.6311)

① 中国中口径和大口径绿化指标具体数值可见第 3 章表 3－6 不同口径绿化指标反映的中国税收制度绿化程度。

续表

因变量	(1)	(2)	(3)
TI	−96.0634*** (−13.9867)	−132.1682*** (−19.5472)	−113.6539*** (−15.8145)
FD	−0.7069*** (−4.6088)	−1.0350*** (−6.0583)	−0.8753*** (−5.3175)
常数项	1.3422*** (7.3848)	3.0592*** (15.8361)	3.5494*** (17.1258)
F 检验	128.6295 (0.0000)	98.1245 (0.0000)	108.9392 (0.0000)
R^2	0.9133	0.8894	0.8992
样本数	450	450	450

注：括号内为各系数的 t 统计值，方差为稳健标准差。*、**、*** 分别表示 10%、5%、1%的显著性水平。

综上，如果用税收制度绿化程度表征我国税收制度绿化改革的强度，税收制度绿化程度应该介于[0.013，0.1994]或者[0.013，0.3553]，前者是绿化税制改革减少环境污染物排放的严格区间，后者是绿化税制改革减少环境污染物排放的宽松区间。结合中国当前的实际情况看，我国应该持续不断地推进税收制度绿化改革，因为当前用大、中、小三个不同口径绿化指标表征的税收制度绿化程度都远远低于严格区间的上限 0.1994，表明我国税收制度绿化改革还有广阔的空间。

4.5 本章小结

环境污染本身是一个异常复杂的巨系统，影响因素非常多，加重环境污染的因素就目前来看并没有得到有效抑制，减轻环境污染的因素也没有得到有效发挥，这是导致中国当前环境污染日益严峻的根本原因。本章运用 30 个省、市、自治区 1999—2013 年面板数据研究了绿化税制改革是如何影响环境污染的，尝试着从直接影响和间接影响两个方面考察绿化税制改革对环境污染的作用效果，为有关绿化税制改革与环境污染关系的研究提供额外的经验数据。通过本章的分析，可以总结出以下几点基本结论。

(1)小口径绿化指标表征的绿化税制改革并不能有效减轻环境污染程度。由排污费收入计算而得到的小口径绿化指标由于排污征费制度自身存在缺陷，导致企业宁愿缴纳排污费合理排污也不愿主动采取清洁技术从源头上减少污染物排放。这表明排污收费制度的污染减排效果并不理想，寄托环境保护税来达到环境保护的目的并不现实。

(2)中口径绿化指标和大口径绿化指标表征的税收制度绿化改革可以有效降低环境污染程度。中口径绿化指标与大口径绿化指标表示的税收制度绿化程度增加意味着内化到企业生产成本中的负外部成本在增加，企业排污的“阵痛”越来越强烈，倒逼企业采取清洁生产技术从源头上进行节能减排。这表明要真正实现环境保护目标，就必须对现行税收制度进行全盘绿化。

(3)要有效减少环境污染物的排放，税收制度绿化程度至少应该为[0.0130,0.1994]。由于不同口径绿化指标对环境污染的影响方向不同，通过在基准模型中引入税收制度绿化程度的平方项进行回归分析发现：小口径绿化指标与环境压力指数呈倒U形关系，其拐点为 0.0130；中口径和大口径绿化指标与环境压力指数呈 U 形关系，其拐点分别为 0.1994 和 0.3533。这表明当税收制度绿化程度介于 0.0130 和 0.1994 之间时，持续的绿化税制改革能够有效降低环境污染程度，只有超过适宜强度的绿化税制改革才能有效减少环境污染排放量。

(4)绿化税制改革减少环境污染排放量的作用依赖于环保投资规模、技术创新强度和财政分权程度。税收制度绿化程度与环保投资、技术创新、财政分权的交互项的回归系数符号分别为负、正、正，基于环境污染对税收制度绿化程度的偏系数分析可知，由于环保投资、技术创新和财政分权等中介变量的存在，与单独效应比，税收制度绿化程度每增加一个百分点将更有利于降低环境压力指数。

第5章

绿化税制改革影响经济增长的实证分析

基于庇古税理论进行的绿化税制改革，其出发点无疑是节约能源资源与保护生态环境，这决定了绿化税制改革势必会增加企业排污、治污成本。随着企业生产成本增加，其市场竞争力会相应下降并最终影响一国经济增长速度。但结果也并非一定如此，因为绿化税制改革还会通过财政分权、环保投资与技术创新等中介变量间接影响经济增长。在绿化税制改革直接作用机制和间接传导机制的综合作用下，对经济增长会产生什么影响效果就成为本章研究的重点问题。国内外现有文献对以开征环境税为主要内容的绿化税制改革与经济增长关系的研究大多集中在数理推导和理论分析层面，对这一问题的实证分析相对匮乏[187-191]。基于此，本章利用省际面板数据对绿化税制改革影响经济增长的方向和效果进行实证检验。研究结果显示，绿化税制改革与经济增长并非完全矛盾，关键在于选择适宜的绿化税制改革强度。当绿化税制改革强度较低时，绿化税制改革不利于经济增长；当绿化税制改革强度较高时，绿化税制改革有利于经济增长。

5.1　指标选取和模型设定

5.1.1　计量模型设定

根据前文分析结果，为了考察绿化税制改革对经济增长的直接影响以及绿化税制改革通过环保投资、技术创新和财政分权等中介变量对经济增长带来的间接影响，本章基本的计量模型具体设定如下：

$$Y_{it}=\alpha_0+\alpha_1 GT_{it}+\alpha_2 EI_{it}+\alpha_3 TI_{it}+\alpha_4 FD_{it}+\beta X_{it}+\mu_i+\nu_t+\varepsilon_{it} \quad (5-1)$$

其中，i 表示省份；t 表示时间；Y_{it} 表示第 i 省份在 t 年的人均实际 GDP；GT_{it} 表示第 i 省份在 t 年的税收制度绿化程度，这里的税收制度绿化程度分为大、中、小三个不同口径统计指标，将依次代入模型(5-1)进行回归；EI_{it} 表示第 i 省份在 t 年的环保投资规模；TI_{it} 表示第 i 省份在 t 年的技术创新强度；FD_{it} 表示第 i 省份在 t 年的财政分权程度；X_{it} 表示影响经济增长的其他控制变量：各地区的物质资本存量(PC)、人力资本存量(HC)、劳动投入量(LI)、城市化水平(URBAN)、贸易开放度(OPEN)、市场化程度(MI)和基础设施(FI)；μ_i 表示个体固定效应变量；ν_t 表示时序固定效应变量；ε_{it} 是随机误差项。

为了检验绿化税制改革通过环保投资、技术创新和财政分权等中介变量对经济增长产生的间接影响，本书在模型(5-1)中引入绿化税制改革与上述三个中介变量的交互项，具体形式如下：

$$Y_{it}=\alpha_0+\alpha_1 GT_{it}+\alpha_2 EI_{it}+\alpha_3 TI_{it}+\alpha_4 FD_{it}+\alpha_5 GT_{it}\times EI_{it}+\alpha_6 GT_{it}\times TI_{it}+\alpha_7 GT_{it}\times FD_{it}+\beta X_{it}+\mu_i+\nu_t+\varepsilon_{it} \quad (5-2)$$

其中，$GT_{it}\times EI_{it}$、$GT_{it}\times TI_{it}$和 $GT_{it}\times FD_{it}$分别表示绿化税制改革与环保投资、技术创新和财政分权的交互项，其他变量代表的意思与模型(5－1)相同。如果对式(5－2)两边关于税收制度绿化程度 GT 求偏导，得到：

$$\frac{\partial(Y)}{\partial(GT)}=\alpha_1+\alpha_5 EI+\alpha_6 TI+\alpha_7 FD \quad (5-3)$$

式中，α_1 表示绿化税制改革对经济增长的直接影响；α_5、α_6、α_7 分别表示绿化税制改革通过环保投资、技术创新、财政分权对经济增长的间接影响。

5.1.2 内生性讨论

本章考察的绿化税制改革和环保投资、技术创新、财政分权对经济增长的影响可能存在内生性，从而导致不一致的估计，这主要是由方程内生性所导致的。在将绿化税制改革和环保投资、技术创新、财政分权作为解释变量时，由于经济增长快的地区税收收入与环保投资更多，从而被解释变量反过来对这些解释变量会产生影响，导致解释变量出现非外生给定现象。这种相互影响带来的方程内生性可以通过将解释变量用其滞后变量替代的方法予以消除，由于滞后的解释变量已经发生，被解释变量不能对其产生影响，因而内生性得到纠正。所以本章的解决方法就是将模型(5－1)和(5－2)中关于绿化税制改革和环保投资、技术创新、财政分权的变量全部滞后 1 期。这里需要说明的是，其他控制变量也可能存在类似的内生性问题，但在本章中不做考虑，均将它们视为外生变量。

$$Y_{it-1}=\alpha_0+\alpha_1 GT_{it-1}+\alpha_2 EI_{it-1}+\alpha_3 TI_{it-1}+\alpha_4 FD_{it-1}+\beta X_{it-1}+\mu_i+\nu_t+\varepsilon_{it} \quad (5-4)$$

$$Y_{it-1}=\alpha_0+\alpha_1 GT_{it-1}+\alpha_2 EI_{it-1}+\alpha_3 TI_{it-1}+\alpha_4 FD_{it-1}+\alpha_5 GT_{it-1}\times EI_{it-1}+\alpha_6 GT_{it-1}\times TI_{it-1}+\alpha_7 GT_{it-1}\times FD_{it-1}+\beta X_{it-1}+\mu_i+\nu_t+\varepsilon_{it} \quad (5-5)$$

另外，还需要注意遗漏变量导致的内生性。因为即使尽可能全面地考虑相关控制变量，但由于存在很多无法定量衡量的影响因素，这些遗漏变量在随机误差项里的影响因素可能与地区情况相关，从而导致本章的核心解释变量成为内生变量。要全面找到遗漏因素的代理变量或内生变量的工具变量十分困难，解决这个问题的思路是将被解释变量的滞后 1 期加入解释变量中，如果这些遗漏因素在短期内不会改变，那么其进入滞后期的被解释变量后，可以避免遗漏内生性的问题。

因此，可以将模型(5－4)改写为动态面板数据模型，即

$$Y_{it}=\alpha_0+\phi Y_{it-1}+\alpha_1 GT_{it}+\alpha_2 EI_{it}+\alpha_3 TI_{it}+\alpha_4 FD_{it}+\beta X_{it}+\mu_i+\nu_t+\varepsilon_{it} \quad (5-6)$$

其中，Y_{it-1}为滞后一期的经济增长水平，反映各地经济增长水平的动态性和延续性；ϕ 反映上期经济增长状况对本期的影响。

5.1.3 变量说明

1. 经济增长(Y)

经济增长一般用 GDP 或者 GDP 增长率来表示，为了避免人口因素的影响，有时也可以采取人均 GDP 或者人均 GDP 增长率来衡量。为了剔除通货膨胀的影响，本章采用实际人均 GDP 来衡量经济增长，将历年的名义人均 GDP 以 1999 年为基期折算为实际人均 GDP。

2. 绿化税制改革(GT)

绿化税制改革是本书的核心解释变量，基于数据可得性和指标的相对完善性考虑，本书构建了大、中、小三个不同统计口径的税收制度绿化指标来衡量绿化税制改革程度①。在经济增长过程中，税收是作为成本纳入企业生产经营过程的。因而有学者担心绿化税制改革会加重企业生产经营成本，至少短期内会使企业产出水平下降，进而导致经济增长速度下滑，尤其是当前中国经济增长方式还表现出高度的“要素驱动”和“路径依赖”特征[192]，政府部门在一定程度上担忧绿化税制改革会加大经济下行压力，正是这一担忧导致绿化税制改革尤其是环境税的开征一直被延后。但也应该看到，绿化税制改革其实是对征税对象的一种调整，而且绿化税制改革尤其是开征环境税，并不是为了获得财政收入，而是在财政收入中性原则下，将获得的额外税收收入用于其他扭曲性税种收入的减收方面。例如，国外已有经验表明，可以将绿化税制改革获得的绿色税收收入用于减少个人所得税和企业所得税，以实现征税对象的调整，将对资本和劳动这样的好物品征税转化为对污染这样的不好物品征税。对资本和劳动的减税会提高资本和劳动边际报酬率，进而拉动经济增长。因此，绿化税制改革对经济增长的直接影响是不确定的，但从一般理论分析并根据第 2 章命题 1，绿化税制改革总体上应该是不利于经济增长的，因此，本章预期 $\alpha_1<0$。税收制度绿化程度的计算数据来源于历年《中国税务年鉴》。

3. 环保投资(EI)

环保投资一般被称为环境污染治理投资，根据不同情景，可以采用工业污染源治理投资额、基础设施建设投资额、建设项目“三同时”投资额三个变量或者三个变量的总和表征环保投资。尽管环保投资和一般投资并不相同②，但环保投资本身

---

① 详见本书第 3 章中国现行税收制度绿化程度研究部分对税收制度绿化程度的解释与测算。

② 一方面，环保投资的主体和受益者往往是不一致的，环保投资的效益并不表现在投资部门本身，而是表现在环保投资所覆盖的所有领域以及整个社会；另一方面，环保投资收益主要表现为环境收益和社会收益，经济收益并不明显。

也属于政府投资，对经济增长具有拉动作用。根据命题2，环保投资规模的增加将促进经济增长，且绿化税制改革将加强环保投资对经济增长的促进效应，因此，本章预期 $\alpha_2>0$，$\alpha_5>0$。环保投资测算的相关数据来自历年《中国统计年鉴》。

4. 技术创新(TI)

技术创新可以用每年研究与试验发展经费支出(R&D)表示，不过，由于R&D支出因经济总量不同而有所差异，使用这一指标衡量技术创新水平有时不够客观。因此，为了更加客观、准确地衡量技术创新水平，一般采用研发强度作为度量技术创新的指标，即每年R&D支出与同期GDP的比值，该指标越大，表明技术创新能力越强①。根据命题3，与环境保护相关的技术创新可以促进经济增长，绿化税制改革也将强化技术创新对经济增长的促进作用，因此，本章预期 $\alpha_3>0$，$\alpha_6>0$。技术创新变量相关数据来自历年《中国统计年鉴》与《中国科技统计年鉴》。

5. 财政分权(FD)

财政分权可以从地方财政支出和地方财政收入两个方面进行衡量。从支出角度衡量有地方财政支出占中央财政支出的比重和人均地方财政支出占人均中央财政支出的比重两个指标。从收入角度衡量则较多，有地方财政收入占中央财政收入的比重和地方人均财政收入占中央人均财政收入的比重两个主要指标，有用省级政府在本省财政预算收入中的边际分成率来衡量财政分权的，还有以省级政府在财政预算收入内保留的平均份额来表示的。本书采用收入角度对财政分权程度进行衡量，即用地方人均财政收入占中央人均财政收入的比重来衡量②。财政分权既可以导致省一级资本投资增加从而带来经济增长，又可以通过提高资源配置效率来推动经济增长，因而财政分权程度的提高有利于经济增长，而绿化税制改革将强化财政分权对经济增长的促进作用，因此，本章预期 $\alpha_4>0$，$\alpha_7>0$。与财政分权程度相关的测算数据来自历年《中国统计年鉴》和《中国财政年鉴》。

6. 其他控制变量

为考察估计结果的稳健性，本章还纳入了如下一些控制变量③。①物质资本存量(PC)。物质资本存量可以用全社会固定资产投资增长率或全社会固定资产

---

① 技术创新能够直接提高企业微观生产效率，为经济增长提供源源不断的推动力。同时，绿化税制改革本身就是要提高排污企业的排污成本，随着企业污染成本上升，基于利润最大化考虑，排污企业会主动进行技术创新，技术创新与技术进步都将促进经济增长。

② 这是由于绿化税制改革直接影响绿色税收收入，而绿色税收收入从收入隶属关系看大多属于或即将属于地方税收收入，将直接影响地方财政收入的变化。

③ 这里首先要指出的是，本章重点研究的是绿化税制改革这一环境规制政策对工业经济发展产生的影响，而不是工业产出本身的决定因素，因此将劳动投入和资本投入均视作外生变量归到其他控制变量中。

总投资占GDP的比重来衡量。本章预测物质资本存量的估计系数为正①,全社会固定资产投资额数据来自历年《中国统计年鉴》。②人力资本存量②(HC)。本章用平均每千人中高等学校在校生人数作为其度量指标或者用各地区就业人员受教育年限来表示,在《中国劳动统计年鉴》中找到了各地区就业人员受教育程度构成,用其中大学专科、大学本科、研究生三者占比的总和来表示各地区就业人员受教育年限,但是2001年《中国劳动统计年鉴》中并没有统计这一分项,导致2000年这一指标数据缺失,对此,我们用1999年和2001年数据的平均值来表示2000年这一指标数据。本章预期人力资本对经济增长的影响为正。③劳动投入量(LI)。劳动投入量可以用各地区就业人员总数来衡量,相关数据来自历年《中国统计年鉴》和《中国人口和就业统计年鉴》。本章预测劳动投入量估计系数为正。④城市化水平(URBAN)。城市化水平一般用各地区非农人口占总人口的比重来表示。本章预测城市化水平对经济增长的影响系数符号为正③,其计算数据来源于历年《中国人口和就业统计年鉴》。⑤贸易开放度(OPEN)。贸易开放度一般用各地区进出口总额与GDP的比重来表示。尽管有人认为对外贸易开放对经济增长的影响方向是不确定的④[193],但本章预测贸易开放度对经济增长的影响为正⑤,其计算的相关数据来自历年《中国统计年鉴》。⑥市场化程度(MI)。由于市场化指数本身是由多层次的指标体系所构成的,因此应该从政府与市场关系、市场中介组织发育和法律制度环境等方面综合反映市场化进程[194]。本章1999—2009年的市场化指数使用了经过更正的樊纲市场化指数数据⑥,2010—2015年的市场化指数是根据樊纲市场化指数推算过程公式计算整理而得到的。本章预期市场化指数对经济增长的影响为正。⑦基础设施(FI)。基础设施可以用标准道路里程与人口的比

---

① 物质资本是经济增长中至关重要的因素,高资本形成率也是中国过去经济增长的主要因素之一。

② 人力资本是指劳动质量取决于教育程度的有效劳动力,可以通过提高劳动者受教育程度以及技术熟练程度直接增加产出水平。

③ 这是因为城市化的不断推进导致城市基础设施与房地产需求不断膨胀,带来投资与消费的大幅增加,投资、消费的增加将会成为经济增长非常重要的推动因素。

④ 贸易开放一方面有利于吸收国外先进生产技术,有利于增加本国可利用的研发技术,使得人力资本在研发部门的生产效率提高,引致人力资本从最终生产部门向研发部门转移,从而有利于经济增长;另一方面不利于进口国外中间产品,使国内最终产出部门投入的中间产品数量增加,引致人力资本从研发部门向最终产出部门转移,抑制经济增长。

⑤ 因为按照传统经济理论,当进出口贸易净额为正,即出口大于进口时,将扩大社会总需求,有利于经济增长;当进出口贸易净额为负,即出口小于进口时,将减小社会总需求,不利于经济增长。

⑥ 樊纲市场化指数是由樊纲、王小鲁等编制测度的,主要反映地区市场化发展水平和程度。

值来衡量，根据运输能力把所有公路里程折算为二级公路标准里程数以使数据具有可比性，铁路里程可以与 14.7 的换算系数相乘并与标准公路里程合并[195]。本章预期基础设施估计系数符号为正，相关数据来源于历年《中国统计年鉴》。

5.2 数据说明与描述性统计

本章旨在分析绿化税制改革对经济增长产生的影响效果，采用分地区、多年份的面板数据模型。考虑到变量的面板数据格式可能存在的非线性关系、非平稳序列等计量问题，可以对所有解释变量和被解释变量采用对数形式。考虑到数据的可得性与统计口径的一致性，本章将实证样本选定为 1999—2013 年 30 个省份的面板数据①。其中，大部分数据直接来自历年统计年鉴，也有一些数据是经过计算整理而得到的。根据研究目的，本章采取固定效应模型，因为固定效应模型并不需要像随机效应模型那样假定个体效应与随机误差项相关，就本章具体研究内容而言，固定效应模型显然更为合适。

表 5－1 给出了本章研究中所涉及主要变量的描述性统计结果。根据表 5－1 中展示的信息，整体上看，除了贸易开放度变量以外，其他变量的平均值都大于标准差，表明各个变量数据离散程度不高。其中，人均实际 GDP（Y）最大值为 71925.87，最小值为 2524.23，表明不同省份的经济增长状况悬殊，有的省份经济增长速度非常快，人均收入水平非常高，有的省份经济增长速度则比较缓慢，人均收入水平比较低。小口径绿化指标（GT_1）、中口径绿化指标（GT_2）和大口径绿化指标（GT_3）的最大值分别为 0.024544、0.3953 和 0.4483，最小值分别为 0.00003、0.0119 和 0.0366，反映出无论是大口径绿化指标还是中口径绿化指标和小口径绿化指标，其地域差异非常显著。环保投资（EI）、技术创新（TI）和财政分权（FD）的最大值分别为 0.0099、0.0608、3.3272，最小值分别为 0.0001、0.0011、0.1842，表明三个中间变量在不同地区之间也存在很大的差异。其他控制变量中，物质资本存量（PC）、人力资本存量（HC）、劳动投入量（LI）、城市化水平（URBAN）、贸易开放度（OPEN）、市场化指数（MI）和基础设施（FI）的最大值分别为 1.1237、53.59、6580.4、0.9003、1.7778、13.93 和 305318，最小值分别为 0.077、0.9、268、0.1446、0.0316、1.72 和 4491，反映出这些控制变量在不同省份具有较大的差异。

① 此处关于研究样本时间选择的原因与第 4 章相同。

表 5-1　主要变量的描述性统计

变量名	变量说明	均值	标准差	极大值	极小值	观测值
Y	人均实际 GDP	17145.57	12592.89	71925.87	2524.23	450
GT_1	小口径绿化指标	0.004869	0.003464	0.024544	0.000030	450
GT_2	中口径绿化指标	0.1021	0.0616	0.3953	0.0119	450
GT_3	大口径绿化指标	0.1586	0.0706	0.4483	0.0366	450
EI	环保投资	0.0018	0.0014	0.0099	0.0001	450
TI	技术创新	0.0115	0.0100	0.0608	0.0011	450
FD	财政分权	0.5800	0.5808	3.3272	0.1842	450
PC	物质资本存量	0.5261	0.1858	1.1237	0.0770	450
HC	人力资本存量	9.5691	7.1914	53.5900	0.9000	450
LI	劳动投入量	2409.891	1609.083	6580.40	268.00	450
URBAN	城市化水平	0.3531	0.1624	0.9003	0.1446	450
OPEN	贸易开放度	0.3235	0.4045	1.7778	0.0316	450
MI	市场化指数	6.6295	2.3627	13.9300	1.7200	450
FI	基础设施	97180.20	66552.56	305318.00	4491.00	450

5.3 计量结果的分析与讨论

本章采用固定效应模型对绿化税制改革影响经济增长的方向和效果进行估计，其原因有二：一是 F 检验的 p 值为 0.0000，表明在 1%的显著性水平下拒绝混合估计模型；二是 Hausman 检验的 p 值也为 0.0000，表明在 1%的显著性水平下拒绝随机效应模型。估计结果见表 5-2 和表 5-3。

5.3.1 绿化税制改革影响经济增长的基准分析

在表 5-2 中，报告了对计量模型(5-1)采用固定效应估计的实证结果，所有设定均控制了个体和时序固定效应。根据表 5-2 中的回归结果，可以得出以下结论。

(1)小口径绿化指标表征的税收制度绿化改革不利于经济增长，表明排污收费制度不利于经济增长，开征环境保护税的同时必须进行配套改革以避免加大对经济增长的下行压力①。表 5-2 中的估计组合(1)～(3)报告的是小口径绿化指标

① 这是因为环境保护税的内容规定几乎是排污收费制度的平移。

作为核心解释变量的回归结果。结果显示,(1)～(3)中小口径绿化指标的回归系数始终为负且至少在10%的显著性水平下影响经济增长。这意味着不管是否考虑其他变量,由排污费收入计算而得到的小口径绿化指标都对经济增长产生显著的抑制作用。这主要是因为排污收费标准过低,导致排污企业宁愿缴纳排污费也不愿意改进生产技术减少污染排放,此时的排污费成了企业生产成本中的一部分,提高了企业生产经营成本,降低了企业市场竞争力,不利于经济增长。另外,排污费标准过低显然不利于企业进行技术创新,排污企业仍然维系高投入、高消耗的粗放式发展模式而不愿意进行技术创新,增加落后产能,从而阻碍经济增长。

(2)中口径绿化指标和大口径绿化指标表征的税收制度绿化改革有利于经济增长,表明只有对税收制度进行持续绿化改革才能在保护环境的同时促进经济增长。表5-2中的估计组合(4)～(6)和(7)～(9)分别报告的是中口径绿化指标和大口径绿化指标作为核心解释变量的回归结果。结果显示,无论是仅作中口径绿化指标和大口径绿化指标对人均GDP的回归,还是依次加入中介变量以及其他控制变量,中口径绿化指标和大口径绿化指标的回归系数均在1%的显著性水平下为正。这意味着无论是否考虑其他变量的作用,提高税收制度中口径绿化指标和大口径绿化指标都可以有效促进经济增长。这与传统理论不符①,究其原因,主要是由目前结构性减税背景下对税收收入有增有减的结构性调整所导致的。结构性减税并不是一味地减税,而是针对具体税种的结构性调整,与个别税种的增税并不矛盾。以开征环境税为主要内容的绿化税制改革无疑会增加绿色税收收入,但这并不是绿化税制改革的初衷。绿化税制改革的主要目的是对纳税人行为选择的调节而不是筹集财政收入,即使绿化税制改革的最终结果会导致绿色税收收入增加,增加的部分也会以税收返还或者财政补贴的方式返还给污染治理效果较为突出的企业,或者专款专用于环境污染的防治。如此一来,对于真正减少环境污染物排放的企业而言,其生产成本并没有因绿化税制改革而明显增加,甚至可能会因此得到额外的补贴,导致生产成本降低,从而提高市场竞争力。

小口径绿化指标中的排污费费率偏低,一是发挥不出排污费对缴费者的调节作用,二是排污费规模太小,即使专款专用于污染治理也无济于事。中口径绿化指标和大口径绿化指标中的绿色税种就另当别论了,例如,消费税的立税依据是通过征收消费税调节纳税人的行为选择;城市维护建设税由于以增值税和消费税两税收入为计税依据而规模很大,可以很好地解决城市公共设施与治污设施的资金需求问题。另外,增加的绿色税收收入正好可以弥补结构性减税所导致的税收收入减少部分。无论是已经全面完成的"营改增",还是正在进行的企业所得税和个人所得税改革,主基调都是减税。通过绿化税制改革与结构性减税一增一减相呼应,

① 一般经济理论认为建立于庇古税理论基础上的绿化税制改革,主要目的是提高排污企业生产成本,在减少环境污染物排放的同时增加企业生产成本,降低企业市场竞争力,从而不利于经济增长。

可以实现将对劳动和资本等好的课税对象的征税转移到对环境污染等不好的课税对象的征税上来，从而减少由于征税对资本和劳动等生产要素产生的扭曲作用，优化生产要素的资源配置效率。无论以上哪个原因，都意味着绿化税制改革对经济增长产生了直接促进作用。

(3)环保投资并没有像理论预期那样促进经济增长，技术创新和财政分权都可以有效促进经济增长。①在表 5-2 中，环保投资的回归系数至少在 10%的水平下对人均收入存在显著负向影响，意味着环保投资对经济增长并没有促进作用。这可能是由于环保投资的主体和受益者往往是不一致的，环保投资的收益并不表现在投资部门本身，而是表现在环保投资所覆盖的所有领域以及整个社会，而且环保投资收益主要表现为环境收益和社会收益，经济收益并不明显。另外，在投资总额有限或者固定的情况下，环保投资的增加会挤出企业生产性固定资产投资，如果固定资产投资的边际报酬高于环保投资的边际报酬，那么这显然是不利于经济增长的。②在表 5-2 的中，技术创新的估计系数均在 1%的水平下对经济增长存在显著正向影响。这意味着技术创新可以有效促进经济增长，从而验证了"波特假说"在中国是成立的。这表明绿化税制改革能刺激企业改进生产技术水平与优化资源配置效率，用"创新补偿"效应部分抵消企业"遵循成本"，提高企业生产率和竞争力，进而促进经济增长。③在表 5-2 中，财政分权的回归系数均在 1%的水平下对人均实际 GDP 存在显著正向影响。这意味着不管是否考虑其他控制变量，财政分权程度的提高都能促进经济增长，这虽然与李涛和周业安[196]的分析结果不一致，但与传统财政分权对经济增长的影响观点相符，也与中国改革开放以来经济高速增长的现实相符。

(4)对于其他控制变量而言，大多数都符合理论预期。第一，物质资本存量(PC)回归系数均在 1%的水平下显著为正。这说明中国经济增长仍然无法脱离物质资本投资，尤其是固定资产方面的投资。第二，人力资本存量(HC)的估计系数均在 1%的显著水平下为正，在一定程度上表明人力资本已经成为推动中国经济持续增长的关键因素，随着经济转型升级，过去依赖固定资产投资和劳动投入带动经济增长的传统模式已经逐步被依托人力资本投资为主的现代化增长模式所取代。第三，城市化水平(URBAN)的估计系数为正且均在 1%的水平下显著，表明经济增长与城市化水平显著正相关，符合本书的理论预期。同时也印证了中国最近十几年持续推进的城镇化改革，在需求和供给两个方面都促进了经济持续增长的观点。第四，贸易开放度(OPEN)的估计系数至少在 10%的水平下显著为负，说明经济增长与贸易开放度之间呈现负相关关系，这也符合中国目前的状况，同时也证明中国并非是"贸易导向型经济增长"国家。第五，市场化指数(MI)对经济增长的影响在 1%的水平下显著为正，表明中国市场化程度的提高能够显著促进经济增长，与前文的预期相符。事实也确实证明，中国自改革开放以来创造的经济增长奇迹很大程度上得益于计划经济逐步向市场经济的过渡。第六，基础设施(FI)的回归系数在 1%的水平下显著为正，与前文预期相符，表明中国过去高速经济增长离不开基础设施建设投资的拉动。

表 5-2 静态面板数据模型的基准回归结果

因变量	(1)	(2)	(3)	(4)	(5)	(6)	(7)	(8)	(9)
GT_1	−0.5852***	−0.2822*	−0.0890***						
	(−18.0669)	(−10.7952)	(−6.8146)						
GT_2				0.4404***	0.1507***	0.1092***			
				(4.8669)	(2.9897)	(5.0264)			
GT_3							1.2801***	0.5112***	0.1994***
							(15.0034)	(8.5586)	(7.1364)
EI		−0.0288*	−0.0081*		−0.1220***	−0.0054*		−0.0926***	−0.0030*
		(−2.6282)	(−3.8071)		(−5.0367)	(−2.5408)		(−4.0804)	(−3.0991)
TI		0.8555***	0.1066***		1.0403***	0.0925***		0.9257***	0.0846***
		(22.0357)	(4.2891)		(26.8839)	(3.6495)		(23.9116)	(3.4283)
FD		0.6615***	0.2182***		0.6558***	0.2086***		0.5723***	0.1998***
		(9.7787)	(6.8486)		(8.6156)	(6.3990)		(7.9872)	(6.3006)
PC			0.2703***			0.2493***			0.2437***
			(11.3674)			(10.2457)			(10.2947)
HC			0.1606***			0.1894***			0.1956***
			(7.7831)			(9.2640)			(9.8748)

续表

因变量	(1)	(2)	(3)	(4)	(5)	(6)	(7)	(8)	(9)
LI			0.0804			0.1656***			0.1160**
			(1.2582)			(2.6301)			(1.8702)
URBAN			0.3302***			0.3586***			0.3212***
			(5.4490)			(5.7981)			(5.3170)
OPEN			−0.0687***			−0.0292*			−0.0166*
			(−3.5553)			(−2.6646)			(−1.9036)
MI			0.5950***			0.6354***			0.6403***
			(13.1633)			(13.7825)			(14.2911)
FI			0.2403***			0.2414***			0.2128***
			(11.9665)			(11.7363)			(10.4144)
常数项	6.2196***	12.3193***	5.4881***	10.5903***	14.5335***	5.3939***	11.9954***	14.7392***	6.1301***
	(33.9513)	(42.3938)	(9.8867)	(47.6628)	(48.4790)	(9.3877)	(72.0844)	(57.0355)	(10.6051)
F 检验	33.7124	108.0647	556.3331	16.7246	83.6835	529.9934	30.6885	98.2501	561.9186
	(0.0000)	(0.0000)	(0.0000)	(0.0000)	(0.0000)	(0.0000)	(0.0000)	(0.0000)	(0.0000)
R^2	0.7297	0.8955	0.9820	0.5449	0.8691	0.9811	0.6872	0.8863	0.9821
样本数	450	450	450	450	450	450	450	450	450

注：括号内为各系数的 t 统计值，方差为稳健标准差。*、**、*** 分别表示 10%、5%、1%的显著性水平。

5.3.2 绿化税制改革对经济增长的交互效应分析

由前文得到的机制分析和回归结果可知，绿化税制改革显著影响经济增长，环保投资、技术创新与财政分权也对经济增长有显著影响，因此，有必要检验绿化税制改革通过环保投资、技术创新与财政分权是否对经济增长产生间接影响，为此，在模型(5-1)中分别引入了不同口径绿化指标与三个中介变量的交互项①，即模型(5-2)，对模型(5-2)采用固定效应模型的估计结果见表5-3。

在表5-3中，组合(1)～(6)分别报告了小口径绿化指标、中口径绿化指标、大口径绿化指标与三个中介变量交互项的估计结果，组合(1)和(2)报告了小口径绿化指标的回归结果，组合(3)和(4)报告了中口径绿化指标的回归结果，组合(5)和(6)报告了大口径绿化指标的回归结果。其中，组合(1)、(3)、(5)分别只对小口径绿化指标、中口径绿化指标、大口径绿化指标与三个中介变量及二者的交互项进行回归，组合(2)、(4)、(6)则加入了其他控制变量。可以看出，在加入其他控制变量后，核心解释变量小口径绿化指标、中口径绿化指标、大口径绿化指标与三个中介变量以及二者交互项的系数估计值尽管大小有所变化，但系数符号及显著性水平没有发生大的变化，表明上述估计结果在一定程度上具有稳健性。

绿化税制改革对经济增长的间接影响效应可以由经济增长对税收制度绿化程度的偏导数表示，具体可参见公式5-3，即

$$\frac{\partial Y}{\partial(\mathrm{GT})}=\alpha_1+\alpha_5\mathrm{EI}+\alpha_6\mathrm{TI}+\alpha_7\mathrm{FD}$$

从上述公式可以看到，绿化税制改革对经济增长的间接影响效应取决于税收制度绿化程度、环保投资、技术创新与财政分权等变量回归系数的符号，以及税收制度绿化程度与环保投资、技术创新、财政分权交互项回归系数的符号。

表5-3中小口径绿化指标的估计系数符号为负，环保投资、技术创新和财政分权回归系数符号分别为负、正、正，小口径绿化指标与环保投资、技术创新、财政分权的交互项系数符号分别为负、正、正，意味着绿化税制改革通过减小环保投资规模、诱使技术创新和促进财政分权间接影响着经济增长。由公式5-3可知，小口径绿化指标表征的绿化税制改革影响经济增长的偏系数为$-2.2269-0.0671\times\mathrm{EI}+0.0925\times\mathrm{TI}+0.1085\times\mathrm{FD}$，因此，环保投资、技术创新、财政分权越大，上述偏系数越可能为正值，即小口径绿化指标表征的绿化税制改革越有可能促进经济增长。与单独效应比，小口径绿化指标每增加一个百分点将更有利于人均实际GDP的增加。这主要是由于绿化税制改革通过影响环保投资、技术创新与财政分权间接提高了人均实际GDP。

---

① 在验证交互效应之前，需要单独检验解释变量对被解释变量是否显著，在表5-2中可以看到绿化税制改革与环保投资、技术创新、财政分权等单独变量对被解释变量都显著，因此可以引入交互项。

表 5-3 静态面板数据模型的交互响应回归结果

因变量	(1)	(2)	(3)	(4)	(5)	(6)
GT_1	−2.2269***	−2.8862*				
	(−3.7136)	(−0.3494)				
GT_2			1.6655*	2.5669***		
			(1.7091)	(3.0603)		
GT_3					1.4280*	1.8231**
					(1.5829)	(2.3304)
EI	−8.9145*	−5.9512*	−2.0491*	−1.3846*	−22.8743*	−6.3367*
	(−0.3903)	(−0.2964)	(−0.0883)	(−0.0692)	(−0.9851)	(−0.3112)
TI	95.0181***	62.8991***	95.1234***	59.5369***	115.4341***	60.1412***
	(13.0807)	(8.4749)	(13.3331)	(8.3193)	(13.1578)	(6.0528)
FD	0.4080***	0.4192***	0.1932*	0.3166*	0.3976***	0.2179*
	(2.7815)	(3.2322)	(1.4877)	(2.5482)	(2.7712)	(1.5273)
$GT_i\times EI$	−0.0671*	−0.0236*	−0.1139**	−0.0396*	−0.0418*	−0.0268*
	(−1.4739)	(−0.5647)	(−2.4996)	(−0.9643)	(−0.8887)	(−0.6351)
$GT_i\times TI$	0.0925*	0.1152**	0.0208*	0.0615*	0.3319***	0.0428*
	(1.5719)	(2.0809)	(0.3566)	(1.1438)	(3.6318)	(0.4919)
$GT_i\times FD$	0.1085*	0.0446*	0.3262***	0.0874*	0.6099***	0.1531*
	(1.2090)	(0.5550)	(2.9243)	(0.8747)	(4.9673)	(1.3139)
PC		−0.0393		−0.0946		−0.0928
		(−0.2477)		(0.5365)		(−0.6038)
HC		0.0375***		0.0409***		0.0404***
		(5.4607)		(6.4528)		(6.2117)
LI		0.000076		0.0001*		0.0001**
		(1.3107)		(1.8729)		(1.9636)
URBAN		2.3143***		1.9451***		1.8048***
		(4.7911)		(4.0805)		(3.7929)
OPEN		−0.7253***		−0.6552***		−0.6281***
		(−5.5871)		(−5.1209)		(−4.9010)
MI		0.1714***		0.1802***		0.1657***
		(5.8737)		(6.2502)		(5.5606)
FI		−0.000002***		−0.000002***		−0.000002***
		(−3.8306)		(−3.4222)		(−4.0251)
常数项	−1.0314*	−0.9941*	0.4784	−1.2207*	−0.4592	−1.4198*
	(−1.6086)	(−1.6639)	(0.6591)	(−1.8698)	(−0.5089)	(−1.7632)
F 检验	188.2842	228.0094	191.1396	238.0465	198.1883	236.7686
	(0.0000)	(0.0000)	(0.0000)	(0.0000)	(0.0000)	(0.0000)
R^2	0.9593	0.9707	0.9599	0.9719	0.9613	0.9718
样本数	450	450	450	450	450	450

注：括号内为各系数的 t 统计值，方差为稳健标准差。*、**、*** 分别表示 10%、5%、1%的显著性水平。

同理,表 5 - 3 中中口径绿化指标和大口径绿化指标的估计系数符号都为正,环保投资、技术创新和财政分权回归系数符号均分别为负、正、正,中口径绿化指标与大口径绿化指标与环保投资、技术创新、财政分权的交互项系数符号均分别为负、正、正,意味着绿化税制改革通过减小环保投资规模、诱使技术创新和促进财政分权间接影响着经济增长。由公式 5 - 3 可知,中口径绿化指标和大口径绿化指标表征的绿化税制改革影响经济增长的偏系数分别为 $1.6655-0.1139\times EI+0.0208\times TI+0.3262\times FD$ 和 $1.4280-0.0418\times EI+0.3319\times TI+0.6099\times FD$,因此,环保投资、技术创新、财政分权越大,上述偏系数的值均为正且越来越大。与单独效应比,中口径绿化指标和大口径绿化指标每增加一个百分点将更有利于提高人均实际 GDP。这主要是由于绿化税制改革通过影响环保投资、技术创新与财政分权会间接增加人均实际 GDP。

就其他控制变量而言,在加入交互项以后,各控制变量的符号与显著性并没有发生显著变化,在一定程度上表明前文估计结果具有稳健性。

5.3.3 稳健性检验

1. 绿化税制改革对经济增长的动态 GMM 估计

计量模型(5 - 6)属于动态面板数据模型,由于解释变量中包含有被解释变量的一阶滞后项,采用普通面板数据回归方法所得结果将是有偏的和非一致的,因此本章采用适合于动态面板数据的广义矩估计方法(GMM)。这是因为:①对于存在非时变遗漏变量问题,由于取差分后予以消除,该估计将不再是有偏的;②在估计模型的右边存在内生变量时,使用工具变量会使相关系数的估计保持一致;③存在测量误差的情况下,使用工具变量也会得到一致性的估计结果。因此,该方法能够有效地解决测量误差非时变的遗漏变量和解释变量的内生性问题。

表 5 - 4 报告了动态面板数据模型的广义矩估计结果,结果显示,AR(2)统计量均不显著,说明没有发现水平方程误差项存在的自相关问题;Sargan 检验结果表明接受了“工具变量过度识别”的原假设,因而工具变量的选取总体上是有效的。由表 5 - 4 的回归结果可以得出以下结论。

(1)经济增长具有显著的滚动效应。回归(1)~(3)中人均实际 GDP 的滞后项系数均为正且至少在 5%的水平下显著,说明人均实际 GDP 会受前一期经济增长的影响。

(2)小口径绿化指标表征的绿化税制改革不利于经济增长。回归(1)显示小口径绿化指标与人均实际 GDP 在 5%的水平下显著负相关,说明排污费的征收在将环境污染负外部性内化到企业生产成本中的同时,增加了排污企业的排污成本。企业生产成本的增加,会降低企业市场竞争力,挤占企业利润水平,打击企业扩大投资的热情和信心,从而不利于经济增长。

(3)中口径绿化指标和大口径绿化指标表征的税制改革有利于经济增长。回归(2)显示中口径绿化指标与人均实际 GDP 在 5%的水平下显著正相关，回归(3)显示大口径绿化指标与人均实际 GDP 在 10%的显著性水平下正相关。这表明随着绿色税费负担的加重，内化在企业生产成本中的负外部成本越来越大，倒逼排污企业进行技术创新，而技术创新是企业经济增长的源动力，随着排污企业持续不断的技术创新，将有利于经济增长。

对本章引入的其他变量，其符号和显著性基本符合前文的预期，而且与静态回归基准分析中的结果大致相同，此处就不再赘述。

综上，绿化税制改革对经济增长的动态回归结果中，各解释变量的符号与静态回归基准分析中的结果大致相同，即使其显著性也只是发生微小的变化，证明了基准回归结果的稳定性。

表 5-4　绿化税制改革对经济增长的动态 GMM 估计

因变量	(1)	(2)	(3)
lnY-1	0.7932*** (12.6311)	0.0612** (2.9606)	0.8555*** (20.6558)
$lnGT_1$	-0.0137** (-2.9356)		
$lnGT_2$		0.0986** (2.6559)	
$lnGT_3$			0.0922* (2.4285)
lnEI	-0.0361*** (-2.7883)	-0.0078* (-2.0284)	-0.0114** (-2.0873)
lnTI	0.0894** (1.7057)	0.0969** (2.2730)	0.0282** (2.0634)
lnFD	0.0091* (2.2303)	0.0639* (1.7646)	0.0103* (1.6001)
lnPC	0.0010* (2.0185)	0.0216* (2.2412)	0.0265* (2.8381)
lnHC	0.0214* (2.6042)	0.1739* (2.2586)	0.0442* (2.2638)
lnLI	0.0275 (1.2519)	0.1546 (1.6154)	0.0472 (1.0876)
lnURBAN	0.2378* (1.6130)	0.1257* (2.3286)	0.1688** (2.1355)
lnOPEN	-0.0303 (-0.6734)	-0.0824 (-0.7316)	-0.0231 (-0.8917)

续表

因变量	(1)	(2)	(3)
lnMI	0.2837***	0.8412*	0.1616**
	(2.7815)	(2.5037)	(2.2893)
lnFI	0.0506***	0.0707*	0.0358***
	(2.5160)	(2.1648)	(3.8692)
样本数	390	390	390
AR(2)	0.645	0.725	0.860
Sargan 检验	249.4534	273.4566	241.6800
	(0.6776)	(0.7015)	(0.6683)

注：括号内为各系数的 t 统计值，方差为稳健标准差。*、**、*** 分别表示 10%、5%、1% 的显著性水平。

2. 自变量滞后一期的回归分析

在研究绿化税制改革对经济增长的直接作用机制和间接影响效应时，如果被解释变量与解释变量之间存在内生性关系，将导致回归结果有偏误。由于潜在的内生性问题可能对估计结果造成影响，故我们需要对此进行检验。由上文的分析可知，不仅绿化税制改革、环保投资、技术创新与财政分权会显著影响经济增长，经济增长也会影响绿化税制改革以及环保投资等解释变量。从逻辑上看，这种逆向因果关系也可能是成立的。另外，由于可能存在遗漏变量，如果遗漏变量与反应在误差项中的潜在的遗漏变量相关，也会导致内生性问题。

为了控制绿化税制改革对经济增长的潜在影响所导致的内生性问题，最好采取工具变量法进行两阶段最小二乘回归。合适的工具变量需同时满足两个条件，一是需与内生性解释变量相关，二是需与误差项不相关。在实践中，这两个条件多数情况下会产生冲突，很难找到合适的工具变量。受限于此，我们选择税收制度绿化程度的一阶滞后项作为工具变量①，并进一步通过 Hausman 检验来判断解释变量的内生性问题。

表 5-5 报告了解释变量滞后一期的估计结果。回归结果显示，各变量回归系数的符号与基准回归分析中的结果完全一致，只是显著性有些细微改变。尤其是对于核心解释变量税收制度绿化程度，大、中、小不同口径绿化指标的回归系数符号和显著性与基准回归分析的结果大致相同。这表明前文的模型参数估计结果具有较好的稳健性，潜在的内生性问题不足以影响本书的研究结论。

---

① 这里我们不仅选取了税收制度绿化程度的一阶滞后项作工具变量，环保投资、技术创新、财政分权等中介变量以及其他控制变量都取了一阶滞后项。

表 5－5　静态面板数据模型的滞后一期回归结果

因变量	(1)	(2)	(3)	(4)	(5)	(6)	(7)	(8)	(9)
GT_1	−0.5429***	−0.2602***	−0.0620***						
	(−15.0629)	(−8.9481)	(−5.0334)						
GT_2				0.3063***	0.1009**	0.0689***			
				(3.3745)	(1.9230)	(3.4863)			
GT_3							1.1353***	0.4626***	0.1378***
							(12.6556)	(7.3954)	(5.3553)
EI		−0.0270*	−0.0126*		−0.1186***	−0.0015*		−0.0905***	−0.0028*
		(−2.0634)	(−2.3244)		(−4.6705)	(−2.1660)		(−3.7779)	(−3.1302)
TI		0.9022***	0.0642***		1.0459***	0.0545***		0.9481***	0.0518**
		(21.7498)	(2.7078)		(25.0588)	(2.2691)		(22.8497)	(2.2028)
FD		0.5528***	0.1316***		0.5104***	0.1247***		0.4309***	0.1157***
		(9.3317)	(4.2921)		(6.1703)	(4.0039)		(5.4896)	(3.7914)
PC			0.3967***			0.3844***			0.3772***
			(15.6915)			(14.8535)			(14.8560)
HC			0.1449***			0.1589***			0.1634***
			(7.7366)			(8.4851)			(8.9286)

续表

因变量	(1)	(2)	(3)	(4)	(5)	(6)	(7)	(8)	(9)
LI			0.1346**			0.2065***			0.1536**
			(1.9881)			(3.1309)			(2.3300)
URBAN			0.4664***			0.4892***			0.4605***
			(7.8136)			(8.0977)			(7.7361)
OPEN			−0.0728***			−0.0480**			−0.0377*
			(−3.8919)			(−2.3509)			(−1.9031)
MI			0.6096***			0.6341***			0.6402***
			(14.6162)			(14.9329)			(15.3915)
FI			0.1973***			0.1986***			0.1803***
			(10.8076)			(10.6958)			(9.7495)
常数项	6.5079***	12.6844***	5.8030***	10.2762***	14.4276***	5.6284***	11.7239***	14.7246***	6.2748***
	(36.2623)	(40.1810)	(10.3144)	(46.4885)	(43.6064)	(9.7875)	(67.3462)	(50.9489)	(10.7091)
F 检验	31.4075	87.4625	616.5581	15.8806	71.2140	596.1501	26.5998	82.0633	621.7354
	(0.0000)	(0.0000)	(0.0000)	(0.0000)	(0.0000)	(0.0000)	(0.0000)	(0.0000)	(0.0000)
R^2	0.7079	0.8820	0.9849	0.5505	0.8589	0.9844	0.6723	0.8752	0.9850
样本数	420	420	420	420	420	420	420	420	420

注：括号内为各系数的 t 统计值，方差为稳健标准差。*、**、*** 分别表示 10%、5%、1%的显著性水平。

5.3.4　进一步讨论

从上文的分析中可以看到，不同口径绿化指标对经济增长的影响方向不同，其中，小口径绿化指标回归系数为负，中口径和大口径绿化指标回归系数为正，表明不同水平的税收制度绿化程度的经济增长效果不同。为了检验绿化税制改革对经济增长是否存在非线性影响，在模型(5－1)中引入了税收制度绿化程度的平方项，具体形式如下：

$$Y_{it}=\alpha_0+\alpha_1 GT_{it}+\alpha_2 GT_{it}^2+\alpha_3 EI_{it}+\alpha_4 TI_{it}+\alpha_5 FD_{it}+\beta X_{it}+\mu_i+\nu_t+\varepsilon_{it} \quad (5-7)$$

对模型(5－7)进行固定效应回归分析，其基本回归结果见表 5－6。从表 5－6 中可以得到以下结论。

(1)小口径绿化指标与人均实际 GDP 呈 U 形关系。表 5－6 中第(1)列回归结果显示，小口径绿化指标回归系数在 1%的水平上显著为负，小口径绿化指标的二次项系数在 1%的水平上显著为正，小口径绿化指标对人均 GDP 的影响呈 U 形关系。这表明，当税收制度绿化程度较低时，不能激励企业采取清洁高效生产技术，企业在缴纳绿色税费时将进行生产资料的内部调整，部分生产资本将被转移到绿色税费的缴纳上，这将加重企业生产成本，降低企业市场竞争力，不利于经济增长；当税收制度绿化程度较高时，较高的绿色税费成本将促使企业采取清洁生产技术，这样可以避免绿色税费征收压力，降低企业绿色税费负担，同时还可以促进企业生产效率的提升，提高企业市场竞争力，并最终有利于经济增长。绿化税制改革过程中税收制度的绿化程度存在一个适宜水平，根据小口径绿化指标回归结果可以计算出这一适宜水平为 0.013①，即当小口径绿化指标小于 0.013 时，绿化税制改革不利于经济增长，而当小口径绿化指标大于 0.013 时，绿化税制改革有利于经济增长。结合我国实际情况②，由排污费计算得到的小口径绿化指标 1998—2015 年最大值为 1998 年的 0.0062，远远低于 0.013 这一适宜水平。这表明，我国施行的排污征费制度不仅不能有效减少环境污染，而且还会对经济增长产生显著的抑制作用。另外，在第(1)列中，环保投资、技术创新和财政分权的回归系数符号与前文基准回归结果中的系数符号相同，且至少在 1%的水平上显著，进一步支持了前文的研究结论。

(2)中口径和大口径绿化指标与人均实际 GDP 呈倒 U 形关系。表 5－6 中第(2)、第(3)列回归结果显示，中口径和大口径绿化指标回归系数均在 1%的水平上

---

① 巧合的是，有利于经济增长的税收制度绿化程度适宜水平与有利于环境保护的税收制度绿化程度适宜水平均为 0.013。

② 中国小口径绿化指标具体数值可见第 3 章表 3－6 不同口径绿化指标反映的中国税收制度绿化程度。

显著为正，中口径和大口径绿化指标的二次项系数均在1%的水平上显著为负，中口径和大口径绿化指标与对人均实际GDP呈倒U形关系 。这表明，随着税收制度绿化程度的持续提高，绿色税费负担在企业生产成本中所占比重逐渐提高，会倒逼企业进行技术创新，这样不仅可以有效减少环境污染物排放，而且也能提高企业生产效率，提高企业市场竞争力，并最终有利于经济增长。但是，税收制度绿化程度的进一步提高会持续增加企业的税费负担，可能会挤占企业利润水平，影响企业继续投资的热情和信心，不利于经济增长。因此，中口径和大口径绿化指标在促进经济增长时也存在一个适宜水平。根据表5-6中第(2)、第(3)列相关系数可以计算这一适宜水平分别为0.2670和0.3253，即当中口径绿化指标和大口径绿化指标分别小于0.2670和0.3253时，绿化税制改革就可以有效促进经济增长，而当中口径绿化指标和大口径绿化指标分别大于0.2670和0.3253时，绿化税制改革就不利于经济增长。我国的实际情况是①，1998—2015年中口径绿化指标的最大值为2010年的0.0506，大口径绿化指标的最大值为2015年的0.1294，都明显低于对应的适宜水平，表明用中口径和大口径绿化指标表征的税收制度绿化程度对经济增长具有显著的促进作用。另外，在第(2)、第(3)列中，环保投资、技术创新和财政分权的回归系数符号与前文基准回归结果中的系数符号相同，且至少在1%的水平上显著，进一步支持了前文的研究结论。

表5-6 静态面板数据模型的进一步分析结果

因变量	(1)	(2)	(3)
GT_1	−233.0635*** (−10.5751)		
GT_1^2	9027.009*** (8.7688)		
GT_2		12.4216*** (6.9612)	
GT_2^2		−23.2595*** (−4.4395)	
GT_3			17.8499*** (9.9297)
GT_3^2			−27.4276*** (−6.4463)

① 中国中口径和大口径绿化指标具体数值可见第3章表3-6不同口径绿化指标反映的中国税收制度绿化程度。

续表

因变量	(1)	(2)	(3)
EI	−56.0838*** (−2.6771)	−64.0964*** (−2.9601)	−53.6775*** (−2.7536)
TI	166.9308*** (23.7569)	198.1524*** (30.7512)	167.6400*** (25.9636)
FD	0.3936*** (2.5082)	0.7170*** (4.4036)	0.4754*** (3.2145)
常数项	0.4738*** (2.5478)	−1.8099*** (−9.8314)	−2.4034*** (−12.9075)
F 检验	119.0075 (0.0000)	106.2552 (0.0000)	134.1490 (0.0000)
R^2	0.9070	0.8970	0.9166
样本数	450	450	450

注：括号内为各系数的 t 统计值，方差为稳健标准差。*、**、*** 分别表示 10%、5%、1%的显著性水平。

综上，如果用税收制度绿化程度表征我国税收制度绿化改革的进程，税收制度绿化程度应该为[0.013，0.2670]或者[0.013，0.3253]，前者是绿化税制改革有利于经济增长的严格区间，后者是绿化税制改革有利于经济增长的宽松区间。结合中国当前的实际情况看，我国应该持续推进税收制度绿化改革，因为当前用大、中、小三个不同口径绿化指标表征的税收制度绿化程度都远远低于严格区间的上限0.2670，表明我国税收制度绿化改革还有广阔的空间。

5.4 本章小结

本章运用 30 个省、市、自治区 1999—2013 年面板数据研究了绿化税制改革影响经济增长的方向与效果，尝试着从直接影响和间接影响两个方面考察绿化税制改革对经济增长的作用机制，为有关绿化税制改革与经济增长关系的研究提供额外的经验数据。通过分析，可得到以下几个基本结论。

(1)小口径绿化指标表征的绿化税制改革不利于经济增长。小口径绿化指标表示的税收制度绿化程度太低，意味着企业面临较低的排污成本，不会主动采取改进生产技术提高生产效率的方式来减少环境污染物的排放，此时的排污费就是企业的排污成本，小口径绿化指标的增加意味着企业生产成本的增加，会降低企业市场竞争力，不利于经济增长。这表明排污收费制度不利于经济增长，开征环境保护税的同时必须进行配套改革以避免增加对经济增长的下行压力。

(2)中口径绿化指标和大口径绿化指标表征的税收制度绿化改革有利于经济增长。中口径绿化指标与大口径绿化指标表示的税收制度绿化程度增加意味着企业排污成本的增加，会倒逼企业在权衡排污成本与治污成本后主动进行绿色技术创新，而技术创新是经济增长的源动力，意味着中口径和大口径绿化指标的增加将有利于经济增长。这表明只有对税收制度进行持续绿化改革才能在保护环境的同时促进经济增长。

(3)只有税收制度绿化程度为[0.0130,0.2670]时，绿化税制改革才会有利于经济增长。由于不同口径绿化指标对经济增长的影响方向不同，通过在基准模型中引入税收制度绿化程度的平方项进行回归分析发现：小口径绿化指标与人均实际 GDP 呈 U 形关系，其拐点为 0.0130；中口径和大口径绿化指标与人均实际 GDP 呈倒 U 形关系，其拐点分别为 0.2670 和 0.3253。这表明绿化税制改革与经济增长并非完全矛盾，关键在于选择适宜的绿化税制改革强度，当税收制度绿化程度介于 0.0130 和 0.2670 之间时，绿化税制改革能够提高人均实际 GDP。

(4)绿化税制改革通过减小环保投资规模、增加技术创新强度、提高财政分权程度促进经济增长。税收制度绿化程度与环保投资、技术创新、财政分权的交互项的回归系数符号分别为负、正、正，基于经济增长对税收制度绿化程度的偏系数分析可知，由于环保投资、技术创新和财政分权等中介变量的存在，与单独效应比，税收制度绿化程度每增加一个百分点将更有利于增加人均实际 GDP。

第6章

绿化税制改革影响环境公平的实证分析

环境污染导致区域间环境不公平逐渐成为我国非常显著的一个社会不公平因素，主要原因有二：一是环境污染的广泛性和普遍性导致环境污染范围越来越大，环境污染程度越来越严重；二是环境污染成本并非由全社会公平负担，而是逐渐由城市向农村、东部向西部转移。总体上看，区域间环境不公平主要表现为各地区环境收益与环境成本之间的不对称，东部地区获得了较多的环境收益而只承担较少的环境成本，西部地区承担较多的环境成本而只获得了较少的环境收益[194-204]。本章在对我国区域间环境不公平程度进行测算的基础上，通过构建面板回归模型实证分析了绿化税制改革对区域间环境公平的影响方向和效果。

6.1　中国区域间环境不公平的测度与评价

6.1.1　方法与数据

对区域间环境收益分配公平的测度，可以借鉴基尼系数对收入分配公平的测度方法，使用环境基尼系数来测度区域间环境不公平程度①。环境基尼系数（environment Gini coefficient，EG）的主要思想是将各区域的经济特征值和环境特征值在洛伦茨曲线中联系起来，以环境基尼系数的大小表示各区域间的环境不公平程度，其理论基础与计算方法均借鉴基尼系数。计算基尼系数之前一般应该先画出所对应的洛伦茨曲线，环境基尼系数也同样如此。如图 6 - 1 所示，以各地区环境特征值占环境总特征值的累计百分比为变量 Y，以各地区经济特征值占经济总特征值的累计百分比为变量 X，将两者的比例按照降序进行排序，在 $X-Y$ 坐标系中绘制环境洛伦茨曲线。然后绘制一条 45 度线，表示一国内部各区域间的绝对环境公平程度。标准的环境洛伦茨曲线应该位于 45 度线以下，表明与收入累计百分比增长相比，污染排放累计百分比增长相对缓慢，污染物的排放在高污染排放区相对集中。在环境洛伦茨曲线中，环境洛伦茨曲线与 45 度线之间的面积假定为 A，环境洛伦茨曲线下方与横坐标包围的面积假定为 B，则 $A/(A+B)$ 的值就是

① 基尼系数是用来观察居民收入分配差异状况的指标。王金南等指出，可以将基尼系数引入污染排放与经济贡献的公平性问题中，从内涵上看，基尼系数和环境基尼系数基本一致，可以通过借鉴基尼系数的计算方法来计算环境基尼系数并将其作为测度区域间环境公平的指标。详见王金南，逯元堂，周劲松. 基于 GDP 的中国资源环境基尼系数分析[J]. 中国环境科学，2006，26(1)：111 - 115.

环境基尼系数。借鉴基尼系数结果对收入公平状况的判断标准，当环境基尼系数为 0 时，表明各区域间环境绝对公平；环境基尼系数为 1 时，则表明区域间环境绝对不公平。环境基尼系数一般应该为[0,1]，其数值越小表明各区域间环境越公平，反之则越不公平。具体来讲，环境基尼系数为(0,0.2]表明各区域间环境高度公平；(0.2,0.3]表示各区域间环境相对公平；(0.3,0.4]表示各区域间环境相对合理；(0.4,0.5]表示各区域间环境非常不公平；(0.5,1]则表明各区域间环境高度不公平，具体情况见表 6-1。参照收入分配基尼系数的国际惯例，也将环境基尼系数等于 0.4 作为各区域间环境公平的警戒线。

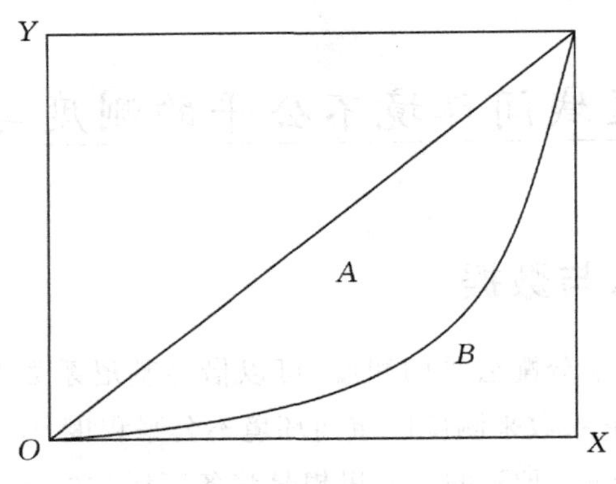

图 6-1 环境洛伦茨曲线

环境基尼系数的计算其实就是在基尼系数的计算过程中引入了环境因素，假设各地区在生产一定比例的 GDP 时排放相同比例的污染物，则各地区的污染物排放分配绝对公平。我国环境基尼系数反映的是我国污染排放的内部公平性，主要对比不同地区污染排放量与经济贡献率占全国总量之间的大小关系，如果某一地区的污染排放量高于经济贡献率占全国总量的比率，则属于对其他地区环境分配公平性的侵占，相反则属于对其他地区环境分配公平性的贡献，因此可以将该指标称为绿色贡献系数并将其作为分辨外部公平性的依据。本节以全国 30 个省、市、自治区(不包括港、澳、台，同时由于西藏数据缺失严重而将其剔除)的经济贡献的累计比例作为横坐标，污染排放量占全国污染排放量的累计比例作为纵坐标，做出中国的环境洛伦茨曲线，借鉴基尼系数的计算方法测算出中国的环境基尼系数。

表 6-1　环境基尼系数反映的环境公平状况

环境基尼系数	环境公平状况
EG=0	区域间环境绝对公平
0<EG≤0.2	区域间环境高度公平
0.2<EG≤0.3	区域间环境相对公平
0.3<EG≤0.4	区域间环境相对合理
0.4<EG≤0.5	区域间环境非常不公平
0.5<EG<1	区域间环境高度不公平
EG=1	区域间环境绝对不公平

基尼系数的计算方法有很多种，本章采用几何方法，即通过估算面积的定积分来确定环境基尼系数，具体计算过程如下。

如上文所述，借鉴基尼系数，环境基尼系数在图 6-1 中可以表示为环境洛伦茨曲线与 45 度线之间的面积 A 与 45 度线以下区域面积($A+B$)之间的比值。由于($A+B$)代表了单位正方形的二分之一，所以 $A+B=\frac{1}{2}$，因此环境基尼系数可以表示为：

$$EG=\frac{A}{A+B}=2A=1-2B \tag{6-1}$$

其中，B 代表环境洛伦茨曲线下方与横轴围成的面积。

画出洛伦茨曲线中横坐标和纵坐标对应的散点图，然后添加趋势线，经过设置与选择后，可以通过回归求得环境洛伦茨曲线对应的拟合曲线方程，假定为 $L(x)$，那么环境洛伦茨曲线下方的面积就可以表示为：

$$B=\int_0^1 L(x)\mathrm{d}x \tag{6-2}$$

将式(6-2)代入式(6-1)，就可以得到环境基尼系数，即

$$EG=1-2\int_0^1 L(x)\mathrm{d}x \tag{6-3}$$

根据环境基尼系数的内涵，可以用绿色贡献系数来评价区域间污染物排放是否公平。绿色贡献系数=经济贡献率/污染物排放量比率①，其公式可用下式表示：

① 徐道炜用类似的方法计算了另一个反映区域间环境公平的指标——绿色负担系数，即污染排放量比率与生态容量占有率的比值。从形式上看，绿色贡献系数相当于绿色负担系数的倒数，表征的环境公平状况正好相反。详见徐道炜. 中国城市资源环境基尼系数研究[J]. 统计与决策，2013(9)：27-30.

$$GCC = \frac{G_i}{G} / \frac{P_i}{P} \tag{6-4}$$

式中，G 和 P 分别表示全国工业 GDP 和工业污染物排放量；G_i、P_i 分别表示各地区工业 GDP 与工业污染物排放量。当 GCC 大于 1 时，表明 GDP 的贡献率大于污染物排放的贡献率，环境公平性相对较好；GCC 小于 1 时，表明 GDP 的贡献率小于污染物排放的贡献率，环境公平性相对较差。具体见表 6-2。

表 6-2　绿色贡献系数反映的环境公平状况

绿色贡献系数	表征的含义	环境公平状况
GCC<1	污染排放的贡献率大于 GDP 的贡献率	环境公平性较差
GCC>1	污染排放的贡献率小于 GDP 的贡献率	环境公平性较好

6.1.2 计算与评价

根据上述环境基尼系数的内涵界定以及计算方法的确定，选取中国 30 个省、市、自治区（港、澳、台和西藏除外）的工业废水排放物、工业废气排放物、工业固体废弃排放物以及工业粉尘烟尘排放物作为评价指标，逐项画出 2001 年、2010 年和 2015 年的环境洛伦茨曲线。之所以选取以上三个年份，主要是为了观察 2001—2010 年十年间中国区域间环境公平状况是否发生了变化；另外，由于 2011 年中国实施了资源税改革，西部地区是中国资源富集区，资源税改革对西部地区生态环境保育应该具有积极刺激作用，但是，一项制度改革也应该会有时滞，所以选择 2015 年以便观察资源税改革是否能够减轻区域间环境不公平的程度。

按照前文环境基尼系数的计算方法分别计算出 2001 年、2010 年和 2015 年各污染物的环境基尼系数，具体见表 6-3。同时为了分析环境不公平的原因，计算出 30 个省、市、自治区工业废水排放物、工业废气排放物、工业固体废弃排放物以及工业粉尘烟尘排放物在 2001 年、2010 年和 2015 年的绿色贡献系数，具体见表 6-4。

表 6-3　各项污染物的环境基尼系数

污染物的环境基尼系数	2001 年	2010 年	2015 年
工业废气排放物的环境基尼系数	0.3027	0.3350	0.4970
工业废水排放物的环境基尼系数	0.3034	0.2266	0.3156
工业固体废弃排放物的环境基尼系数	0.4518	0.4646	0.5036
工业粉尘烟尘排放物的环境基尼系数	0.4873	0.4376	0.4641

资料来源：根据历年《中国统计年鉴》相关数据整理计算得到。

表 6－4　各项污染物的绿色贡献系数

地区		工业废气排放物			工业废水排放物			工业固体废弃排放物			工业粉尘烟尘排放物		
		2001年	2010年	2015年	2001年	2010年	2015年	2001年	2010年	2015年	2001年	2010年	2015年
东部地区	北京	1.18	1.56	2.40	2.13	4.09	3.55	1.74	2.71	4.14	3.48	3.98	5.32
	天津	1.09	1.54	2.07	1.85	2.72	3.41	3.00	2.95	5.13	3.00	3.88	4.35
	河北	0.81	0.46	0.42	1.14	1.01	1.14	0.58	0.38	0.37	0.79	0.81	0.46
	辽宁	0.83	0.87	1.06	1.06	1.49	1.52	0.59	0.63	0.57	1.00	0.85	0.89
	上海	1.18	1.35	1.36	1.53	2.16	1.52	2.84	3.33	4.31	10.63	6.90	4.40
	江苏	1.22	1.66	1.29	0.76	0.89	1.11	2.53	2.65	2.89	2.50	2.33	2.30
	浙江	1.42	1.66	1.67	0.96	0.83	0.95	4.17	3.70	4.66	2.54	2.26	2.26
	福建	1.90	1.27	1.46	1.13	0.62	0.86	0.67	1.07	1.36	2.61	1.45	1.61
	山东	1.08	1.17	1.28	1.70	1.11	1.27	1.39	1.48	1.63	1.38	2.15	1.83
	广东	1.99	2.39	2.41	2.10	1.39	1.53	5.22	4.90	5.67	3.61	3.27	3.78
	海南	0.74	0.76	0.29	0.67	0.81	0.70	2.74	2.26	1.62	1.78	1.60	1.61
中部地区	山西	0.40	0.36	0.37	1.28	1.13	1.20	0.24	0.32	0.24	0.25	0.32	0.28
	吉林	0.85	1.28	1.54	0.98	1.23	1.35	0.93	1.06	1.61	0.79	0.81	0.98
	黑龙江	1.31	1.18	1.20	1.54	1.38	1.02	1.14	1.02	1.02	1.25	0.68	0.40
	安徽	0.84	0.81	0.79	0.81	0.92	1.20	0.68	0.74	0.92	0.88	0.62	1.04
	江西	1.03	1.19	1.03	0.70	0.73	0.90	0.29	0.58	0.68	0.65	0.65	0.81
	河南	0.94	1.41	1.06	1.00	0.96	1.16	1.22	1.39	1.20	0.67	0.93	1.19
	湖北	0.89	1.30	1.32	0.67	0.86	0.34	1.06	1.23	1.58	0.84	1.26	1.46
	湖南	1.14	1.15	1.45	0.53	0.80	1.03	1.01	1.36	1.57	0.46	0.55	1.29
西部地区	内蒙古	0.42	0.55	0.64	1.24	1.72	2.05	0.46	0.41	0.48	0.56	0.48	0.48
	广西	0.45	0.71	0.67	0.34	0.28	0.61	0.51	0.77	0.92	0.27	0.37	0.90
	重庆	1.18	0.91	1.38	0.34	0.99	1.50	0.93	1.62	2.03	0.70	1.08	1.19
	四川	0.97	0.99	1.47	0.59	0.96	0.36	0.66	0.82	1.01	0.43	1.01	1.76
	贵州	0.38	0.40	0.28	0.83	1.30	1.12	0.32	0.23	0.40	0.27	0.41	0.42
	云南	0.83	0.64	0.59	1.07	1.02	0.86	0.49	0.35	0.29	0.99	0.78	0.43
	陕西	0.81	0.91	1.15	1.01	1.15	2.05	0.53	0.82	1.23	0.41	0.83	0.66
	甘肃	0.49	0.69	0.44	0.82	1.27	1.05	0.58	0.53	0.46	0.56	0.46	0.52
	青海	0.32	0.42	0.43	0.79	0.82	1.10	0.41	0.43	0.10	0.32	0.22	0.27
	宁夏	0.24	0.11	0.27	0.38	0.36	0.57	0.40	0.33	0.35	0.16	0.18	0.18
	新疆	0.73	0.62	0.43	1.28	1.03	0.88	1.21	0.69	0.42	0.91	0.27	0.20

资料来源：根据历年《中国统计年鉴》相关数据整理计算得到。

结果表明,中国工业废气排放物2001年、2010年和2015年的环境基尼系数分别为0.3027、0.3350、0.4970。从2001年和2010年的环境基尼系数可以看出,十年间工业废气排放物在各区域间的公平状况基本保持稳定,而且总体上处于0.3～0.4,属于相对合理的区间。2015年,工业废气排放物的环境基尼系数上升到0.4970,远远超过了环境基尼系数的警戒线,而且接近于0.5,表明2015年中国工业废气排放物在各区域间非常不公平。从绿色贡献系数可以看出,2001年、2010年和2015年工业废气排放物的绿色贡献系数小于1的省份分别有18个、16个和12个,这是引起环境不公平的主要因子。之所以绿色贡献系数小于1的省份个数在2015年比2001年少,环境基尼系数2015年却比2001年大,原因在于2015年绿色贡献系数小于1的省份个数虽然少,但是这些省份绿色贡献系数变得更小了。也就是说,虽然2001年绿色贡献系数小于1的省份有18个,但是这些省份绿色贡献系数都接近于1,而2015年绿色贡献系数小于1的省份虽然只有12个,但它们的绿色贡献系数却都远远小于1,恰恰说明区域间环境不公平变得愈发严重。另外,绿色贡献系数小于1的省份大部分都集中在中西部,尤其是西部地区,2001年、2010年和2015年西部地区绿色贡献系数小于1的省份分别有10个、11个和8个,分别占总数的0.56、0.69和0.67,特别是2010年,西部地区11个省份的绿色贡献系数全部小于1。这表明西部地区工业废气排放的贡献率大于工业GDP的贡献率,而东部地区则相反。由此可见,西部地区大多数省份绿色贡献系数小于1,是造成中国工业废气排放物环境不公平的重要原因。

中国工业废水排放物2001年、2010年和2015年的环境基尼系数分别为0.3034、0.2266、0.3156。从2001年和2010年的环境基尼系数可以看出,十年间工业废水排放物在各区域间的公平状况基本保持稳定,大致处于0.2～0.3,属于相对公平的区间。即使是2015年,工业废水排放物的环境基尼系数也只有0.3156,稍微大于0.3,表明中国工业废水排放物在各区域间相对公平。从绿色贡献系数可以看出,2001年、2010年和2015年工业废水排放物的绿色贡献系数小于1的省份分别有16个、14个和10个,这是引起环境不公平的主要因子。但是与工业废气绿色贡献系数不同的是,这些绿色贡献系数小于1的省份并非集中在西部地区。2001年、2010年和2015年西部地区工业废水排放物绿色贡献系数小于1的省份分别有7个、5个和5个,分别占总数的0.44、0.36和0.50,都低于工业废气绿色贡献系数小于1的相应占比。由此可见,与其他污染物相比较,西部地区工业废水污染状况相对较轻。这是因为西部地区的环境污染主要是由能源资源开采所导致的,尽管能源资源开采过程也会造成一定程度的水污染,但是与废气、固体废弃物、工业粉尘烟尘相比,废水污染相对较轻。中国工业废水污染较严重的地区大部分都集中在南方地区,例如,2015年工业废水绿色贡献系数小于1的10个省份中有8个属于南方地区,北方地区只有新疆和宁夏。这表明与其他环境污染主要集中在中西部地区不同，工业废水污染主要集中在南方地区。

中国工业固体废弃排放物和中国工业粉尘烟尘排放物 2001 年、2010 年和 2015 年的环境基尼系数变动趋势及原因与中国工业废气排放物相似，此处不再赘述①。

综上，通过对中国 30 个省、市、自治区各种污染物绿色贡献系数的计算结果可以看出，除工业废水污染外，工业粉尘烟尘、工业废气、工业固体废物的绿色贡献系数有的省份很大，大部分都集中在东部地区，而有的省份则很小，主要集中在中西部地区，尤其是西部地区，即使是 2011 年有利于西部地区财政收入增加的资源税改革也难以扭转这一结果。这表明造成中国环境基尼系数较大，也就是环境不公平的主要原因是西部经济欠发达地区的绿色贡献系数太低，即西部地区污染排放贡献率远远大于 GDP 贡献率。必须注意的是，东部地区绿色贡献系数比西部地区绿色贡献系数大的原因不外乎有两个：一是东部地区累计经济增长率比西部地区累计经济增长率高，二是东部地区污染排放累计率比西部地区污染排放累计率低。导致这两个现象出现的原因也主要有两方面：第一，西部地区是中国的资源富集区，其经济发展的优势主要是能源资源。西部地区由此成了东部地区原料供应基地，西部地区更依赖于传统的能源资源高消耗型经济发展模式，极有可能承受更重的环境成本。因此，中国在工业经济的总体布局中形成了西部地区重点发展能源、矿产和原材料工业，东部地区以加工制造业和新兴产业为主的分工格局，工业产值东迁和环境污染西移加重了西部地区的环境污染程度。第二，在一个较长时期内，中国一直实行资源低价政策，西部地区以损害环境为代价所生产的能源资源产品大部分以较低的价格输送到了东部地区，能源资源的收益实际上被部分转移到了东部地区。西部地区对能源资源开采所造成的生态环境破坏没有足够的财力进行弥补，中央政府也缺乏对西部地区足够的环保资金投入，从而削弱了西部地区生态环境修复与保育的能力。结果就是，东西部地区之间的经济发展差距不断拉大的同时，西部地区为东部地区的经济发展承担了严重的生态环境损害成本。东部地区经济增长速度快当然与自身地理条件等自然资源禀赋密切相关，但也与能源资源开采使用过程中过多获取收益而较少承担成本相关。西部地区则恰恰相反，作

---

① 中国工业固体废弃排放物 2001 年、2010 年和 2015 年的环境基尼系数分别为 0.4518、0.4646、0.5036。从 2001 年和 2010 年的环境基尼系数可以看出，十年间工业固体废弃排放物在各区域间的公平状况基本保持稳定，而且总体上都处于 0.4～0.5，属于环境非常不公平区间。2015 年中国工业固体废弃物的环境基尼系数达到了 0.5036，远远超过了环境基尼系数警戒线，超过了 0.5，表明 2015 年中国工业固体废弃排放物在各区域间环境高度不公平。中国工业粉尘烟尘排放物 2001 年、2010 年和 2015 年的环境基尼系数分别为 0.4873、0.4376、0.4641。从 2001 年和 2010 年以及 2015 年三年的环境基尼系数可以看出，2001—2015 年工业粉尘烟尘排放物在各区域间的公平状况基本保持稳定，而且总体上都处于 0.4～0.5，属于环境非常不公平区间。

为中国的资源富集区，在能源资源开采过程中承担了较多的成本而只获得了较少的收益，导致其环境污染程度增加而经济增长速度下滑。这就是说，造成中国区域间环境不公平的本质原因是各地区之间能源资源环境收益获取与成本负担的不对等，东部地区在获取能源资源收益的同时，将本应由自己承担的环境污染转移到了中西部地区。这与杨继生、徐娟[205]的分析结论略有不同，他们认为地区间环境成本转移是由近及远渐进式的，中、东部经济发达地区仍然承担着较高的环境污染成本，环境成本并没有向西部转移。之所以本节研究结论与其不同，主要是因为本节分析的是环境污染转移，而他们分析的则是环境成本转移，两个概念并不相同。环境成本转移是一个地区承担了其他地区的环境污染，相当于实际污染量与公平污染量的差，统计数据无法直接反映出来；而环境污染转移则是不同地区污染排放量的相对变化，可以用污染排放量的统计数据来进行直观反映。所以，如果从统计数据来看，正如本节分析的结论那样，工业环境污染确实在向中西部地区集中转移。

6.2 指标选取和模型设定

6.2.1 计量模型设定

根据前文分析，为了考察绿化税制改革对区域间环境公平的直接影响以及绿化税制改革通过环保投资、技术创新和财政分权等中介变量对区域间环境公平带来的间接影响，本章拟构建面板数据模型对这一问题进行剖析：

$$GCC_{it}=\alpha_0+\alpha_1 GT_{it}+\alpha_2 EI_{it}+\alpha_3 TI_{it}+\alpha_4 FD_{it}+\beta X_{it}+\mu_i+\nu_t+\varepsilon_{it} \tag{6-5}$$

其中，i 表示省份；t 表示时间；GCC_{it} 表示第 i 省份在 t 年的绿色贡献系数；GT_{it} 表示第 i 省份在 t 年的税收制度绿化程度，这里的税收制度绿化程度分为大、中、小三个不同口径统计指标，将依次代入模型(6-5)进行回归；EI_{it} 表示第 i 省份在 t 年的环保投资规模；TI_{it} 表示第 i 省份在 t 年的技术创新强度；FD_{it} 表示第 i 省份在 t 年的财政分权程度；X_{it} 表示影响经济增长的其他控制变量，主要有各地区的实际人均 GDP 及其平方、城市化水平、工业化水平、贸易开放度、能源资源禀赋以及市场化程度等；μ_i 表示地区固定效应变量；ν_t 表示时间固定效应变量；ε_{it} 是随机误差项。

为了考察绿化税制改革通过环保投资、技术创新和财政分权等中介变量对区域间环境公平产生的间接影响，本书在模型(6-5)中引入绿化税制改革与上述三个中介变量的交互项，具体形式如下：

$$\begin{aligned}GCC_{it}=&\alpha_0+\alpha_1 GT_{it}+\alpha_2 EI_{it}+\alpha_3 TI_{it}+\alpha_4 FD_{it}+\alpha_5 GT_{it}\times EI_{it}+\alpha_6 GT_{it}\times\\&TI_{it}+\alpha_7 GT_{it}\times FD_{it}+\beta X_{it}+\mu_i+\nu_t+\varepsilon_{it}\end{aligned} \tag{6-6}$$

其中，$GT_{it}\times EI_{it}$、$GT_{it}\times TI_{it}$ 和 $GT_{it}\times FD_{it}$ 分别表示绿化税制改革与环保投资、技术创新和财政分权的交互项，其他变量代表的意思与模型(6－5)相同。如果对式(6－6)两边关于税收制度绿化程度 GT 求偏导，得到：

$$\frac{\partial(GCC)}{\partial(GT)}=\alpha_1+\alpha_5 EI+\alpha_6 TI+\alpha_7 FD \tag{6-7}$$

式中，α_1 表示绿化税制改革对环境公平的直接影响；α_5、α_6、α_7 分别表示绿化税制改革通过环保投资、技术创新、财政分权对环境公平的间接影响。

6.2.2　内生性讨论

本章考察的绿化税制改革和环保投资、技术创新、财政分权对绿色贡献系数的影响可能存在内生性，从而导致不一致的估计，这主要是由方程内生性所导致的。在将绿化税制改革和环保投资、技术创新、财政分权作为解释变量时，由于绿色贡献系数高的地区更重视经济增长和污染治理，从而被解释变量反过来对这些解释变量会产生影响，导致解释变量出现非外生给定现象。这种相互影响带来的方程内生性可以通过将解释变量用其滞后变量替代的方法予以消除，由于滞后的解释变量已经发生，被解释变量不能对其产生影响，因而内生性得到纠正。所以本章的解决方法就是将模型(6－5)和(6－6)中关于绿化税制改革和环保投资、技术创新、财政分权的变量全部滞后 1 期。这里需要说明的是，其他控制变量也可能存在类似的内生性问题，但在本章中不做考虑，均将它们视为外生变量。

$$GCC_{it-1}=\alpha_0+\alpha_1 GT_{it-1}+\alpha_2 EI_{it-1}+\alpha_3 TI_{it-1}+\alpha_4 FD_{it-1}+\beta X_{it-1}+\mu_i+\nu_t+\varepsilon_{it} \tag{6-8}$$

$$\begin{aligned}GCC_{it-1}=&\alpha_0+\alpha_1 GT_{it-1}+\alpha_2 EI_{it-1}+\alpha_3 TI_{it-1}+\alpha_4 FD_{it-1}+\alpha_5 GT_{it-1}\times EI_{it-1}+\\&\alpha_6 GT_{it-1}\times TI_{it-1}+\alpha_7 GT_{it-1}\times FD_{it-1}+\beta X_{it-1}+\mu_i+\nu_t+\varepsilon_{it}\end{aligned} \tag{6-9}$$

另外，还需要注意遗漏变量导致的内生性。因为即使尽可能全面地考虑相关控制变量，但由于存在很多无法定量衡量的影响因素，这些遗漏变量在随机误差项里的影响因素可能与地区情况相关，从而导致本章的核心解释变量成为内生变量。要全面找到遗漏因素的代理变量或内生变量的工具变量十分困难，解决这个问题的思路是将被解释变量的滞后 1 期加入解释变量中，如果这些遗漏因素在短期内不会改变，那么其进入滞后期的被解释变量后，可以避免遗漏内生性的问题。

因此，可以将模型(6－8)改写为动态面板数据模型：

$$GCC_{it}=\alpha_0+\phi GCC_{it-1}+\alpha_1 GT_{it}+\alpha_2 EI_{it}+\alpha_3 TI_{it}+\alpha_4 FD_{it}+\beta X_{it}+\mu_i+\nu_t+\varepsilon_{it} \tag{6-10}$$

其中，GCC_{it-1} 为滞后一期的绿色贡献系数，反映区域间环境公平状况的动态性和延续性；ϕ 反映上期区域间环境公平状况对本期的影响。

6.2.3 变量说明

1. 被解释变量:区域间环境不公平程度(GCC)

衡量区域间环境不公平程度首先想到的是环境基尼系数,但由于环境基尼系数是根据全国各地区污染排放量与经济增长率计算而得到,是一个全国总体性指标数据,只能表示一个环境不公平的总体程度,而不能对每一个地区的环境污染公平性进行比较;并且造成我国环境基尼系数总体偏大的原因是各地绿色贡献系数差异较大,因此本章选取各地区绿色贡献系数作为衡量区域间环境不公平程度的指标①。中国各地区绿色贡献系数是分污染物分别计算的,并非将所有污染物绿色贡献系数综合的指标。从上面的分析可以看出,工业废水绿色贡献系数小于1的地区大多集中在南方地区而不是经济欠发达的西部地区,不符合本书的研究宗旨,故不予以考虑。工业粉尘烟尘本身属于工业废气的组成部分,可以通过检验工业废气一并说明。工业废气污染具有极大的流动性,不像工业固体废弃物的污染范围那样主要限于本地区而对其他地区影响相对较弱。本章研究的重点是能源资源开采过程中形成的环境污染,西部地区能源资源尤其是煤炭的开采过程中将形成大量的固体废弃物,因此本章采用工业固体废弃物绿色贡献系数作为被解释变量进行回归分析,而将工业废气绿色贡献系数与工业粉尘烟尘绿色贡献系数作为替代变量对工业固体废弃物绿色贡献系数进行稳健性检验。

2. 核心解释变量:税收制度绿化程度(GT)

目前该变量的相关数据难以获得且质量相对较弱,基于指标的相对完善性和数据可得性考虑,本书构建了大、中、小三个不同统计口径的税收制度绿化指标来衡量绿化税制改革程度,具体解释见第3章。绿化税制改革可以通过三条途径增加能源资源开采地政府的环境收益:一是通过提高能源开采企业的绿色税收负担,将生态环境损害成本与能源资源耗竭成本等负外部成本内化到企业生产成本中,在增加能源开采企业开采矿产资源税收成本的同时,增加能源开采地政府的环境收益;二是通过提高能源开采地政府分享比例高的税费征收率,将能源资源所有权收益更多的部分划归于能源开采地政府;三是重新界定中央政府与地方政府之间的收入分享比例,提高能源开采地政府的收入分成份额。通过绿化税制改革增加能源开采地政府环境收益后,进一步规定其专款专用于能源资源修复与生态环境

---

① 其原因有二:一是东部地区累计经济增长率比西部地区累计经济增长率高,二是东部地区污染排放累计率比西部地区污染排放累计率低。绿色贡献系数恰好为经济增长累计率与污染排放累计率之比。西部地区绿色贡献系数大多数小于1,而东部地区绿色贡献系数大多数大于1,这是我国区域间环境不公平的主要原因。

保育,实现能源开采地政府环境收益与环境成本间的公平对称。这一调整主要由资源开采环节征收的资源税以及污染排放环节的环境保护税,并配套土地取得和使用方面的相关绿色税种改革来完成。因此,绿化税制改革对区域间环境公平的直接影响是确定的,即绿化税制改革可以降低区域间环境不公平程度,即 $\alpha_1>0$。税收制度绿化程度的计算数据来源于历年《中国税务年鉴》。

3. 环保投资(EI)

环保投资本身属于环境支出的一个组成部分,在目前统计口径中包括基础设施建设投资、工业污染源治理投资、建设项目"三同时"投资等三个部分,根据不同的情景,可以采用以上三个变量以及三个变量的总和来分别进行回归分析。根据命题 2,环保投资规模的增加将减轻区域间环境不公平程度①,且绿化税制改革将强化环保投资对环境不公平的减轻效应,因此,本章预期 $\alpha_2>0$,$\alpha_5>0$。环保投资测算的相关数据来自历年《中国统计年鉴》。

4. 技术创新(TI)

研究与试验发展经费支出(R&D)是公认能够较好反映技术创新水平的一个指标②,不过,该项支出会因经济总量的不同而有所差异。所以,为了更加客观、准确地衡量技术创新水平,一般采用研发强度作为度量指标,即每年研究与试验发展经费支出(R&D)与同期 GDP 的比值,该指标越大,表明技术创新能力越强,能够以更少的投入获得更多的产出。根据命题 3,与环境保护相关的技术创新不利于降低区域间环境不公平程度③,绿化税制改革也将强化技术创新对区域间环境不公平的不利作用,因此,本章预期 $\alpha_3<0$,$\alpha_6>0$。技术创新变量相关数据的测算来自历年《中国统计年鉴》与《中国科技统计年鉴》。

5. 财政分权(FD)

财政分权可以从地方财政支出和地方财政收入两个方面进行衡量。从支出的角度衡量有地方财政支出占中央财政支出的比重和地方人均财政支出占中央人均财政支出两个指标。从收入角度衡量的则较多,有地方财政收入占中央财政收入的比重和地方人均财政收入占中央人均财政收入这两个主要的指标,还有用省级政府

---

① 政府通过增加环保投资,可以提高当地居民的健康水平,从而可以减少环境污染所带来的居民健康损害成本,降低区域间环境不公平程度。

② 因为 R&D 支出不仅是技术进步的源泉,是促进技术进步的最直接因素,而且还能够直接影响企业的能源使用效率,有利于清洁能源的开发和利用,改善能源消费结构,同时有利于提高能源使用效率和污染处理技术。

③ 西部地区的研发创新投入水平本身不高,且存在人力财力投入浪费、使用效率偏低等问题。另外,研发机构的成果并不能及时有效的与企业的实际生产相结合而转化为生产能力,进而产生经济效应并带动经济增长。

在本省财政预算收入中的边际分成率来衡量财政分权。因此，本书采用收入角度对财政分权程度的衡量指标，即用地方人均财政收入占中央人均财政收入的比重来衡量①。根据命题4，财政分权不利于区域间环境不公平程度的降低，绿化税制改革将强化财政分权对区域间环境不公平的不利作用②，因此，本章预期$\alpha_4<0$，$\alpha_7>0$。与财政分权程度相关的测算数据来自历年《中国统计年鉴》和《中国财政年鉴》。

6. 其他控制变量

为考察估计结果的稳健性，本书还纳入了如下一些控制变量。①人均实际GDP(Y)。一般认为，经济增长与环境公平之间并非一般线性关系，而可能是一条先上升后下降的倒U形曲线③。为了验证环境公平与人均收入之间的非线性关系，在模型中引入人均实际GDP及其平方项，并预期Y的估计系数为正，Y^2的估计系数为负。为了保证数据的可比性，以2001年为基期，通过GDP平减指数进行平减得到中国2001—2015年各地区的实际GDP，相关数据均来自历年《中国统计年鉴》。②工业化水平(IND)。工业化水平一般用第二产业GDP或者第三产业GDP在GDP总值中的比重来衡量，有时也用第二产业GDP与第三产业GDP的比值来表示。预计用第二产业在GDP中的占比表示的产业结构与区域间环境不公平成正比④，其相关数据来源于历年《中国统计年鉴》。③城市化水平(URBAN)。城市化水平一般用各地区非农人口占总人口的比重来表示。随着城镇化的不断推

---

① 由于绿化税制改革直接影响绿色税收收入，而绿色税收收入从收入隶属关系看大多属于或即将属于地方税收收入，这将直接影响地方财政收入的变化。

② 在财政分权体制下，地方政府官员为了在有限的任期实现快速的经济增长来促进财政收入增加和提高政治晋升的可能性，更热衷于短期内能带来经济增长的基础设施建设和招商引资活动，在地方政府预算约束条件下，基础设施等投入的增加必然挤占环境支出投入，使得环境污染治理投资减少，恶化当地生态环境。

③ 经济发展水平高的地区往往能投入更多的资金去治理环境，落后地区的地方政府最主要的目标是获得税收收入。所以在落后地区，对企业的污染控制相对较松，当地政府只要引进企业就会带来诱人的税收收入。而发达地区的地方政府有资金实力，从而更看重环境保护，由于基础设施与人文环境等方面的优势，很多高科技企业争抢入驻发达地区从而使地方政府不愁税收来源，其更注重可持续发展，对企业的污染监管自然比较严格。不发达地区为了政绩比拼会和相同水平的政府之间展开竞争，放松环境规制，忽视环境保护，给发达地区的污染转移带来可能性。发达地区之间的竞争逐渐从经济发展转向环境保护，相继制定较高的环境保护标准，加上在该地区高额的环境污染处理成本，为污染转移出去提供了必要性。

④ 工业化水平对区域间环境不公平的影响可以从污染产业转移角度进行解释。为保护本地区资源环境，经济发达地区会将污染密集型产业转移到欠发达地区，欠发达地区更容易利用环境收益来发展污染密集型产业，环境污染会变得更加严重。这也就是说，随着污染密集型产业从东部经济发达地区向中西部经济欠发达地区转移，不同地区之间的产业结构会发生变化，东部地区第二产业占GDP比重会不断下降，中西部地区第二产业占GDP比重会不断上升。

进，各地环境污染程度会不断加剧，因为城镇化会带来大量城镇建设、交通工具的增加，这都将加重当地环境污染。因此城镇化的持续推进对环境不公平程度的影响为负，其相关数据来源于历年《中国人口和就业统计年鉴》。④贸易开放度（OPEN）。贸易开放度一般用各地区进出口总额占GDP的比重来表示。本章预期贸易开放度是不利于区域间环境不公平程度降低的①，其计算的相关数据来源于历年的《中国统计年鉴》。⑤能源资源禀赋（ES）。能源资源禀赋变量可以分为能源生产量和能源使用量，对于西部地区来讲，能源生产量多而使用量少；对于东部地区来讲，能源使用量多而生产量少。资源禀赋与经济增长之间存在显著的负相关，表明资源越是丰富的地区经济增长速度越慢，当地政府及居民获取的收益越低。能源资源禀赋具体可以用各省资源生产数量与资源使用数量的差额来表示，这一差额与区域间环境不公平程度应该成反比，应该存在"资源诅咒"效应②，所需数据来源于历年《中国能源统计年鉴》。⑥市场化程度（MI）。由于市场化指数是由多层次的指标体系所构成的，因此应该从政府与市场关系、市场中介组织发育和法律制度环境等方面综合反映市场化进程[194]。本章2001—2009年的市场化指数使用了经过更正的樊纲市场化指数数据③，2010—2015年的市场化指数是根据樊纲市场化指数推算过程公式计算整理而得到的。市场经济体系越健全，经济活动透明度越高，从而具有更多的制度质量，寻租腐败行为越少，区域间环境不公平程度会越低。很显然，我国东部地区比西部地区更开放，市场化程度更高，因此，市场化程度的提高有利于降低区域间环境不公平程度。

6.3 数据说明与描述性统计

本章旨在分析绿化税制改革对环境公平产生的影响。为了同时反映出不同发展阶段、不同区域环境公平状况的差异，本章采用分地区、多年份的面板数据模型。这主要是因为面板数据分析可以控制不可观测效应，同时扩大了样本容量，增加了自由度并有助于缓解多重共线性问题，从而使回归的结果更趋于准确。考虑到变

---

① 贸易开放会导致区域间环境不公平，由于海运是国际贸易运输的主要形式，因此从节约运输成本的角度看，越接近海岸线就越接近国际市场，贸易开放程度就越高。中国国内对外贸易开放程度高的地区大部分集中在东南沿海地区，这些地区经济增长速度快而环境压力小。

② 西部地区大规模的能源开采在恶化当地生态环境的同时并没有有效推动当地经济增长，反而在一定程度上遏制了经济增长，故"资源诅咒"效应确实存在，能源资源禀赋成了中国区域经济发展不平衡与区域间环境不公平的潜在因素。

③ 樊纲市场化指数是由樊纲、王小鲁等编制测度的，主要反映地区市场化发展水平和程度。

量的面板数据格式可能存在的非线性关系、非平稳序列等计量问题，可以对所有解释变量和被解释变量采用对数形式。考虑到数据的可得性与统计口径的一致性，本书将实证样本选定为 2001—2015 年 30 个省份的面板数据。其中，大部分数据直接来自历年统计年鉴，也有一些数据是经过计算整理而得到的。根据研究目的，本章采取了固定效应模型，其原因有两个：一是对于大量个体的随机抽样而言，样本可以视为总体关系的判断，从而应当选择随机效应模型，但是本章分析的是 30 个地区，个体较少，因此将个体效应视为固定效应较为合适；二是随机效应假定个体效应与随机误差项不相关，而固定效应则无需考虑这一假设，于是对于本章研究而言，显然固定效应更为合适。

表 6-5 主要变量的描述性统计

变量名	变量说明	均值	标准差	极大值	极小值	观测值
GCC	环境压力指数	1.3665	1.2739	6.0461	0.0940	450
GT_1	小口径绿化指标	0.004869	0.003464	0.024544	0.000030	450
GT_2	中口径绿化指标	0.1021	0.0616	0.3953	0.0119	450
GT_3	大口径绿化指标	0.1586	0.0706	0.4483	0.0366	450
EI	环保投资	0.0018	0.0014	0.0099	0.0001	450
TI	技术创新	0.0115	0.0100	0.0608	0.0011	450
FD	财政分权	0.5800	0.5808	3.3272	0.1842	450
Y	人均收入	17145.57	12592.89	71925.87	2524.23	450
IND	工业化水平	0.4310	0.1368	0.6013	0.0024	450
URBAN	城市化水平	0.3531	0.1624	0.9003	0.1446	450
OPEN	贸易开放度	0.3235	0.4045	1.7778	0.0316	450
ES	能源资源禀赋	−0.0406	0.7053	3.6811	−1.0593	450
MI	市场化程度	6.6295	2.3627	13.9300	1.7200	450

表 6-5 给出了本章研究中所涉及主要变量的描述性统计结果。根据表 6-5 中展示的信息，整体上看，除了贸易开放度和能源资源禀赋，其他变量的平均值都大于标准差，表明各个变量数据离散程度并不高。其中，绿色贡献系数 GCC 的最大值为 6.0461，最小值为 0.0940，表明不同省份的环境不公平状况十分突出，有的省份经济增长贡献率远远高于污染排放贡献率，而有的省份经济增长贡献率远远小于污染排放贡献率。小口径绿化指标（GT_1）、中口径绿化指标（GT_2）和大口径绿化指标（GT_3）的最大值分别为 0.024544、0.3953 和 0.4483，最小值则分别为

0.00003、0.0119 和 0.0366，这反映出无论是大口径绿化指标还是中口径绿化指标和小口径绿化指标，其地域差异非常显著。环保投资(EI)、技术创新(TI)和财政分权(FD)的最大值分别为 0.0099、0.0608、3.3272，最小值分别为 0.0001、0.0011、0.1842，可以看出三个中间变量在不同地区之间也存在很大的差异。其他控制变量中，人均收入(Y)、工业化水平(IND)、城市化水平(URBAN)、贸易开放度(OPEN)、能源资源禀赋(ES)和市场化程度(MI)的最大值分别为 71925.87、0.6013、0.9003、1.7778、3.6811 和 13.93，最小值分别为 2524.23、0.0024、0.1446、0.0316、−1.0593 和 1.7200，都反映出这些控制变量在不同省份具有较大的差异。

6.4　计量结果的分析与讨论

本章采用固定效应模型对绿化税制改革影响区域间环境公平的效果进行估计，其原因有二：一是 F 检验的 p 值为 0.0000，表明在 1%的显著性水平下拒绝混合估计模型；二是 Hausman 检验的 p 值也为 0.0000，表明在 1%的显著性水平下拒绝随机效应模型。估计结果见表 6-6 和表 6-7。

6.4.1　绿化税制改革影响环境公平的基准分析

表 6-6 报告了对计量模型(6-6)采用固定效应估计的实证结果，所有设定均控制了个体和时序固定效应。根据表 6-6 中的回归结果，可以得出以下结论。

(1)小口径绿化指标和中口径绿化指标表征的税收制度绿化改革不利于区域间环境公平的调节，表明绿化税制改革在短期内很难成为调节区域间环境公平的主要手段。表 6-6 中的估计组合(1)～(3)和(4)～(6)分别报告的是小口径绿化指标和中口径绿化指标作为核心解释变量的回归结果。结果显示，小口径绿化指标的回归系数始终为负且均在 1%的显著性水平下影响环境公平，中口径绿化指标的回归系数均为负且至少在 10%的显著性水平下影响环境公平。这意味着不管是否考虑其他变量，提高小口径绿化指标和中口径绿化指标都不利于区域间环境公平的实现。这主要是由于税收制度绿化程度较低时，政府部门尤其是西部地区地方政府没有从能源资源收益中获得本应属于自己的那一部分收益，而这部分环境收益被作为企业利润由采矿企业获得，采矿企业获得收益的增加会以增值税和企业所得税形式缴纳给中央政府，这将减少西部地区地方政府环境收益而增加中央政府与采矿企业的环境收益，不利于环境收益的公平分配。

(2)大口径绿化指标表征的税收制度绿化改革有利于区域间环境公平的实现，

表明税收制度绿化程度提高到一定程度时，可以调节区域间环境公平。表 6 - 6 中的估计组合(7)～(9)报告的是大口径绿化指标作为核心解释变量的回归结果。结果显示，无论是仅做大口径绿化指标对绿色贡献系数的回归，还是依次加入中介变量以及其他控制变量，大口径绿化指标的回归系数均至少在 10%的显著性水平下为正。这意味着无论是否考虑其他变量，提高税收制度大口径绿化指标都可以有效提高绿色贡献系数。这是由于随着税收制度绿化程度的持续提高，地方政府尤其是西部地区地方政府获取的绿色税费收入越来越多，这不仅可以增加西部地区地方政府获得的环境收益，而且也可以将充裕的环境税费收入用于当地生态环境保育，减少当地的环境成本，最终有利于实现地区间环境公平。

(3)环保投资并没有像理论预期的那样减轻区域间环境不公平，技术创新和财政分权都可以有效调节区域间环境不公平。①在表 6 - 6 中，环保投资的回归系数在 1%的显著性水平下对绿色贡献系数存在负向影响。这意味着环保投资对环境公平的影响效果并不理想，没有起到对区域间环境公平的调节作用，与理论预期不相符[①]。这主要是由于环保投资属于环境污染形成后的事后治理，而且环保投资资金使用效益不高，在政府资金有限的情形下，环保投资增加不仅没有改善当地环境质量，而且挤占了政府其他生产性投资，从而降低了绿色贡献系数，不利于区域间环境公平的调节。②在表 6 - 6 中，技术创新的回归系数为正且至少在 10%的显著性水平下影响环境公平。技术创新不仅是经济增长的源泉，而且也是促进企业节能减排的根本途径，技术创新不仅有利于增加当地经济增长贡献率，而且有利于减少当地污染排放贡献率，从而在整体上增加当地绿色贡献系数。进入 21 世纪后，随着西部大开发与“一带一路”倡议的推进，必然增加西部地区的研发投入，从而推动西部经济欠发达地区进行技术创新，这将最终有利于调节区域间环境公平状况。③在表 6 - 6 中，财政分权的回归系数均为正且至少在 10%的显著性水平下对环境公平存在影响。这意味着财政分权程度的增加在提高绿色贡献系数，财政分权有利于区域间环境公平的调节。这可能是因为在中国政治集权、经济分权的财政管理体制下，地方政府为了在有限的任期内实现地方经济增长和提高政治晋升的可能性，更热衷于能带来短期内经济增长的投资项目，而不顾及当地环境污染。

---

① 一般认为环保投资的增加可以改善当地环境质量，提高当地居民的健康水平，减少环境污染带来的居民健康损失成本，从而改善区域间环境不公平程度。

表 6－6　静态面板数据模型的基准回归结果

因变量	(1)	(2)	(3)	(4)	(5)	(6)	(7)	(8)	(9)
GT_1	−0.1432***	−0.1321***	−0.1320***						
	(−7.0029)	(−5.1382)	(−4.6776)						
GT_2				−0.0778*	−0.1650***	−0.1459***			
				(−1.6775)	(−3.6709)	(−2.9315)			
GT_3							0.0076*	0.1524***	0.1861***
							(1.4608)	(2.6456)	(2.7194)
EI		−0.0811***	−0.0888***		−0.1479***	−0.1321***		−0.1449***	−0.1289***
		(−3.5216)	(−3.8758)		(−6.8514)	(−5.9737)		(−6.6242)	(−5.8457)
TI		0.1044***	0.1302*		0.0063*	0.1540***		0.0220*	0.1580***
		(2.7339)	(2.6188)		(1.8284)	(2.7004)		(2.6888)	(2.7623)
FD		0.2219***	0.1848***		0.2551***	0.1038**		0.2616***	0.1055*
		(3.3354)	(2.4442)		(3.7598)	(2.9697)		(3.7881)	(2.3915)
Y			2.3070			2.5174			2.5273
			(0.7554)			(0.8112)			(0.8131)
Y^2			−1.0658			−1.0873			−1.0760
			(−0.6986)			(−0.7015)			(−0.6932)

续表

因变量	(1)	(2)	(3)	(4)	(5)	(6)	(7)	(8)	(9)
IND			0.0054			0.0050			0.0011
			(0.5600)			(0.5192)			(0.1069)
URBAN			−0.3594***			−0.3324**			−0.3116**
			(−2.5915)			(−2.3630)			(−2.2131)
OPEN			0.2597***			0.1924***			0.1962***
			(5.8295)			(3.9104)			(3.9787)
ES			−0.1946***			−0.1628**			−0.1385**
			(−2.8027)			(−2.2965)			(−1.9078)
MI			−0.2732**			−0.3504***			−0.3495***
			(−2.2876)			(−2.8643)			(−2.8496)
常数项	−0.8605***	−1.6427***	−2.9624***	−0.2445**	−1.2500***	−4.5811***	−0.0397*	−0.9831***	−4.8656***
	(−7.4435)	(−5.7481)	(−3.5124)	(−2.1483)	(−4.6764)	(−4.9846)	(−3.8528)	(−3.9462)	(−4.9703)
F 检验	186.9354	180.5378	161.7025	167.0934	174.8947	156.4013	165.8944	172.0671	155.9230
	(0.0000)	(0.0000)	(0.0000)	(0.0000)	(0.0000)	(0.0000)	(0.0000)	(0.0000)	(0.0000)
R^2	0.9305	0.9347	0.9405	0.9229	0.9328	0.9386	0.9223	0.9317	0.9385
样本数	450	450	450	450	450	450	450	450	450

注:括号内为各系数的 t 统计值,方差为稳健标准差。*、**、*** 分别表示 10%、5%、1%的显著性水平。

（4）对于其他控制变量而言，大多数都符合理论预期。第一，人均实际 GDP 的估计系数为正，人均实际 GDP 平方项的估计系数为负，但二者都不显著。因此，人均实际 GDP 与绿色贡献系数之间呈现倒“U”形关系，区域间经济增长与环境收益分配也符合库兹涅茨曲线，但结果并不显著。第二，以第二产业在 GDP 中所占比率表示的工业化水平（IND）的估计系数为正但并不显著，表明当前粗放型工业发展模式和以重工业为主的产业结构可能是区域间环境不公平的原因。第三，城市化水平（URBAN）的估计系数为负且至少在 5％的水平下显著，表明持续推进的城镇化改革不利于区域间环境公平的协调。这可能是因为，随着城镇化的持续推进，对城市住房及交通等基础设施的需求增加，建设过程中会产生大量污染物，导致当地政府在促进经济增长的过程中，环境污染程度也在不断提高。第四，贸易开放度（OPEN）的估计系数均在 1％的水平下显著为正，说明贸易开放度的提高有利于增加绿色贡献系数。这是因为国际贸易尤其是 FDI 的引入，在促进当地经济增长的同时，对环境也具有一定的清洁作用。第五，用能源生产总量与能源消费总量差额占 GDP 的比重表示的能源资源禀赋（ES）对绿色贡献系数的影响至少在 5％的水平下显著为负，表明能源资源禀赋会显著降低绿色贡献系数，这与前文的预期相符。这表明能源开采并没有推动当地经济增长，反而恶化了当地生态环境，降低了当地的绿色贡献系数，一定程度上印证了“资源诅咒”效应的存在。第六，市场化指数（MI）对绿色贡献系数的影响至少在 5％的水平下显著为负，与前文的预期相符。这主要是因为市场化程度的提高，不仅能够显著促进当地经济增长，而且能够提高当地经济活动的透明度，减少寻租腐败行为的发生，从而减少环境污染。

6.4.2　绿化税制改革对环境公平的交互效应分析

从前文得到的机制分析和回归结果可知，绿化税制改革直接影响区域间环境公平，环保投资、技术创新与财政分权也对区域间环境公平状况有显著影响，因此，有必要检验绿化税制改革通过环保投资、技术创新与财政分权是否对区域间环境公平产生间接影响，为此，在模型（6－5）中分别引入了不同口径绿化指标与三个中介变量的交互项①，即模型（6－6），对模型（6－6）采用固定效应模型的估计结果见表 6－7②。

---

① 在验证交互效应之前，需要单独检验解释变量对被解释变量是否显著，在表 6－7 中可以看到绿化税制改革与环保投资、技术创新、财政分权等单独变量对被解释变量都显著，因此可以引入交互项。

② 由于在模型 6－6 中引入了税收制度绿化程度与环保投资、技术创新和财政分权的交互项，如果此时对模型左右两侧都取自然对数的话，在回归过程中将产生严重的多重共线性。因此，模型 6－6 中回归结果的所有变量都取各自的绝对数。

在表 6-7 中，组合(1)～(6)分别报告了小口径绿化指标、中口径绿化指标、大口径绿化指标与三个中介变量交互项的估计结果，组合(1)和(2)报告了小口径绿化指标的回归结果，组合(3)和(4)报告了中口径绿化指标的回归结果，组合(5)和(6)报告了大口径绿化指标的回归结果。其中，组合(1)、(3)、(5)分别只对小口径绿化指标、中口径绿化指标、大口径绿化指标与三个中介变量及二者的交互项进行回归，组合(2)、(4)、(6)则加入了其他控制变量。可以看出，在加入其他控制变量后，核心解释变量小口径绿化指标、中口径绿化指标、大口径绿化指标与三个中介变量以及二者交互项的系数估计值尽管大小有所变化，但系数符号及显著性水平没有发生大的变化，表明上述估计结果在一定程度上具有稳健性。

绿化税制改革对区域间环境公平的间接影响效应可以由环境公平对税收制度绿化程度的偏导数表示，具体可参见公式(6-7)，即

$$\frac{\partial(\mathrm{GCC})}{\partial(\mathrm{GT})}=\alpha_1+\alpha_5\mathrm{EI}+\alpha_6\mathrm{TI}+\alpha_7\mathrm{FD}$$

从上述公式可以看到，绿化税制改革对区域间环境公平的间接影响效应取决于税收制度绿化程度、环保投资、技术创新与财政分权等变量回归系数的符号，以及税收制度绿化程度与环保投资、技术创新、财政分权交互项回归系数的符号。

表 6-7 静态面板数据模型的交互响应回归结果

因变量	(1)	(2)	(3)	(4)	(5)	(6)
GT_1	−13.2395*	−8.6516*				
	(−1.9457)	(−1.5760)				
GT_2			−4.1145***	−1.8969*		
			(−3.8191)	(−1.6396)		
GT_3					4.7011***	2.7933***
					(4.9909)	(2.7705)
EI	−78.1373***	−75.17346***	−64.4727***	−41.6668*	−95.1857***	−63.3232**
	(−3.5951)	(−3.4477)	(−2.4765)	(−1.6359)	(−2.9380)	(−1.9689)
TI	43.9582***	17.4296*	11.6759*	23.3834**	2.4532*	41.1695***
	(5.6015)	(1.6006)	(1.6243)	(2.1403)	(1.6454)	(3.3294)
FD	3.43E−01***	4.96E−02*	6.81E−01***	7.74E−03*	7.50E−01***	3.86E−02*
	(2.7472)	(2.3099)	(5.3508)	(2.0447)	(5.6038)	(2.2026)
GT_i×EI	−7.35E+03***	−6.93E+03***	−2.17E+02*	−1.46E+00*	−3.60E+02*	−1.66E+02*
	(−3.2580)	(−3.0701)	(−1.8122)	(−2.0055)	(−1.6653)	(−1.7696)

续表

因变量	(1)	(2)	(3)	(4)	(5)	(6)
$GT_i \times TI$	7033.454***	5080.828***	13.2655*	59.6404*	81.8432*	171.0219***
	(7.4092)	(4.5069)	(2.1784)	(1.7980)	(2.2787)	(2.6687)
$GT_i \times FD$	32.6526*	1.3870*	6.1981***	0.9111*	4.7806***	1.1600*
	(1.1616)	(2.0454)	(3.7923)	(2.4693)	(3.9088)	(1.7449)
Y		5.0856***		4.3905***		4.0933***
		(3.9662)		(3.3517)		(3.1660)
Y^2		−0.0002***		−0.0002***		−0.0002***
		(−9.4718)		(−9.2805)		(−9.4992)
IND		−1.1841***		−1.4145***		−1.5123***
		(−2.8301)		(−3.2979)		(−3.5703)
URBAN		0.0881		0.4658		0.5254
		(0.1640)		(0.8442)		(0.9657)
OPEN		0.1498*		0.1787*		0.2378*
		(2.0423)		(2.1173)		(1.5128)
ES		−0.0255*		−0.0513*		−0.0243*
		(−2.2817)		(−2.5804)		(−2.2743)
MI		0.0703**		0.0921***		0.0917***
		(2.1527)		(2.6694)		(2.7228)
常数项	1.2927***	0.9399***	1.8528***	0.8482**	2.1647***	0.9712***
	(9.3342)	(2.8107)	(12.0687)	(2.3899)	(11.9566)	(2.6907)
F 检验	200.1417	189.4329	177.7888	179.3872	181.7532	182.3019
	(0.0000)	(0.0000)	(0.0000)	(0.0000)	(0.0000)	(0.0000)
R^2	0.9617	0.9650	0.9570	0.9631	0.9579	0.9636
样本数	450	450	450	450	450	450

注:括号内为各系数的 t 统计值,方差为稳健标准差。*、**、*** 分别表示 10%、5%、1%的显著性水平。

表 6-7 中小口径绿化指标和中口径绿化指标的估计系数符号都为负,环保投资、技术创新和财政分权回归系数符号分别为负、正、正,小口径绿化指标和中口径绿化指标与环保投资、技术创新、财政分权的交互项系数符号均分别为负、正、正,意味着绿化税制改革通过减小环保投资规模、诱使技术创新和促进财政分权间接影响着区域间环境不公平状况。由公式(6-7)可知,小口径绿化指标和中口径绿

化指标表征的绿化税制改革影响区域间环境公平的偏系数分别为$-13.2395-0.00735\times EI+7033.454\times TI+32.6526\times FD$和$-4.1145-0.0217\times EI+13.2655\times TI+6.1981\times FD$,因此,环保投资、技术创新、财政分权越大,上述偏系数的值越大并最终为正值。与单独效应比,小口径绿化指标和中口径绿化指标每增加一个百分点将更有利于实现区域间环境公平。这主要是由于绿化税制改革通过影响环保投资、技术创新与财政分权间接调节了绿色贡献系数。

同理,表 6-7 中大口径绿化指标的估计系数符号为正,环保投资、技术创新和财政分权回归系数符号分别为负、正、正,大口径绿化指标与环保投资、技术创新、财政分权的交互项系数符号分别为负、正、正,意味着绿化税制改革通过减小环保投资规模、诱使技术创新和促进财政分权间接影响着区域间环境公平状况。由公式(6-7)可知,大口径绿化指标表征的绿化税制改革影响区域间环境公平的偏系数为$4.7011-0.0360\times EI+81.8432\times TI+4.7806\times FD$,因此,环保投资、技术创新、财政分权越大,上述偏系数的值为正数且越来越大。与单独效应比,大口径绿化指标每增加一个百分点将更有利于实现区域间环境公平 。这主要是由于绿化税制改革通过影响环保投资、技术创新与财政分权间接调节着区域间环境公平状况。

就其他控制变量而言,在加入交互项以后,各控制变量的符号与显著性并没有发生显著变化,这在一定程度上表明前文估计结果具有稳健性。

6.4.3 稳健性检验

1. 绿化税制改革对环境公平的动态 GMM 估计

计量模型(6-10)属于动态面板数据模型,由于解释变量中包含有被解释变量的一阶滞后项,采用普通面板数据回归方法所得结果将是有偏的和非一致的,因此本章采用适合于动态面板数据的广义矩估计方法(GMM)。这是因为:①对于存在非时变遗漏变量问题,由于取差分后予以消除,该估计将不再是有偏的;②在估计模型的右边存在内生变量时,使用工具变量会使相关系数的估计保持一致;③存在测量误差的情况下,使用工具变量也会得到一致性的估计结果。因此,该方法能够有效地解决测量误差非时变的遗漏变量和解释变量的内生性问题。

表 6-8 报告了动态面板数据模型的广义矩估计结果,结果显示,AR(2)统计量均不显著,说明没有发现水平方程误差项存在的自相关问题;Sargan 检验结果表明接受了“工具变量过度识别”的原假设,因而工具变量的选取总体上是有效的。由表 6-8 的回归结果可以得出以下结论。

(1)区域间环境公平状况具有显著的累积效应。回归(1)～(3)中绿色贡献系数的滞后项系数均为正且在 1%的水平下显著,说明绿色贡献系数会受前一期环境公平状况的影响。

表 6-8　绿化税制改革对环境公平的动态 GMM 估计

因变量	(1)	(2)	(3)
lnGCC-1	0.3927***	0.4483***	0.4509***
	(3.2411)	(4.9693)	(4.8942)
$\ln GT_1$	−0.1721**		
	(−1.9862)		
$\ln GT_2$		−0.1053*	
		(−2.0958)	
$\ln GT_3$			0.0295*
			(2.2369)
lnEI	0.0133*	0.0211*	0.0285*
	(2.5069)	(1.8819)	(1.8699)
lnTI	−0.2722**	−0.2777**	−0.2659**
	(−2.4191)	(−2.0383)	(−1.9493)
lnFD	−0.0306*	−0.1977*	−0.2188*
	(−2.0102)	(−1.9635)	(−1.9531)
$\ln Y$	8.8682	2.0014	3.9284
	(1.3301)	(0.4992)	(1.2806)
$\ln Y^2$	−4.5079	−0.7655	−1.7242
	(−1.3245)	(−0.3868)	(−1.1415)
lnIND	0.3933*	0.3236*	0.2934*
	(1.6147)	(1.6710)	(1.6396)
lnURBAN	0.2654*	0.2231*	0.1566*
	(2.4445)	(1.7350)	(1.9741)
lnOPEN	−0.1398*	−0.4115***	−0.4136***
	(−1.8943)	(−5.4439)	(−5.4700)
lnES	0.1009*	0.1087*	0.0857*
	(2.4409)	(1.6762)	(1.6807)
lnMI	0.3829*	0.1535*	0.2077*
	(1.8611)	(2.4502)	(1.9456)
样本数	390	390	390
AR(2)	0.528	0.753	0.941
Sargan 检验	216.1442	187.3928	184.8452
	(0.6225)	(0.8466)	(0.8401)

注：括号内为各系数的 t 统计值，方差为稳健标准差。*、**、*** 分别表示 10%、5%、1% 的显著性水平。

（2）小口径绿化指标和中口径绿化指标表征的税制改革会加重区域间环境不公平状况。回归（1）显示小口径绿化指标与绿色贡献系数在 5% 的显著性水平下负相关，回归（2）显示中口径绿化指标与绿色贡献系数在 10% 的显著性水平下负相关。这表明税收制度绿化程度偏低时，环境收益大多被采矿企业获得，利润水平的增加诱使企业加大开采力度甚至滥采滥伐，加重资源富集区环境成本的同时，地方政府获得的环境收益却较少，从而加重了区域间环境不公平状况。

(3)大口径绿化指标表征的绿化税制改革会减轻区域间环境不公平状况。回归(3)显示大口径绿化指标与绿色贡献系数在10%的显著性水平下正相关。这表明税收制度绿化程度的不断提高，在增加采矿企业生产成本的同时，政府部门尤其是资源富集区地方政府获得的绿色税费收入也在增加，这一方面增加了采矿企业的排污成本而减少污染排放数量，另一方面增加了资源富集区政府环境收益并用于当地生态环境的保育，在减少资源富集区环境成本的同时增加其环境收益，因此可以减轻区域间环境不公平状况。

对本章引入的其他变量，其符号和显著性基本符合前文的预期，而且与静态回归基准分析中的结果大致相同，此处不再赘述。

综上，绿化税制改革对环境公平的动态回归结果中，各解释变量的符号与静态回归基准分析中的结果大致相同，即使其显著性也只是发生微小变化，证明了基准回归结果的稳定性。

2. 自变量滞后一期的回归分析

在研究绿化税制改革影响环境公平的直接作用机制和间接影响效应时，如果被解释变量与解释变量之间存在内生性关系，将导致回归结果有偏误。由于潜在的内生性问题可能对估计结果造成影响，故我们需要对此进行检验。由上文的分析可知，不仅绿化税制改革、环保投资、技术创新与财政分权会显著影响区域间环境公平，环境公平状况也会影响绿化税制改革以及环保投资等解释变量。从逻辑上看，这种逆向因果关系也可能是成立的。另外，由于可能存在遗漏变量，如果遗漏变量与反应在误差项中的潜在的遗漏变量相关，也会导致内生性问题。

为了控制绿化税制改革对区域间环境公平的潜在影响所导致的内生性问题，最好采取工具变量法进行两阶段最小二乘回归。合适的工具变量需要同时满足两个条件，一是需与内生性解释变量相关，二是需与误差项不相关。在实践中，这两个条件多数情况下会产生冲突，很难找到合适的工具变量。受限于此，我们选择税收制度绿化程度的一阶滞后项作为工具变量①，并进一步通过 Hausman 检验来判断解释变量的内生性问题。

表 6－9 报告了自变量滞后一期的估计结果。回归结果显示，各变量回归系数的符号与基准回归分析中的结果完全一致，只是显著性有些细微改变。尤其是对于核心解释变量税收制度绿化程度，大、中、小不同口径绿化指标的回归系数符号和显著性与基准回归分析的结果大致相同，表明前文的模型参数估计结果具有较好的稳健性，潜在的内生性问题不足以影响本书的研究结论。

---

① 这里我们不仅选取了税收制度绿化程度的一阶滞后项作工具变量，环保投资、技术创新、财政分权等中介变量以及其他控制变量都取了一阶滞后项。

表 6-9　静态面板数据模型的滞后一期回归结果

因变量	(1)	(2)	(3)	(4)	(5)	(6)	(7)	(8)	(9)
GT_1	-0.1567***	-0.1599***	-0.1546***						
	(-6.9872)	(-5.7288)	(-5.0332)						
GT_2				-0.0549*	-0.1273***	-0.1152**			
				(-2.1365)	(-2.6717)	(-2.1770)			
GT_3							0.0275*	0.1107**	0.1697**
							(4.9586)	(2.0271)	(2.3414)
EI		-0.0397*	-0.0517**		-0.1142***	-0.1014***		-0.1108***	-0.0984***
		(-1.6349)	(-2.1140)		(-4.9761)	(-4.2808)		(-4.7890)	(-4.1847)
TI		0.0850**	0.1286**		0.0991*	0.1547***		0.0315*	0.1617***
		(2.1313)	(2.1463)		(2.6282)	(2.5211)		(2.7844)	(2.6298)
FD		0.2611***	0.2403***		0.2608***	0.1457*		0.2658***	0.1497*
		(3.5881)	(2.9940)		(3.4617)	(1.7678)		(3.4758)	(1.8205)
Y			5.3541*			5.9016*			5.9538*
			(1.6654)			(1.7860)			(1.8032)
Y^2			-2.6117*			-2.8106*			-2.8159*
			(-1.6258)			(-1.7028)			(-1.7078)

续表

因变量	(1)	(2)	(3)	(4)	(5)	(6)	(7)	(8)	(9)
IND			0.0086			0.0035			0.0017
			(0.8512)			(0.3382)			(0.1643)
URBAN			−0.1147			−0.5482			−0.0389
			(−0.7442)			(−0.3479)			(−0.2475)
OPEN			0.2177***			0.1645***			0.1607***
			(4.4677)			(3.0549)			(2.9819)
ES			−0.1763**			−0.1523**			−0.1257*
			(−2.4044)			(−2.0165)			(−1.6279)
MI			−0.2351*			−0.3021**			−0.3079**
			(−1.8614)			(−2.3033)			(−2.3466)
常数项	−0.9254***	−1.3917***	−2.2182***	−0.1865*	−0.8499***	−3.4956***	−0.0195*	−0.6244**	−3.9280***
	(−7.3717)	(−4.6183)	(−2.4577)	(−1.8659)	(−2.8521)	(−3.5103)	(−1.7867)	(−2.2559)	(−3.6882)
F 检验	176.3712	167.1819	145.4190	155.8169	156.2134	137.5300	155.3647	154.5905	137.8145
	(0.0000)	(0.0000)	(0.0000)	(0.0000)	(0.0000)	(0.0000)	(0.0000)	(0.0000)	(0.0000)
R^2	0.9315	0.9346	0.9371	0.9232	0.9303	0.9355	0.9230	0.9297	0.9357
样本数	420	420	420	420	420	420	420	420	420

注:括号内为各系数的 t 统计值,方差为稳健标准差。*、**、*** 分别表示 10%、5%、1%的显著性水平。

6.4.4 进一步讨论

从上文的分析中可以看到，不同口径绿化指标对环境公平状况的影响方向不同，其中，小口径和中口径绿化指标回归系数为负，大口径绿化指标回归系数为正，这表明不同水平的税收制度绿化程度的环境公平效果不同。为了检验绿化税制改革对区域间环境公平是否存在非线性影响，在模型(6－5)中引入了税收制度绿化程度的平方项，具体形式如下：

$$GCC_{it}=\alpha_0+\alpha_1 GT_{it}+\alpha_2 GT_{it}^2+\alpha_3 EI_{it}+\alpha_4 TI_{it}+\alpha_5 FD_{it}+\beta X_{it}+\mu_i+\nu_t+\varepsilon_{it} \quad (6-11)$$

对模型(6－11)进行固定效应回归分析，其基本回归结果见表 6－10。从表 6－10中可以得到以下结论。

(1)小口径和中口径绿化指标与绿色贡献系数呈 U 形关系。表 6－10 中第(1)、第(2)列回归结果显示，小口径和中口径绿化指标回归系数均在 1%的水平上显著为负，小口径和中口径绿化指标的二次项系数均在 1%的水平上显著为正，小口径和中口径绿化指标与绿色贡献系数呈 U 形关系。当税收制度绿化程度较低时，政府部门尤其是西部地区地方政府没有从能源资源收益中获得本应属于自己的那一部分收益，而这部分环境收益被作为企业利润由采矿企业获得，采矿企业获得收益的增加会以增值税和企业所得税形式缴纳给中央政府，这将减少西部地区地方政府环境收益而增加中央政府与采矿企业的环境收益，不利于环境收益的公平分配；当税收制度绿化程度较高时，地方政府尤其是西部地区地方政府将获得更多的环境税费收入，在增加自身环境收益的同时，也可以增加西部地区环境治理投资，有利于环境收益的公平分配。在通过绿化税制改革调节地区间环境不公平的过程中，税收制度的绿化程度存在一个适宜水平，根据小口径和中口径绿化指标回归结果可以计算出这一适宜水平分别为 0.0105 和 0.2255，即当小口径绿化指标和中口径绿化指标小于 0.0105 和 0.2255 时，绿化税制改革将导致地区间环境不公平；当小口径绿化指标和中口径绿化指标大于 0.0105 和 0.2255 时，绿化税制改革可以调节地区间环境不公平。结合我国实际情况①，小口径绿化指标和中口径绿化指标在 1998—2015 年中最大值分别为 1998 年的0.0062和 2010 年的0.0506，远远低于 0.0105 和 0.2255 的适宜水平，表明当前我国税收制度绿化程度不利于区域间环境公平的调节。在第(1)、第(2)列中，环保投资、技术创新和财政分权的回归系数符号与前文基准回归结果中的系数符号相同，且至少在 5%的水平上显著，进一步支持了前文的研究结论。

---

① 中国小口径绿化指标具体数值可见第 3 章表 3－6 不同口径绿化指标反映的中国税收制度绿化程度。

表 6-10 静态面板数据模型的进一步回归结果

因变量	(1)	(2)	(3)
GT_1	-44.8031*** (-2.7580)		
GT_1^2	2133.747*** (2.8120)		
GT_2		-5.1998*** (-3.6103)	
GT_2^2		11.5273*** (3.0278)	
GT_3			4.7997*** (2.8880)
GT_3^2			-7.6024** (-2.1699)
EI	-48.6095*** (-3.1480)	-45.4891*** (-2.8564)	-47.5242*** (-2.9706)
TI	18.8713*** (3.6437)	13.1312** (1.9861)	15.8263** (2.3853)
FD	0.3979*** (3.4406)	0.5430*** (4.7283)	0.4988*** (4.3653)
常数项	1.6099*** (11.7464)	1.9797*** (11.5585)	-2.0917*** (-9.8601)
F 检验	234.9157 (0.0000)	182.6156 (0.0000)	181.3927 (0.0000)
R^2	0.9506	0.9563	0.9560
样本数	450	450	450

注：括号内为各系数的 t 统计值，方差为稳健标准差。*、**、*** 分别表示 10%、5%、1% 的显著性水平。

(2)大口径绿化指标与绿色贡献系数呈倒 U 形关系。表 6-10 中第(3)列回归结果显示，大口径绿化指标回归系数在 1% 的水平上显著为正，大口径绿化指标的二次项系数在 5% 的水平上显著为负，大口径绿化指标与绿色贡献系数呈倒 U 形关系。随着税收制度绿化程度的持续提高，地方政府尤其是西部地区地方政府获取的绿色税费收入越来越多，这不仅可以增加西部地区地方政府获得的环境收益，而且也可以将充裕的环境税费收入用于当地生态环境保育，减少当地的环境成本，最终有利于实现地区间环境公平。但是，税收制度绿化程度的进一步提高会持续增加采矿企业的税费负担，为了保证采矿企业获取利润，可能会导致采矿企业滥采滥伐，过度开采当地能源资源，并进一步恶化当地生态环境，增加能源富集区的环境成本，从而不利于区域间环境公平的实现。因此，大口径绿化指标在调节环境公平时也存在一个适宜水平，根据表 6－10 中第(3)列相关系数可以计算出这一适宜水平为 0.3157，即当大口径绿化指标小于 0.3157 时，绿化税制改革可以有效调节地区间环境不公平，而当大口径绿化指标大于 0.3157 时，绿化税制改革无法调节地区间环境不公平。结合我国的实际情况①，1998—2015 年大口径绿化指标的最大值为 2015 年的 0.1294，明显低于 0.3157 的适宜水平，表明用大口径绿化指标表征的税收制度绿化程度对环境公平的实现具有显著的调节作用②。在第(3)列中，环保投资、技术创新和财政分权的回归系数符号与前文基准回归结果中的系数符号相同，且至少在 5%的水平上显著，进一步支持了前文的研究结论。

综上，如果用税收制度绿化程度表征我国税收制度绿化改革的进程，税收制度绿化程度应该为[0.2255，0.3157]或者[0.0105，0.3157]，前者是绿化税制改革可以调节地区间环境公平的严格区间，后者是绿化税制改革可以调节地区间环境公平的宽松区间。结合中国当前的实际情况，我国应该持续推进税收制度绿化改革，因为当前用大、中、小三个不同口径绿化指标表征的税收制度绿化程度都远远低于严格区间的下线 0.2255，表明要真正有效调节地区间环境公平，我国税收制度绿化改革还有广阔的空间。

6.5　本章小结

环境作为生产过程的投入要素之一，其收益在各经济主体以及地区间的分配状况不仅关系到社会公平，更关系到经济社会发展的可持续性。本章通过测算中国各区域的环境基尼系数与绿色贡献系数，明确了中国区域间存在环境不公平的事实，然后运用 30 个省、市、自治区 1999—2013 年面板数据研究了绿化税制改革

---

① 大口径绿化指标具体数值可见第 3 章表 3－6 不同口径绿化指标反映的中国税收制度绿化程度。

② 这里需要注意的是，大口径绿化指标不仅低于 0.3157 这一适宜水平，而且也低于根据中口径绿化指标计算的适宜水平 0.2255，即当前用大口径绿化指标表征的税收制度绿化改革可能对地区间环境不公平的调节并没有起到真正有效的促进作用。

是如何影响区域间环境公平的，尝试着从直接影响和间接影响两个方面考察绿化税制改革对环境公平的作用机制，为有关绿化税制改革与环境公平关系的研究提供额外的经验数据。通过本章的分析，可以得到以下几个基本结论。

(1)中国区域间环境不公平是客观存在的事实。通过对中国各区域主要污染物环境基尼系数与绿色贡献系数的计算可以看出，绿色贡献系数在东部地区各省份很大，而在中西部地区尤其是西部地区各省份则很小。这表明造成中国环境基尼系数较大的主要原因是西部经济欠发达地区的绿色贡献系数太低，即西部地区污染排放贡献率要大于GDP贡献率。

(2)小口径绿化指标和中口径绿化指标表征的税收制度绿化改革无法调节区域间环境公平状况。小口径绿化指标与中口径绿化指标表征的税收制度绿化程度偏低意味着采矿企业和中央政府获得了本应属于资源富集区的环境收益，却并没有对资源富集区日益严重的环境污染问题进行修复，表明绿化税制改革在短期内很难成为调节区域间环境公平的主要手段。

(3)大口径绿化指标表征的绿化税制改革可以调节区域间环境公平状况。大口径绿化指标表示的税收制度绿化程度较大，意味着资源富集区政府可以获得更多的环境收益，也有较充裕的资金对辖区内日益严重的环境污染问题进行保育，这会加大资源富集区的环境收益而减少环境成本，有利于实现区域间环境公平，表明只要税收制度绿化程度提高到一定程度，绿化税制改革就可以调节区域间环境公平状况。

(4)当税收制度绿化程度为[0.2255,0.3157]时，绿化税制改革可以调节区域间环境公平状况。由于不同口径绿化指标对环境公平的影响方向不同，通过在基准模型中引入税收制度绿化程度的平方项进行回归分析发现：小口径绿化指标和中口径绿化指标与绿色贡献系数呈U形关系，其拐点分别为0.0105和0.2255；大口径绿化指标与绿色贡献系数呈倒U形关系，其拐点为0.3157。这表明当税收制度绿化程度介于0.2255和0.3157之间时，绿化税制改革能够调节区域间环境公平状况。

(5)绿化税制改革通过减小环保投资规模、增加技术创新强度、提高财政分权程度调节区域间环境公平状况。税收制度绿化程度与环保投资、技术创新、财政分权的交互项的回归系数符号分别为负、正、正，基于环境公平对税收制度绿化程度的偏系数分析可知，由于环保投资、技术创新和财政分权等中介变量的存在，与单独效应比，税收制度绿化程度每增加一个百分点将更有利于增加绿色贡献系数。

第 7 章

结论与展望

7.1 主要研究工作与结论

7.1.1 主要研究工作

改革开放以来,中国粗放型经济发展模式在推动经济高速增长的同时,带来了严重的资源浪费和环境污染问题,经济增长与环境保护、环境公平之间的矛盾逐渐凸显。在此背景下,本书的研究目标是通过探讨绿化税制改革这一环境规制手段对环境保护、经济增长与环境公平的直接作用机制和间接传导机制及其影响方向与效果,为政府通过税收制度的绿化改革同时实现环境保护、经济增长和环境公平,最终实现经济社会可持续发展提供决策和参考依据。

为了系统分析绿化税制改革对环境保护、经济增长与环境公平的直接作用机制和间接传导机制及其影响方向和效果,本书首先构建了一个融入经济、环境和社会三个因素的组合分析框架,分析了绿化税制改革的最优目标和次优目标,选择财政分权、环保投资和技术创新三个中介变量,在已有绿化税制改革这样的环境规制手段与经济社会可持续发展的最终目标之间架起了一座桥梁,构建了"政策工具-中间变量-政策目标"的传导机制;接着将中国现行税制中具有资源节约与环境保护作用的税种划归为环境税制,将现行税制重新划分为货物劳务税、所得税、环境税和其他税,并从税收制度的税系结构、税种结构与税种构造三个层次分析现行税制的绿化现状,同时设计了大、中、小三个不同口径的统计指标,测算中国现行税收制度的绿化程度;进而测度了中国各地的环境压力指数与环境不公平状况,在此基础上,基于中国省际面板数据构建多元回归模型实证检验了绿化税制改革对环境保护、经济增长与环境公平的影响方向和效果,并运用多种方法对研究结论进行稳健性检验,多维度证明了研究结论的稳健性;最后根据研究结论提出中国未来税收制度绿化改革的相关政策建议。

7.1.2 研究结论

经过理论与实证分析,本书得到的研究结论如下。

第一,中国现行税收制度绿化程度偏低,缺乏独立的环境保护税种与完善的环境税体系,环境保护功能不足。

中国现行税收制度尽管存在一些具有绿色调节作用的税种,但散见于各个税类中,没有形成完善的环境税体系。本书首先对中国现行税制按照是否具有环境保护调节作用构建了与流转税类、所得税类并列的环境税类,并从宏观、中观和微观三个层次对其环境保护功能进行分析。结果发现:从宏观税制结构看,现行税制中环境税类收入在税收收入总额中的占比较低;从中观税制结构看,现行环境税类中收入占比较大的税种绿化调节作用较弱,绿化调节作用较强的税种在环境税类中占比却很低;从微观税制结构看,环境税类中现有税种的税制构成要素在环境保护方面都有缺陷。宏观、中观和微观税制结构的失衡,表明中国现行税制环境保护功能比较薄弱。在此基础上,根据环境保护调节作用的不同,构建了三个不同口径的绿化指标。通过测算发现,小口径绿化指标持续下降,呈现出倒 N 形趋势;中口径绿化指标先不断下降后又反转上升,呈现出不规则的 V 形趋势;大口径绿化指标波动较大,但大体呈现一种 W 形趋势。因此,无论是对中国现行税收制度环境保护功能进行定性分析,还是对现行税收制度绿化程度进行定量分析,都表明现行税收制度环境保护功能不足。

第二,绿化税制改革与环境污染呈非线性关系,只有超过适宜强度的绿化税制改革才能显著减少环境污染物的排放。

绿化税制改革的依据是庇古税理论。绿化税制改革就是通过将生产与消费过程中产生的负外部成本内部化来增加生产与消费过程中的污染成本,调节排污者的行为选择,最终直接作用于环境污染物的排放数量。另外,绿化税制改革可以通过改变环保投资规模、技术创新强度和财政分权程度,间接影响污染物排放行为。第 4 章的实证结果显示,小口径绿化指标表征的绿化税制改革并不能有效减少环境污染物的排放,中口径绿化指标和大口径绿化指标表征的税收制度绿化改革可以有效降低环境污染程度。小口径绿化指标与环境压力指数呈倒 U 形关系,其拐点为 0.0130。中口径和大口径绿化指标与环境压力指数呈 U 形关系,其拐点分别为 0.1994 和 0.3533。要有效减少环境污染物的排放,税收制度绿化程度至少应该为[0.0130,0.1994]。这表明我国一直实施的排污收费制度并不能有效减少环境污染物的排放数量,即使将排污费改为排污税,由于税收所固有的强制性和规范性增加了收入,进而提高了税收制度绿化程度,但距离 0.0130 仍然有一定的距离。因此,寄托环境保护税来达到环境保护的目的并不现实,要真正实现环境保护目标就必须对现行税收制度进行全盘绿化。只有这样,企业排污的“阵痛”才会越来越强烈,才能够倒逼企业采取清洁生产技术从源头上进行节能减排。

第三,绿化税制改革与经济增长并非完全矛盾,超过一定强度的绿化税制改革能够促进经济增长。

理论上,基于庇古税基础上的绿化税制改革减少环境污染物排放的依据是通过开征绿色税收增加企业生产成本。企业生产成本的增加会降低企业市场竞争力,长此以往会降低企业投资意愿并最终对经济增长产生不利影响,而这也是世界各国开征环境保护税最大的顾虑。当然,如果考虑一些联结绿化税制改革与经济增长之间的中介变量,则可以通过中介变量间接改变绿化税制改革对经济增长的影响方向,这些中介变量包括可以促进经济增长的环保投资、技术创新与财政分权。第5章的实证结果显示,小口径绿化指标表征的绿化税制改革不利于经济增长,中口径绿化指标和大口径绿化指标表征的税收制度绿化改革有利于经济增长。小口径绿化指标与人均实际GDP呈U形关系,其拐点为0.0130。中口径和大口径绿化指标与人均实际GDP呈倒U形关系,其拐点分别为0.2670和0.3253。较低强度的绿化税制改革会阻碍经济增长,超过一定强度的绿化税制改革则会“倒逼”经济增长,只有税收制度绿化程度为[0.0130,0.2670]时,绿化税制改革才会有利于经济增长。这表明排污收费制度不利于经济增长,开征环境保护税的同时必须进行配套改革以避免对经济增长产生下行压力,只有对税收制度进行持续绿化改革才能在保护环境的同时促进经济增长。也只有这样,才能倒逼企业在权衡排污成本与治污成本后主动进行绿色技术创新,进而促进经济增长。

第四,中国各区域间环境不公平是客观存在的事实,能否调节区域间环境不公平的关键在于选择适宜的绿化税制改革强度。

第6章通过计算中国各区域的环境基尼系数与绿色贡献系数发现,区域间环境不公平在中国是一个客观存在的事实。造成中国环境基尼系数较大的主要原因是西部经济欠发达地区的绿色贡献系数太低,即西部地区污染排放贡献率要大于GDP贡献率。究其原因主要是环境收益与环境成本之间的不对等。第6章的实证结果显示,小口径绿化指标和中口径绿化指标表征的税收制度绿化改革无法调节区域间环境不公平状况,大口径绿化指标表征的绿化税制改革可以调节区域间环境不公平状况。小口径绿化指标和中口径绿化指标与绿色贡献系数呈U形关系,其拐点分别为0.0105和0.2255。大口径绿化指标与绿色贡献系数呈倒U形关系,其拐点为0.3157。税收制度绿化程度只有为[0.2255,0.3157]时,绿化税制改革才能调节区域间环境不公平状况。这表明绿化税制改革在短期内很难成为调节区域间环境不公平的主要手段,当前调节区域间环境不公平状况还得依靠横向转移支付制度和生态补偿制度,只有税收制度绿化程度提高到一定水平,绿化税制改革才可以调节区域间环境不公平状况。

7.2 相关政策建议

随着环境污染形势日益严峻,中国传统的粗放型经济发展方式已经很难维持。转变经济发展方式成为实现中国经济社会可持续发展的必然选择,这也是十八届三中全会提出生态文明建设的基本要求。通过绿化税制改革保护生态环境是改变经济发展方式,实现经济社会可持续发展的重要保障。事实证明,适宜强度的绿化税制改革不仅在理论上可以通过直接作用机制和间接传导机制协调环境保护、经济增长和环境公平来达到经济社会可持续发展,实践中在保护环境的同时也并不抑制经济增长[206-208]。因此,必须在可持续发展视角下对中国现行税收制度进行持续绿化改革,将资源节约和环境保护等绿色理念融入现行税收制度的方方面面来完成对税收制度的全盘绿化,提高税收制度绿化程度,最终建立起流转税、所得税和环境税三足鼎立的税制格局。但必须注意的是,税收制度绿化改革影响经济社会的方方面面,甚至牵一发而动全身,仅独立的环境保护税一个税种从酝酿到开征就经过了十几年,即使是从“十二五”时期正式提出环境税费改革算起,到2018年开征环境保护税也经过了八年左右的时间。因此,环境污染的治理绝非短期就能实现,必须有长效的制度安排,而且要切忌过激过猛,应当选择恰当的治理时机持续推进[209]。

7.2.1 短期:完善现行环境税制中的绿色税种

绿化税制改革最容易也最可行的就是对现有绿色税种进行改革和完善,其实这一绿化过程一直以来就没有停止过,而且可以预见在未来这一绿化改革也将持续推进下去。随着环境污染愈发严重,税收制度环境保护功能只能不断加强。就中国现行税收制度来看,较可行也较迫切完善改革的绿色税种主要是资源税与消费税,从前文的分析中可知,资源税和消费税势必会成为未来环境税体系中的主体税种。

加快资源税改革是党的十八届三中全会做出的重要战略部署。其实从1984年开征资源税开始,关于资源税的改革一直就没有间断过。比较典型的改革思路主要是扩大资源税征税范围、提高资源税征税税率和改变资源税计征方式。尤其是开始于2010年6月的资源税从价计征改革,经历了2011年油气资源税、2014年煤炭资源税和2015年稀土等资源税的从量计征到从价计征改革,以及2016年7月1日起全面推开资源税改革,资源税改革迅速进入“快车道”。其改革内容主要包括五个方面:一是逐步扩大征税范围,二是全面推开从价计征方式,三是全面清理收费基金,四是合理确定税率水平,五是合理设置税收优惠政策。应该说本次资源税改革对于发挥资源税环境保护功能具有至关重要的推动作用,但也仍然预留了进一步改革的空间。首先,继续扩大资源税征税范围。在河北试点将水资源纳入资源税征税范围的背景下,应迅速在全国范围内推广。更重要的是应该及时将森林资源、草原资源等对生态环境至关重要的资源纳入资源税征税范围,彻底改变过去低价甚至无偿开采资源而获取收益的行为。其次,应该进一步提高资源税税率水平。尽管过去一直在提高资源税税率,而且从价计征改革在资源价格上涨时也相当于提高了资源税实际税率水平,但与国际上其他国家资源税税率水平相比,中国资源税税率水平仍然偏低。最后,应该明确资源税为地方政府税收收入。只有这样才能将资源税真正变为地方政府尤其是西部资源富集区地方政府的主要收入来源。

消费税改革也是十八届三中全会做出的重要战略部署。党的十八届三中全会《中共中央关于全面深化改革若干重大问题的决定》指出,应调整现行消费税征收范围、环节、税率,并将高耗能、高污染产品及部分高档消费品纳入征收范围。第一,继续将产生环境污染的消费品逐步纳入征税范围,尤其是煤炭。原油、天然气都已属于消费税征税范围,但在生产和使用过程中会造成严重环境污染的煤炭却始终没有纳入消费税征税范围,尽管对其征税在一定程度上会影响中国产业政策实施,但如若对其不征税则与绿化税制改革的宗旨相悖。第二,合理设置消费税绿色税目相关税率。中国现行烟酒、成品油消费税税率远低于最优税率,提高其税率有助于增强消费税纠正负外部性的政策导向作用[210]。因此,可以借鉴国际上的经验,按对生态环境破坏的程度来设置污染商品或污染行为的税率,总体上提高绿色税目尤其是成品油消费税税率水平。另外,在对实木地板和木制一次性筷子征收 5%消费税的基础上继续提高其适用税率,继续提高排气量在 4 升以上小汽车的征税税率①。第三,将消费税由价内税改为价外税。陈力鹏等[211]发现消费税凸显性对居民消费行为具有重要影响,为了发挥消费税矫正负外部性行为的作用,消费税应该采用价外征税方式,明确告知消费者在购买对生态环境造成污染的商品时所需缴纳的具体消费税额,使消费者清楚了解自身由于购买对生态环境造成污染的商品而承担的税收负担,提高消费税绿色税负透明度。第四,将消费税绿色税目纳税环节设置为生产环节。尽管有的学者主张将消费税征税环节设置于零售环节[212],但都是基于特定目的,如在生产环节征收消费税可能导致企业资金周转困难并诱发企业避税动机和行为等。由于能源资源消费环节大多位于经济发达地区,而能源资源生产环节则大多在经济欠发达的资源富集区完成,能源消费税纳税环节设置为生产环节,可以确保并增加资源富集区财政收入,调节区域间环境不公平状况。

当然,资源税和消费税之外的其他绿色税种也应该进行绿化改革。例如,改革车船使用税和车辆购置税,根据车辆和船只使用能源造成的污染程度来确定不同的税率水平,按污染程度分档征收,条件成熟可以累进征收。

7.2.2 中期:稳步推进环境税费改革并建立环境保护税体系

自 1979 年确立排污收费制度以来,排污收费制度对中国环境污染的防治起到了重要作用,但排污费在实际执行中仍然存在诸多问题,影响了排污收费制度环境

① 在 2008 年消费税微调中,对小汽车按照排气量不同设置了 1%～40%的七级差别税率,已发挥了一定的保护生态环境的功能。

保护功能的发挥。为了保护和改善环境，减少污染物排放，推进生态文明建设，2016 年 12 月 25 日《中华人民共和国环境保护税法》终获通过，环境保护税自 2018 年 1 月 1 日起施行，这是中国第一个专门推进生态文明建设的单行绿色税种，完善了中国的环境税体系。同时也将环境税费改革上升到立法层面，彰显国家对环境整治的重视和决心。相较于之前公布的《中华人民共和国环境保护税法实施条例(征求意见稿)》，《中华人民共和国环境保护税法》取得了长足进步[213]，但未来中国实施的独立环境保护税必须突破排污行为的征税范围，在合适的时候将二氧化碳排放也纳入征税体系；明确环境保护税的立法目的，纠正地方立法的空白授权问题。尽管有的学者认为环境保护税应该由中央和地方共享，但结合中央、地方财力状况和提高环境保护税征管效率角度考虑，可以先将环境保护税设定为地方税[214]。本书认为应该尽快明确环境保护税地方税收入属性，在弥补地方政府治理环境污染事权的同时，也保证地方政府不因排污费改税而减少其收入来源；并尽快探索制定环境保护税专款专用制度，作为环境污染治理专项资金专门用于环境保护相关项目，进一步明确环境保护税收入使用目的和方向；应该按照环境保护税立法宗旨对所有排污行为征税，尽量减少环境保护税税收优惠范围，但考虑国内特殊排污企业的现实困难，可给予其一定税收优惠过渡期。

7.2.3 长期：协调建立流转税、所得税和环境税三足鼎立的税制结构

环境税体系在中国现行税制中尚不存在，所谓环境税类是对现行税收制度中已有税种按照是否具有环境保护作用进行重新划分而得的。划归到环境税体系中的税种在现行税制中有的属于流转税，有的属于财产税，还有的属于行为税。随着 2018 年独立的环境保护税开始实施，要真正构建中国环境税体系，就必须与其他税类进行税制要素的衔接与协调，否则有可能会出现对同一课税对象重复征税甚至是税种间相互抵触的情形。尽管中国现行其他绿色税种发挥着环境保护功能，但由于开征目的并非保护生态环境，导致调控作用十分有限。环境保护税真正独立实施后就应当发挥其在环境税体系中的核心作用，其他税种必须与环境保护税衔接、协调。可以尝试将消费税征税范围中高耗能、高污染产品调整至环境保护税征税范围，设置独立的能源环境税税目；车辆购置税与车船税可以考虑并入消费税的小汽车税目，待时机成熟时一并并入环境保护税，在环境保护税下独立设置交通环境税税目；未来可以考虑将与土地相关的耕地占用税和城镇土地使用税并入资源税，在合力保护土地资源的同时进一步简化税制。通过未来对现行绿色税种的系列协调，将建立起集排污税、能源税、交通税与资源税于一体的大环境税体系；规范环境税征管体系，加强其环境保护功能的同时提高中国税收制度绿化程度，最终形成流转税、所得税与环境税“三足鼎立”的税制结构。

7.3　主要创新点

本书可能的创新之处主要体现在以下几个方面。

(1)构建了可持续发展视角下环境、经济与社会三位一体的框架,研究了绿化税制改革对环境保护、经济增长与环境公平的影响效果,拓展了税制改革的研究视角。在"政策工具-中介变量-政策目标"传导机制的理论分析视阈下,通过财政分权、环保投资与技术创新等变量将绿化税制改革这一政策工具与实现经济社会可持续发展这一政策目标联结起来,从理论上厘清了绿化税制改革影响环境保护、经济增长与环境公平的直接作用机制和间接传导机制。

(2)对中国现行税制绿化作用进行了定性与定量分析。根据税种的生态环境保护功能强弱,设计的大、中、小三个口径的绿化程度指标测算显示,现行税收制度的绿化程度不高,税制结构的环境保护功能在宏观、中观和微观三个层次上失衡。宏观上,现行税制中环境税类收入在税收收入总额中的占比较低;中观上,现行环境税类中收入占比大的税种绿化调节作用较弱,绿化调节作用较强的税种在环境税类中占比却很低;微观上,环境税类中现有税种的税制构成要素在环境保护方面尚有缺陷。税制结构在宏观、中观和微观层次上的失衡表明,增强中国现行税制的环境保护功能须推进绿化税制改革。

(3)构建计量回归模型,实证分析检验了环保投资、技术创新与财政分权在绿化税制改革中如何影响环境保护、经济增长与环境公平,尤其是对绿化税制改革影响环境公平的实证分析补充了现有研究的不足。已有研究认为,绿化税制改革很难实现经济增长与环境保护的双赢。本研究结论揭示,绿化税制改革与经济社会可持续发展并非简单的线性关系,绿化税制改革不仅对经济社会可持续发展产生直接影响,而且通过与环保投资、技术创新、财政分权的互动作用对经济社会可持续发展产生显著的间接影响,只有适宜强度的绿化税制改革才能实现经济社会可持续发展,除了重视绿化税制改革的直接作用机制外,还应该关注绿化税制改革通过中介变量的间接传导机制的作用。

7.4　研究展望

环境污染是一个长期累积的过程,对环境污染的防范与治理是一个系统工程。尽管本书基于可持续发展视角对中国税收制度的绿化程度以及绿化税制改革对环境保护、经济增长和环境公平的影响进行了尝试性探索,为深入理解绿化税制改革尤其是环境保护税的效果研究提供了新的研究视角，对于未来深化中国税收制度改革具有新的政策含义。但也应该看到，本书的研究仍存在一些不足，有待于进一步探索与研究。

第一，如何对将环境、经济与社会融入一体的可持续发展模型进行数理演绎。尽管围绕经济、环境、社会相互关系的可持续发展理论模型有并列性关系、交错性关系和限制性关系三种，但由于可持续发展理论自身不成熟，暂时还无法找到一个合适的数理模型将三者真正融为一体。本书只能另辟蹊径构建了一个融经济、环境、社会于一体的组合分析框架，但即使这样也无法真正将社会因素融入其中，这就为后续研究提供了深入与突破的空间。后期研究主要有两条思路：一是构建一个“环境-经济-社会”三位一体的分析框架；二是通过数理推导建立一个集环境、经济、社会于一体的数理模型。

第二，运用空间计量模型对绿化税制改革效应进行研究。环境保护本身属于公共产品，环境污染的防范与治理具有外溢性，意味着在对环境污染省际面板数据进行多元回归时忽略了区域间环境污染治理的外溢性，从而可能导致回归结果出现偏差。由于数据的可得性以及方法的复杂性，本书并没有更多重视计量回归技巧和方法的运用，只使用了静态面板多元回归方法和动态 GMM 回归方法对绿化税制改革影响经济社会可持续发展的效果进行了研究。对这一问题的空间计量分析在今后研究中必须进行，以便为中国税收制度绿化改革提供更可靠的经验基础。

第三，进一步完善环境公平问题的研究。公平本身属于主观范畴，至今没有一个客观标准。环境公平包括的含义非常丰富，既有代际公平又有代内公平，即使代内公平也包括不同主体、不同区域间的公平问题。本书仅仅针对绿化税制改革影响区域间环境公平的方向和效果进行分析，而没有研究绿化税制改革尤其是环境保护税开征在不同收入人群间的公平问题，即没有考虑绿化税制改革是否具有累退效应。后续可以针对绿化税制改革过程中的具体税种（尤其是环境保护税）的累退效应进行研究，也可以使用迭代模型对绿化税制改革的代际公平问题进行尝试性探索。

参考文献

[1] EBENSTEIN A. The consequences of industrialization：evidence from water pollution and digestive cancers in China[J]. Review of Economics and Statistics，2012(1)：186－201.

[2] 杨继生，徐娟，吴相俊. 经济增长与环境和社会健康成本[J]. 经济研究，2013(12)：17－29.

[3] CHEN Y Y，EBENSTEIN A，GREENSTONE M，et al. Evidence on the impact of sustained exposure to air pollution on life expectancy from China's Huai River policy[J]. Proceedings of the National Academy of Sciences，2013，110(32)：12936－12941.

[4] 祁毓，卢洪友，张宁川. 环境质量、健康人力资本与经济增长[J]. 财贸经济，2015(6)：126－143.

[5] MORAN D D. Measuring sustainable development-nation by nation[J]. Ecological Economics，2008(64)：470－474.

[6] 任保平. 经济发展成本、经济主体行为与制度安排：可持续发展理论的一种新的经济学解释框架[J]. 陕西师范大学学报(哲学社会科学版)，2007(1)：33－40.

[7] 魏守道，汪前元. 南北国家环境规制政策选择的效应研究：基于碳税和碳关税的博弈分析[J]. 财贸经济，2015(11)：148－159.

[8] KRUGMAN P. The myth of Asia's miracle[J]. Foreign Affairs，1994，73(6)：53－56.

[9] YOUNG A. Gold into base metals：productivity growth in the people's republic of China during the reform period[J]. Journal of Political Economy，2003，111(6)：1120－1161.

[10] KOLSTAD C D. Learning and stock effects in environmental regulation：the case of greenhouse gas emission[J]. Journal of Environmental Economics and Management，1996，31(1)：1－18.

[11] 王俊. 碳排放权交易制度与清洁技术偏向效应[J]. 经济评论，2016(2)：29－47.

[12] MARCONI D. Trade，technical progress and the environment：the role of a

unilateral green tax on consumption[J]. Asia Pacific Journal of Accounting & Economics, 2010,16(744):98 - 104.

[13] 杜放. 建立我国生态税收体系思考:排污费税改革及税制的全面绿化设想[J]. 财政研究,2006(2):65 - 67.

[14] 安体富,蒋震. 促进节能减排的税收政策:理论、问题与政策建议[J]. 学习与实践,2008(10):11 - 20.

[15] 李升. 促进环境保护的税收政策研究[J]. 财政研究,2012(2):13 - 15.

[16] 李永友,沈坤荣. 我国污染控制政策的减排效果:基于省际工业污染数据的实证分析[J]. 管理世界,2008(7):7 - 17.

[17] 王乔,郭卫泉. 构建环境保护税制体系促进我国经济发展方式转变[J]. 税务研究,2013(5):20 - 24.

[18] WANG H, WHEELER D. Financial incentives and endogenous enforcement in China's pollution levy system[J]. Journal of Environmental Economics and Management, 2005,49(1):174 - 196.

[19] 孙玉霞. 消费税对污染负外部性的矫正[J]. 税务研究,2016(6):44 - 45.

[20] 林伯强. 资源税改革:以煤炭为例的资源经济学分析[J]. 中国社会科学,2012(2):58 - 78.

[21] 王金南,杨金田,曹东. 中国排污收费标准体系的改革设计[J]. 环境科学研究,1998,11(5):1 - 7.

[22] 武亚军. 绿化中国税制若干理论与实证问题探讨[J]. 经济科学,2005(1):77 - 90.

[23] 贾康,王敏. 推进清洁发展的财政政策研究[J]. 财经问题研究,2009(10):95 - 105.

[24] 赵丽萍. 我国环境税负担规模、结构、存在问题与对策[J]. 税务研究,2012(9):37 - 42.

[25] 吴健,毛钰娇,王晓霞. 中国环境税收的规模与结构及其国际比较[J]. 管理世界,2013(4):168 - 169.

[26] 邓晓兰,王赟杰. 中国税收制度的绿化程度研究:基于大中小三个统计口径指标的测算[J]. 审计与经济研究,2013(6):71 - 79.

[27] 苏明,许文. 中国环境税改革问题研究[J]. 财政研究,2011(2):2 - 12.

[28] HARDING G. The tragedy of the common[J]. Science,1968,162(12):65 - 78.

[29] 庇古. 福利经济学[M]. 北京:华夏出版社,2013.

[30] 杨志勇,何代欣. 公共政策视角下的环境税[J]. 税务研究,2011(7):29 - 32.

[31] PIGOU A C. The economics of welfare[M]. 4th ed. London:Macmillan Publishers Limited,1932.

[32] AZOMAHOU T,LAISNEY F. Economic development and CO_2 emissions:a nonparametric panel approach[J]. Journal of Public Economics,2006(6-7):1347-1363.

[33] RICCI F. Channels of transmission of environmental policy to economic growth:a survey of the theory[J]. Ecological Economics,2007(4):688-699.

[34] 杨仁发. 产业集聚能够改善中国环境污染[J]. 中国人口·资源与环境,2015(2):23-29.

[35] DIJKGRAFF E. A test for parameter homogeneity in CO_2 panel EKC estimations[J]. Environmental and Resource Economics,2005(2):229-239.

[36] 李小胜,宋马林,安庆贤. 中国经济增长对环境污染影响的异质性研究[J]. 南开经济研究,2013(5):96-114.

[37] 赵霄伟. 环境规制、环境规制竞争与地区工业经济增长:基于空间 Durbin 面板模型的实证研究[J]. 国际贸易问题,2014(7):82-92.

[38] BAUMOL W J. The theory of environmental policy[M]. Cambridge:Cambridge University Press,2004.

[39] BOVENBERG A L, VAN D P F. Environmental policy,public financeand the labour market in a second best world[J]. Journal of Public Economics,1994,55(3):349-390.

[40] PARRY I W H. Pollution taxes and revenue recycling[J]. Journal of Environmental Economics and Management, 1995,29(3):64-77.

[41] DE MOOIJ R A. Environmental taxation and the double dividend[J]. Elsevier Science, 2000.

[42] GERHARD G, DAIJI K,FACUNDO S. Green taxes and double dividends in a dynamic economy[J]. Working Paper, 2006(8):1-41.

[43] 陆旸. 中国的绿色政策与就业:存在双重红利吗? [J]. 经济研究,2011(7):42-54.

[44] BRUNNERMEIER S B. Determinants of environmental innovation in US manufacturing industries[J]. Journal of Environmental Economics and Management,2003(2):278-293.

[45] 宋文飞,李国平,韩先锋. 价值链视角下环境规制对 R&D 创新效率的异质门槛效应:基于工业 33 个行业 2004—2011 年的面板数据分析[J]. 财经研究,2014(1):93-104.

[46] LEITER A M. Environmental regulation and investment: evidence from european industry data[J]. Ecological Economics,2011(4):759-770.

[47] 史青. 外商直接投资、环境规制与环境污染:基于政府廉洁度的视角[J]. 财贸

经济,2013(1):93-103.

[48] ESKELAND G S. Moving to greener pastures? multinationals and the pollution haven hypothesis[J]. Journal of Development Economics,2003(1):1-23.

[49] 原毅军,刘柳.环境规制与经济增长:基于经济型规制分类的研究[J].经济评论,2013(1):27-33.

[50] MANAGI S. Environmental regulations and technological change in the offshore oil and gas industry[J]. Land Economics,2005(2):303-319.

[51] 张彩云,郭艳青.污染产业转移能够实现经济和环境双赢吗?:基于环境规制视角的研究[J].财经研究,2015(10):96-108.

[52] ANTWEILER W. Is free trade good for the environment? [J]. American Economics Review, 2001(4):877-908.

[53] COPELAND R. Tourism and welfare-enhancing export subsidies[J]. Japanese Economic Review, 2012(2):232-243.

[54] 张晏,龚六堂.分税制改革、财政分权与中国经济增长[J].经济学季刊,2005(1):75-108.

[55] 王乔,席卫群,张东升.对我国地方税体系模式和建构的思考[J].税务研究,2016(8):3-8.

[56] 蔡昉,都阳,王美艳.经济发展方式转变与节能减排内在动力[J].经济研究,2008(6):4-11.

[57] 谢贞发.中国式分税制的税收增长之谜[J].中国工业经济,2016(5):92-108.

[58] 赵书博.我国税收收入分权改革问题研究[J].税务研究,2016(8):18-23.

[59] 张军.分权与增长:中国的故事[J].经济学季刊,2008(1):21-52.

[60] JIA R X. Pollution for promotion[D]. San Diego:University of California,2013.

[61] 朱平芳,张征宇,姜国麟.FDI与环境规制:基于地方分权视角的实证研究[J].经济研究,2011(6):133-145.

[62] 宋马林,金培振.地方保护、资源错配与环境福利绩效[J].经济研究,2016(12):47-61.

[63] XU C. The fundamental institutions of China's reforms and development[J]. Journal of Economic Literature, 2011,49(4):1076-1151.

[64] 周黎安.中国地方官员的晋升锦标赛模式研究[J].经济研究,2007(7):36-50.

[65] WU J,DENG Y H,HUANG J,et al. Incentives and outcomes:China's environmental policy[J]. Capitalism and Society,2014,9(1):1-42.

[66] ZHENG S Q, MATTHEW E K, SUN W Z, et al. Incentivizing China's urban mayors to mitigate pollution externalities: the role of the central government and public environmentalism[J]. NBER Working Paper, 2013(9):6－44.

[67] 黎文靖,郑曼妮. 空气污染的治理机制及其作用效果:来自地级市的经验数据[J]. 中国工业经济,2016(4):93－109.

[68] 王勇,刘厚莲. 中国工业绿色转型的减排效应及污染治理投入的影响[J]. 经济评论,2015(4):17－30.

[69] 刘伟明. 环境污染的治理路径与可持续增长:"末端治理"还是"源头控制"?[J]. 经济评论,2014(6):41－53.

[70] PORTER M E. Toward a new concept of the environment-competitivenes relationship[J]. Journal of Economics Perspectives,1995(4):97－118.

[71] JOHNSTONE N. Renewable energy policies and technologies innovation: evidence based on patent counts[J]. Environmental and Resource Economics,2010(1):133－155.

[72] 王班班,齐绍洲. 市场型和命令型政策工具的节能减排技术创新效应:基于中国工业行业专利数据的实证[J]. 中国工业经济,2016(6):91－108.

[73] 蒋为. 环境规制是否影响了中制造业企业研发创新?:基于微观数据的实证研究[J]. 财经研究,2015(2):76－87.

[74] 王锋正,郭晓川. 政府治理、环境管制与绿色工艺创新[J]. 财经研究,2016(9):30－40.

[75] 申萌,李凯杰,曲如晓. 技术进步、经济增长与二氧化碳排放:理论和经验研究[J]. 世界经济,2012(7):83－100.

[76] GROSSMAN G M, KRUEGER A B. Environmental impacts of the North American free trade agreement[J]. NBER Working Paper,1991.

[77] ANDERSON D. Technical progress and pollution abatement: an economic view of selected technologies and practices[J]. Environment and Development Economics,2001,6(3):283－311.

[78] 梁伟,朱孔来,姜巍. 环境税的区域节能减排效果及经济影响分析[J]. 财经研究,2014(1):40－49.

[79] 王兵,吴延瑞,彦鹏飞. 中国区域环境效率与环境全要素生产率增长[J]. 经济研究,2010(5):95－109.

[80] 宋马林,王舒鸿. 环境规制、技术进步与经济增长[J]. 经济研究,2013(3):122－134.

[81] 王金南,杨金田,陆新元,等. 市场经济转型期中国环境税收政策的探讨[J]. 环境科学进展,1994(2):5－11.

[82] 李振京,沈宏,刘炜杰.应该环境税税收制度及启示[J].宏观经济管理,2012(3):80-83.

[83] 吕志华,郝瑞,葛玉萍.环境税、税制设计与经济增长关系的研究述评[J].经济体制改革,2012(5):115-118.

[84] WISSEMA W. AGE analysis of the impact of a carbon energy tax on the Irish economy[J]. Ecological Economics,2007(4):671-683.

[85] MORI K. Modeling the impact of a carbon tax:a trail analysis for Washington state[J]. Energy Policy, 2012(48):627-639.

[86] 童锦治,沈奕星.基于CGE模型的环境税优惠政策的环保效应分析[J].当代财经,2011(5):33-40.

[87] 陈工,邓逸群.我国环境税的政策效应:基于个体异质性OLG模型[J].当代财经,2015(8):26-36.

[88] 李旭红,郑贞.我国环境保护税污染抑制效应的实证研究[J].税务研究,2015(11):94-99.

[89] 王娟,王伟域.税收与环境污染问题实证研究:基于环境联邦主义的视角[J].税务研究,2016(4):50-54.

[90] 伍红.我国节能减排税收政策效应分析[J].税务研究,2016(5):58-61.

[91] 徐晓亮.资源税制改革的双重红利:基于动态递归CGE模型的研究[J].经济管理,2015(2):1-10.

[92] 薛钢,孙雪.资源税有利于改善环境质量吗?:基于省际面板数据的实证研究[J].税务研究,2016(5):62-66.

[93] LEVINSON A, TAYLOR M. Unmasking the pollution haven effect[J]. International Economic Review,2008(1):223-254.

[94] COLE M. Trade environmental regulations and industrial mobility:an industry-level study of Japan[J]. Ecological Economics,2010(10):1995-2002.

[95] PORTER M,LINDE E. Toward a new conception of the environment-competitiveness relationship[J]. The Journal of Economic Perspectives, 1995(4):97-118.

[96] 李小平,卢现祥,陶小琴.环境规制强度是否影响了中国工业行业的贸易比较优势[J].世界经济,2012(4):62-78.

[97] 徐保昌,谢建国.排污征费如何影响企业生产率:来自中国制造业企业的证据[J].世界经济,2016(8):143-168.

[98] 王杰,刘斌.环境规制与企业全要素生产率:基于中国工业企业数据的经验分析[J].中国工业经济,2014(3):44-56.

[99] GRADUS R,SMULDERS S. The trade-off between environmental care and

long-tern growth-pollution in three prototype growth models[J]. Journal of Economics,1993(1):25－51.

[100] BOVENBERG A L, SMULDERS S. Environmental quality and pollution-augmenting technological change in a two-sector endogenous growth model [J]. Journal of Public Economics, 1995(3):369－391.

[101] BOVENBERG A L, DE MOOIJ A R. Environmental tax reform and endogenous growth[J]. Journal of Public Economics,1997(2):207－237.

[102] 张红凤,周峰,杨慧,等. 环境保护与经济发展双赢的规制绩效实证分析[J]. 经济研究,2009,44(3):14－26.

[103] 张成,陆旸,郭路,等. 环境规制强度和生产技术进步[J]. 经济研究,2011(2):115－126.

[104] ALFSEN K H, BRENDEMOEN A,GLOMSRD S. Benefits of climate policies: some tentative calculations[J]. Central Bureau of Statistics, 1992(3):56－89.

[105] MEDEMA B. The marginal efficiency of taxes and subsidies in the presence of externalities: a computational general equilibrium approach[J]. Journal of Public Economics, 1993(2):199－216.

[106] EWIJK C V, WIJNBERGEN S V. Can abatement overcome the conflict between environment and economics growth? [J]. De Economist, 1995(2):197－216.

[107] 涂正革,肖耿. 环境约束下的中国工业增长模式研究[J]. 世界经济,2009(11):41－54.

[108] 陈诗一. 中国的绿色工业革命:基于环境全要素生产率视角的解释[J]. 经济研究,2010(11):21－34.

[109] MILLOCK K, NAUGES C. The french tax on air pollution: some preliminary results on its effectiveness[J]. FEEM Working Paper, 2003(44):226－248.

[110] FULLERTON D, KIM S R. Environmental investment and policy with distortional taxes and endogenous growth[J]. Journal of Environmental Economics and Management,2008,56(2):141－154.

[111] 李胜文,李新春,杨学儒. 中国的环境效率与环境管制[J]. 财经研究,2010(2):59－68.

[112] 沈能. 环境效率、行业异质性与最优规制强度[J]. 中国工业经济,2012(3):56－68.

[113] 李树,陈刚. 环境管制与生产率增长:以 APPCL2000 的修订为例[J]. 经济研究,2013(1):17－31.

[114] PEARCE D. The role of carbon taxes in adjusting to global warming[J]. Economic Journal, 1991,101(407):938 - 948.

[115] TULLOCK G. Excess benefit. [J]. Water Resource Research, 1967(3): 643 - 644.

[116] KNEESE A V, BOWER B T. Managing water quality:economics, eechnology and institutions [M]. Baltimore: John Hopkins University Press,1968.

[117] NICHOLS A L. Targeting economic incentives for environmental protection[M]. Cambridge:MIT Press, 1984.

[118] TERKLA D. The efficiency value of effluent tax revenues[J]. Journal of Environmental Economics and Management, 1984(11):107 - 123.

[119] LEE D R, MISIOLEK W S. Substituting polluting taxation for general taxation:some implications for efficiency in pollution taxation[J]. Journal of Environmental Economics and Management, 1986(13):338 - 347.

[120] BYE B. Taxation, unemployment and growth: dynamic welfare effects of "green" policies[J]. Journal of Environmental Economics and Management,2002,43(1):1 - 19.

[121] TAKEDA S. The double dividend from carbon regulations in Japan[J]. Journal of the Japanese and International Economies,2006,21(3):1 - 32.

[122] GLOMM G, KAWAGUCHI D, SEPULVEDA F. Green taxes and double dividends in a dynamic economy[J]. Journal of Policy Modeling, 2008, 30(1):19 - 32.

[123] 李洪心,付伯颖.对环境税的一般均衡分析与应用模式探讨[J].中国人口·资源与环境,2004(3):21 - 24.

[124] 廖朴,郑苏晋.环境、寿命与经济发展:最优环境税研究:基于中国数据的模拟运算[J].管理评论,2016(10):39 - 49.

[125] BOVENBERG A L,DE MOOIJ R A. Environmental levies and distortionary taxation[J]. American Economic Review,1994(84):1085 - 1089.

[126] 刘晔,周志波.完全信息条件下寡占产品市场中的环境税效应研究[J].中国工业经济,2011(8):5 - 14.

[127] 何建武,李善同.节能减排的环境税收政策影响分析[J].数量经济技术经济研究,2009(1):31 - 44.

[128] 李钢,董敏杰,沈可挺.强化环境管制政策对中国经济的影响:基于 CGE 模型的评估[J].中国工业经济,2012(11):5 - 17.

[129] 蒙强,蓝相洁,李彤."双重红利"目标下我国环境保护税改革的路径[J].经

济纵横,2016(9):101-104.

[130] BIN S, DOWLATABADI H. Consumer lifestyle approach to US energy use and the related CO_2 emissions[J]. Energy Policy,2005,33(2):197-208.

[131] BASTIANONI S. The problem of assigning responsibility for greenhouse gas emissions[J]. Ecological Economics,2004(3):253-257.

[132] MURADIAN R, MARTINEZ-ALIER J. Trade and environment: from a southern perspective[J]. Ecological Economics,2001(36):281-297.

[133] 张友国. 中国贸易含碳量及其影响因素:基于(进口)非竞争型投入—产出表的分析[J]. 经济学季刊,2010(7):1287-1310.

[134] 李方一,刘卫东,唐志鹏. 中国区域间隐含污染转移研究[J]. 地理学报,2013(6):791-801.

[135] 汤维祺,吴力波,钱浩祺. 从"污染天堂"到绿色增长:区域间高耗能产业转移的调控机制研究[J]. 经济研究,2016(6):58-70.

[136] 张友国. 碳排放视角下的区域间贸易模式:污染避难所与要素禀赋[J]. 中国工业经济,2015(8):5-19.

[137] 郑艳,潘家华,谢辛露,等. 基于气候变化脆弱性的适应规划:一个福利经济学分析[J]. 经济研究,2016(2):140-153.

[138] 孙开,孙琳. 流域生态补偿机制的标准设计与转移支付安排:基于资金供给视角的分析[J]. 财贸经济,2015(12):118-128.

[139] 孙钢. 我国资源税费制度存在的问题及改革思路[J]. 税务研究,2007(11):41-44.

[140] 马衍伟. 中国资源税制:改革的理论与政策研究[M]. 北京:人民出版社,2009.

[141] 李香菊,祝玉坤. 西部地区矿产资源产权与收益分割机制研究[J]. 财贸经济,2011(8):28-34.

[142] WEST S E. Equity implications of vehicle emissions taxes[J]. Journal of Transport Economics and Policy,2005(1):1-24.

[143] 樊勇,张宏伟. 碳税对我国城镇居民收入分配的累退效应和碳补贴方案设计[J]. 经济理论与经济管理,2013(7):81-91.

[144] 李峰,王文举. 居民生活消费碳税开征的公平性:以征收汽车碳税为例[J]. 经济与管理研究,2016(12):66-72.

[145] 牛文元. 可持续发展理论内涵的三元素[J]. 中国科学院院刊,2014(4):410-415.

[146] 诸大建,刘淑妍. 可持续发展的生态限制模型及对中国转型发展的政策意义[J]. 中国科学院院刊,2014(4):416-428.

[147] MAUERHOFER V. 3-D sustainability：an approach for priority setting in situation of conflicting interests towards a sustainable development[J]. Ecological Economics, 2008(64)：496-506.
[148] 楼继伟. 建立现代财政制度[N]. 人民日报，2013-12-16(7).
[149] 张海星. 开征环境税的经济分析与制度选择[J]. 税务研究，2014(6)：34-40.
[150] 苏明，刑丽，许文，等. 推进环境保护税立法的若干看法与政策建议[J]. 财政研究，2016，395(1)：38-45.
[151] 韩超，张伟广，单双. 规制治理、公众诉求与环境污染：基于地区间环境治理策略互动的经验分析[J]. 财贸经济，2016(9)：144-161.
[152] 江珂，卢现祥. 环境规制与技术创新：基于中国 1997—2007 年省际面板数据分析[J]. 科研管理，2011(7)：60-66.
[153] 臧传琴，赵海修，王静，等. 环境税的技术创新效应：来自 1995—2010 年中国经验数据的实证分析[J]. 税务研究，2012(9)：32-36.
[154] 谢群松. 论中国土地增值税的改革[J]. 经济学季刊，2003(7)：875-892.
[155] 王赟杰. 环境税性质之界定分析[J]. 财会月刊，2013(6)：44-45.
[156] 陈斌，邓力平. 对我国环境保护税立法的五点认识[J]. 税务研究，2016(9)：71-78.
[157] 葛玉御. 以绿色发展理念"绿化"我国税制[J]. 税务研究，2016(10)：8-13.
[158] 王有兴，杨晓妹，周全林. 环境保护税税率与地区浮动标准设计研究[J]. 当代财经，2016(11)：23-31.
[159] 李涛，石磊，马中. 环境税开征背景下我国污水排污费政策分析与评估[J]. 中央财经大学学报，2016(9)：20-28.
[160] 贾康，程瑜. 论"十二五"时期的税制改革[J]. 税务研究，2011(1)：3-8.
[161] 王赟杰. 强化消费税保护生态环境功能的对策[J]. 经济纵横，2014(3)：84-87.
[162] 孙开，金哲. 论环境保护视角下消费税改革的再次深化[J]. 财经问题研究，2013(1)：66-72.
[163] 肖俊极，孙洁. 消费税和燃油税的有效性比较分析[J]. 经济学季刊，2012(7)：1345-1364.
[164] 汪成红. 绿色税收理念下我国消费税制改革研究[J]. 税收经济研究，2015(1)：1-10.
[165] WACKERNAGEL M, REES W E. Our logical footprint：reducing human impact on the earth[M]. Gabriola Island：New Society Publishers, 1996.
[166] 伏润民，缪小林. 中国生态功能区财政转移支付制度体系重构：基于拓展的

能值模型衡量的生态外溢价值[J]. 经济研究,2015(3):47 - 61.
[167] 胡炳清,覃丽萍,柴发合,等. 环境压力指数及我国大气环境压力状况评价[J]. 中国环境科学,2013(9):1678 - 1683.
[168] COSTANTINI V. Environmental performance, innovation and spillover: evidence from a region NAMEA[J]. Ecological Economics, 2013(89):101 - 114.
[169] 张可,汪东芳. 经济集聚与环境污染的交互影响及空间溢出[J]. 中国工业经济,2014(6):70 - 82.
[170] SIGMAN H. Decentralization and environment quality: an international analysis of water pollution [J]. NBER Working Paper, 2007, 90 (1): 114 - 130.
[171] 张克中,王娟,崔小勇. 财政分权与环境污染:碳排放的视角[J]. 中国工业经济,2011(10):65 - 75.
[172] 陆铭,冯皓. 集聚与减排:城市规模差距影响工业污染强度的经验分析[J]. 世界经济,2014(7):86 - 114.
[173] 肖挺. 环境质量是劳动人口流动的主导因素吗?:"逃离北上广"现象的一种解读[J]. 经济评论,2016(2):3 - 17.
[174] 余东华,张明志. "异质性难题"化解与碳排放 EKC 再检验:基于门限回归的国别分组研究[J]. 中国工业经济,2016(7):57 - 73.
[175] 许正松,孔凡斌. 经济发展水平、产业结构与环境污染:基于江西省的实证分析[J]. 当代财经,2014(8):15 - 20.
[176] 席鹏辉,梁若冰. 空气污染对地方环保投入的影响:基于多断点回归设计[J]. 统计研究,2015(9):76 - 83.
[177] 李斌,赵新华. 经济结构、技术进步与环境污染[J]. 财经研究,2011(4):112 - 122.
[178] 张华. 地区间环境规制的策略互动研究:对环境规制非完全执行普遍性的解释[J]. 中国工业经济,2016(7):74 - 90.
[179] 张可,汪东芳,周海燕. 地区间环保投入与污染排放的内生策略互动[J]. 中国工业经济,2016(2):68 - 82.
[180] 沈国兵,张鑫. 开放程度和经济增长对中国省级工业污染排放的影响[J]. 世界经济,2015(4):99 - 125.
[181] 黄滢,刘庆,王敏. 地方政府的环境治理决策:基于 SO_2 减排的面板数据分析[J]. 世界经济,2016(12):166 - 188.
[182] 陈红彦.《环境保护税法》征税范围之检视[J]. 环境保护,2017(2):37 - 40.
[183] 彭水军,张文城,曹毅. 贸易开放的结构效应是否加剧了中国的环境污染:基

于地级城市动态面板数据的经验研究[J]. 国际贸易问题,2013(8):19-132.
[184] 任力,黄崇杰. 国内外环境规制对中出口贸易的影响[J]. 世界经济,2015(5):59-80.
[185] 邵帅,杨莉莉,黄涛. 能源回弹效应的理论模型与中国经验[J]. 经济研究,2013(2):96-109.
[186] 邵帅,李欣,曹建华,等. 中国雾霾污染治理的经济政策选择:基于空间溢出效应的视角[J]. 经济研究,2016(9):73-88.
[187] 司言武. 环境税经济效应研究:一个趋于全面分析框架的尝试[J]. 财贸经济,2010(10):51-57.
[188] 沈田华,彭玉,龚晓丽. 环境税经济效应分析的再扩展[J]. 财经科学,2011(12):82-89.
[189] 刘凤良,吕志华. 经济增长框架下的最优环境税及其配套政策研究:基于中国数据的模拟运算[J]. 管理世界,2009(6):14-25.
[190] 熊艳. 基于省际数据的环境规制与经济增长关系[J]. 中国人口·资源与环境,2011(5):126-131.
[191] 吕志华,郝睿,葛玉萍. 开征环境税对经济增长影响的实证研究[J]. 浙江社会科学,2012(4):13-21.
[192] 范庆泉,周县华,张同斌. 动态环境税外部性、污染累积路径与长期经济增长:兼论环境税的开征时点选择问题[J]. 经济研究,2016(8):116-128.
[193] 包群,许和连,赖明勇. 贸易开放度与经济增长:理论及中国的经验研究[J]. 世界经济,2003(2):10-18.
[194] 樊纲,王小鲁,马光荣. 中国市场化进程对经济增长的贡献[J]. 经济研究,2011(9):4-16.
[195] 王小鲁,樊纲,刘鹏. 中国经济增长方式转换和增长可持续性[J]. 经济研究,2009(1):4-16.
[196] 李涛,周业安. 财政分权视角下的支出竞争和中国经济增长:基于中国省级面板数据的经验研究[J]. 世界经济,2008(11):3-15.
[197] 祁毓,卢洪友,张宁川. 环境规制能实现"降污"和"增效"的双赢吗?:来自环保重点城市"达标"与"非达标"准实验数据的证据[J]. 财贸经济,2016(9):126-143.
[198] PAGE T. Inter generational justice as opportunities[J]. Energy and Future,1982(9):38-58.
[199] WEIS S. Inter generational fairness and rights of future generations[J]. Inter Generational Justice Review,2002(3):69-86.

[200] COPELAND B R, TAYLOR M S. North-South trade and the environment [J]. Quarterly Journal of Economics, 1994, 109(3): 755 - 787.

[201] EKINS P. The Kuznets curve for environment and economic growth: examining the evidence[J]. Environment and Planning, 1997(29): 805 - 830.

[202] 吴蕾，吴国蔚. 我国国际贸易中环境成本转移的实证分析[J]. 国际贸易问题，2007(2): 72 - 77.

[203] 徐慧. 中国进出口贸易的环境成本转移：基于投入产出模型的分析[J]. 世界经济研究，2010(1): 51 - 55.

[204] 傅京燕. 环境成本转移与西部地区的可持续发展[J]. 当代财经，2006(6): 102 - 106.

[205] 杨继生，徐娟. 环境收益分配的不公平性及其转移机制[J]. 经济研究，2016(1): 155 - 167.

[206] 杨晓萌. 中国生态补偿与横向转移支付制度的建立[J]. 财政研究，2013(2): 19 - 23.

[207] 俞杰. 环境税政策目标与经济效应评析[J]. 财政研究，2015(9): 63 - 67.

[208] 石庆玲，郭峰，陈诗一. 雾霾治理中的“政治性蓝天”：来自中国地方“两会”的证据[J]. 中国工业经济，2016(5): 40 - 56.

[209] 童健，刘伟，薛景. 环境规制、要素投入结构与工业行业转型升级[J]. 经济研究，2016(7): 43 - 57.

[210] 苏国灿，童锦治，苏克珑. 我国消费税税率与征税环节的改革及其福利效应分析：以烟、酒和成品油为例[J]. 财政研究，2016(9): 19 - 29.

[211] 陈力朋，郑玉洁，徐建斌. 消费税凸显性对居民消费行为的影响：基于情景模拟的一项实证研究[J]. 财贸经济，2016(7): 34 - 49.

[212] 李晶. 与增值税改革联动的消费税制度创新[J]. 税务研究，2014(5): 39 - 43.

[213] 刘天永. 完善《中华人民共和国环境保护税法(草案)》的若干建议[J]. 税务研究，2016(12): 53 - 57.

[214] 樊勇，董聪，李倩维. 我国环境保护税在政府间的分配关系分析[J]. 环境保护，2017(2): 33 - 36.